中共中央党校重点科研项目成果

中国特色社会主义理论前沿问题研究

ZHONGGUO TESE SHEHUIZHUYI LILUN
QIANYAN WENTI YANJIU

叶庆丰　主编

人民出版社

目　　录

第一题

中国特色社会主义理论体系的
研究对象、主题和基本问题

党的十七大报告在全面回顾和总结我国改革开放历史进程和基本经验的基础上，第一次在党的文献中明确提出了"中国特色社会主义理论体系"这一命题。这一命题的提出，客观上要求我国的理论工作者切实把"中国特色社会主义理论体系"作为一门科学来研究，包括它的研究对象，它的主题，它所涉及的一系列重要的基本问题。

一、中国特色社会主义理论体系的研究对象

任何一个理论体系，都有自己特定的研究对象，即它所研究的客体，正如毛泽东所说："科学研究的区分，就是根据科学对象所具有的特殊的矛盾性。因此，对于某一现象的领域所特有的某一种矛盾的研究，就构成某一门科学的对象。"[1]科学研究的长期实践告诉我们，任何一门科学，其研究对象都是客观存在的，但需要人们正确地去概括，唯有如此，研究才能深入。中国特色社会主义理论体系也不例外。

科学社会主义在概括自己的研究对象时，主要是依据马克思、恩格斯的

---

[1] 《毛泽东选集》第一卷，人民出版社1991年版，第309页。

有关论述。恩格斯说过,无产阶级运动的目的是解放全人类,"完成这一解放世界的事业,是现代无产阶级的历史使命。深入考察这一事业的历史条件以及这一事业的性质本身,从而使负有使命完成这一事业的今天受压迫的阶级认识到自己的行动的条件和性质,这就是无产阶级运动的理论表现即科学社会主义的任务。"①恩格斯的这一概括,是对无产阶级解放运动的实践进行深入考察的结果。从恩格斯的论述中可以看出,科学社会主义的研究对象,简单地说,就是无产阶级解放运动的性质、条件和目的,即无产阶级解放运动的进程及其发展规律。

中国特色社会主义作为扎根当代中国的科学社会主义,它的研究对象,一方面要体现科学社会主义研究对象的基本要求,另一方面又要反映经济文化较落后的中国建设社会主义的特殊性。有鉴于此,我们认为:中国特色社会主义理论体系,是关于经济文化相对落后的中国如何建设、如何巩固和发展社会主义的科学,它的研究对象,概括地说就是经济文化相对落后的国家建设社会主义的规律性。

二、中国特色社会主义理论体系的主题

所谓理论主题,就是这一理论所要研究和回答的主要问题,是由这一理论的研究对象和主要内容决定的。据此,我们可以把中国特色社会主义理论体系的主题界定为:研究和回答经济文化相对落后的中国如何建设、巩固和发展社会主义。

(一)研究和回答中国这样一个经济文化相对落后的发展中大国如何建设和发展社会主义的问题,是中国特色社会主义理论体系的主题

20 世纪世界社会主义运动最令人瞩目的突出特点是,经济文化较落后的国家,无产阶级革命政党利用战争带来的有利时机取得社会主义革命的胜利,使落后国家先于发达国家进入了社会主义。

19 世纪末 20 世纪初,资本主义的发展进入帝国主义阶段。到了帝国主义阶段,资本主义各列强的发展极不平衡。一些后起的资本主义国家,由于

---

① 《马克思恩格斯文集》第 3 卷,人民出版社 2009 年版,第 566—567 页。

采用先进的科学技术,经济获得跳跃式的发展,很快就赶上或超过了一些老牌的资本主义强国。后起的资本主义国家发展起来后,要求重新瓜分殖民地。于是,帝国主义列强之间为重新瓜分殖民地而导致的战争已不可避免。帝国主义战争一方面给广大人民带来巨大灾难,在一些国家造成革命形势;另一方面也严重削弱了帝国主义自身的力量,造成帝国主义统治链条中的薄弱环节。在这些薄弱环节上,无产阶级政党若有一条正确路线,采取正确的战略策略,就能够突破帝国主义统治链条的薄弱环节,取得社会主义革命的胜利。而这些薄弱环节在战争期间通常就出现在一些经济文化比较落后的国家。由此得出两个结论:第一,考察经济文化比较落后国家的社会主义革命,不能仅仅局限于落后国家本身的实际情况,还要把它置于整个世界范围,将其看成是世界资本主义体系各种矛盾发展的必然结果。第二,经济文化比较落后的国家,在某种特定的历史条件下,可以先于发达国家进行社会主义革命。

然而,按照马克思主义创始人的设想,未来的社会主义革命将会首先发生在西方资本主义发达国家,因为那里的生产力发展水平高,劳资之间的矛盾较尖锐,工人阶级在人口中所占的比重也较大。但后来的实际发展状况是:首先发生社会主义革命并取得胜利的并不是西方发达资本主义国家,而是经济文化较落后的一些国家。落后国家先于发达国家取得革命胜利、率先进入社会主义的实践,一方面异乎寻常地加快了历史车轮的前进步伐,极大地推动了世界社会主义进程;另一方面也由此带来了一系列问题,使这些国家的社会主义建设面临许多难以想象的困难。例如,这些国家走上社会主义道路后,虽然在社会制度上高于资本主义,但在经济文化和科学技术的发展上却远远落后于发达资本主义国家,以至于社会主义的优越性很难在短期内充分显现出来。同时,率先进入社会主义的落后国家,越过了资本主义充分发展阶段,并处在众多发达资本主义国家的包围之中。在这种情况下,如何正确对待资本主义,正确处理社会主义与资本主义的关系,也是这些国家社会主义发展中面临的一个重大问题。总之,经济文化较落后的国家率先进入社会主义之后,如何建设社会主义、如何巩固和发展社会主义,是 20 世纪社会主义发展的一个历史性难题。

在这个问题上,列宁曾经做过一些探索。十月革命胜利后,列宁一度把马克思、恩格斯关于社会主义的设想,直接运用到俄国的社会主义建设中去,结果发现在实践中行不通,于是搞了个"新经济政策"。"新经济政策"的实践时间虽短,但却为落后国家的社会主义建设积累了宝贵经验。中国在新民主主义革命胜利之前,也是一个经济文化较落后的国家,革命胜利并基本完成社会主义改造后,毛泽东对中国这样一个经济文化较落后国家如何建设和发展社会主义的问题,进行了有益的探索,并解决了实践中的一些问题,但始终没有形成科学系统的理论。由邓小平创立、后继者不断发展和完善的中国特色社会主义理论体系,则出色地解决和系统地回答了这个问题。

1993 年 11 月,江泽民《在学习〈邓小平文选〉第三卷报告会上的讲话》中指出:"在《邓小平文选》第三卷中,反复强调的一个主题,就是只有社会主义才能救中国,只有社会主义才能发展中国,我们坚持的社会主义是有中国特色的社会主义。"而"坚持社会主义,首先要搞清楚什么是社会主义、怎样建设社会主义这个基本的理论问题。"①历史经验证明,我国社会主义在改革开放前所经历的曲折和失误,归根到底就在于对这个问题没有完全搞清楚;改革开放之后我们在前进中遇到的一些犹疑和困惑,归根到底也在于对这个问题没有完全搞清楚。邓小平根据马克思主义基本原则和社会主义的实践经验,对这个问题进行了不懈的探索。他反复强调:不发展生产力,不提高人民的生活水平,不能说是符合社会主义要求的;贫穷不是社会主义,发展太慢也不是社会主义;平均主义不是社会主义,两极分化也不是社会主义,等等。虽然马克思、恩格斯当年对什么是社会主义的问题提出过一些设想,但主要是针对一百多年前的情况。一百多年前的情况和现在的情况已经大不一样。拿一百多年前马克思、恩格斯根据当时的情况总结出来的经验和原则,来剪裁今天的现实,显然是行不通的。所以,在如何认识社会主义的问题上,我们一定要确立一切从实际出发的思想,牢固地树立"根据实践认识社会主义"的观念。

经过对社会主义的不断再认识,我们党在邓小平思想指导下,总结历史经验,结合我国实际,先后提出了有中国特色的社会主义改革开放论、社会主义初级阶段论、社会主义本质论和社会主义市场经济论等,形成了党在社会主义初级阶段的基本路线和基本纲领,从而系统地回答了中国这样的经济文化较落后的国家,如何建设和发展社会主义这一 20 世纪社会主义理论与实践的历史性难题。

(二)围绕理论体系主题,中国特色社会主义建设必须解决的根本性、
　　全局性、战略性问题

既然中国特色社会主义理论体系的主题是研究和回答经济文化较落后

---

① 《十四大以来重要文献选编》上,人民出版社 1996 年版,第 447 页。

的国家如何建设和发展社会主义的问题,那么,中国特色社会主义理论体系究竟需要解决和回答哪些落后国家社会主义建设中带根本性、全局性、战略性的问题呢?

1. 落后国家的社会主义建设如何认识自身的根本任务

落后国家革命胜利后建立起来的社会主义,并不像马克思、恩格斯所设想的那种社会主义,以发达的生产力为基础。历史发展的跳跃性,决定了落后国家在建设社会主义的过程中,发展生产力的任务尤为突出、尤为重要,必须把发展生产力作为根本任务。但是,在这一问题上我们走过一些弯路。早在20世纪50年代毛泽东就曾尖锐地指出:社会主义中国如果不发展经济就有被开除球籍的危险。然而1957年之后,毛泽东头脑中"左"的思想抬头,并逐渐占据上风,强调"以阶级斗争为纲",忽视发展生产力,"文化大革命"更是走到了极端。直到1978年党的十一届三中全会在总结经验教训的基础上,才开始把党和国家工作的重点转移到了经济建设上。之后邓小平多次强调:以经济建设为中心是我们坚定不移的战略方针,发展经济"必须一天也不耽误,专心致志地、聚精会神地搞","决不允许再分散精力"。对于经济建设这个中心要"扭着不放,'顽固一点',毫不动摇"。"中国解决所有问题的关键是要靠自己的发展。"具体说来,在我们国家,增强综合国力,改善人民生活,离不开发展;坚持和完善社会主义制度,说服那些不相信社会主义优越性的人们,离不开发展;解决国内各种问题,保持稳定局面,做到长治久安,离不开发展;完善社会主义民主,健全社会主义法制,离不开发展;加强精神文明建设,提高全社会的文明程度,离不开发展;坚持"一国两制"方针,和平统一祖国,离不开发展;维护世界和平,反对霸权主义,离不开发展;从根本上摆脱落后状况,振兴中华民族,使中国岿然屹立于世界民族之林,更离不开发展。归根到底,"发展才是硬道理"。

2. 落后国家的社会主义建设如何正确对待马克思主义

马克思、恩格斯创立的科学社会主义理论,实现了社会主义学说的历史性变革。有了马克思、恩格斯的科学社会主义理论,才有世界社会主义运动的蓬勃发展,才有后来的社会主义革命和建设实践。历史已经证明,科学社会主义理论所体现的基本原则是正确的、科学的,是我们认识和把握社会主义发展规律的指导思想和理论武器。但是我们必须牢记:科学社会主义基本原则的实际运用,"随时随地都要以当时的历史条件为转移"①。换言之,落后国家在建设社会主义过程中,必须把马克思主义基本原则同本国实际相结合,反对教条主义,反对把马克思恩格斯设想的社会主义当做现成的模式,不加区别地盲目应用于落后国家。可是,在过去很长的一段时间里,我们的社会主义实践却违背了这一准则。我们照抄照搬马克思恩格斯的某些社会主义设想,以为经济文化落后国家革命胜利之后,就可以按照马克思恩格斯的设想,立即实行单一的生产资料公有制和消灭商品货币关系。殊不知,马克思恩格斯关于单一公有制和消灭商品货币关系的设想,是建立在生产力高度发达和商品经济已经充分发展的基础之上的。但以前我们却忽视了这一点,企图在生产力很不发达、商品经济很不发展的情况下,建立起纯而又纯的社会主义经济关系。其结果,不但不能促进生产力的发展,反而使经济建设陷入了极大的困境。这种把马克思恩格斯设想的社会主义当做现成的模式,不加区别地、盲目地运用于落后国家的做法,教训是十分深刻的,值得我们认真汲取。

针对这种情况,江泽民曾多次指出:我们的理论工作一定要从实际出发,要以我国改革开放和现代化的实际问题、以我们正在做的事情为中心,着眼于马克思主义理论的运用,着眼于对实际问题的理论思考,着眼于新的实践和新的发展,不能拿本本去框实践,而要用实践去发展本本。只有这样,马克思主义理论才能不断地发展和创新,才能永葆其青春和活力。

3. 落后国家的社会主义建设如何正确对待资本主义

由于落后国家是越过了资本主义充分发展阶段而直接进入社会主义的,因此决定了落后国家的社会主义建设必须正确对待资本主义,必须充分利用资本主义来建设发展社会主义。在过去长时期内,落后国家的社会主义建设在对待资本主义问题上,往往只看到或更多地看到社会主义与资本主义对立和斗争的一面,而很少看到社会主义与资本主义还有相互学习、借鉴、合作和利用的一面。改革开放之后,邓小平指出:实行市场经济和对外开放,要正确对待资本主义创造的文明成果。资本主义经过几百年发展,特别是一些资本主义发达国家,在经济、政治、科技教育文化和社会管理等方面,积累了丰富经验。"社会主义要赢得与资本主义相比较的优势,就必须大胆吸收和借鉴人类社会创造的一切文明成果,吸收和借鉴当今世界各国包括资本主义发达国家的一切反映现代社会化生产规律的先进经营方式、

---

① 《马克思恩格斯文集》第2卷,人民出版社2009年版,第5页。

管理方法。"①江泽民也指出:社会主义同资本主义既有对立和斗争的一面,又有学习、借鉴、合作和利用的一面。"对于对立和斗争的一面,我们当然要看到,而且应认识到只要这两种社会制度还同时存在,它们的对立和斗争就不会消失,社会主义国家的执政党和人民就要保持应有的警惕性。但在看到对立和斗争一面的同时,也要充分看到学习、借鉴、合作和利用的一面。只看到前一面,而看不到后一面,就陷入了认识上的片面性。这种认识上的片面性,不符合社会历史发展的辩证法,不利于社会主义经济文化的进步。"②

社会主义建设的长期实践证明:落后国家在特定的历史条件下可以跨越资本主义充分发展阶段,但却不能跨越资本主义带来的社会文明成果,包括物质文明也包括精神文明和政治文明成果。落后国家社会主义建设的特殊性,决定了它必须充分吸收和借鉴资本主义文明成果中对已有用的一切东西来为社会主义服务。因此,建设社会主义,尤其是经济文化较落后的国家建设社会主义,利用资本主义是一种必然的选择。

4. 落后国家的社会主义建设通过何种途径解放和发展生产力

落后国家社会主义革命的目的,从根本上讲是为了解放和发展生产力。离开了解放和发展生产力,社会主义革命就没有任何意义。为此,社会主义基本制度确立后,还要不断地调整具体的经济体制和政治体制,以促进生产力更好更快地向前发展。这种"不断地调整"就是改革,所以改革是社会主义解放和发展生产力的基本途径。特别是由于革命后建立起来的社会主义原有的经济政治体制,存在着很多弊端,不对这种体制进行改革,不努力实现从传统社会主义模式向现代社会主义体制的转变,社会主义就很难发展下去,正如邓小平所说:社会主义国家"不改革就没有出路",中国"不改革开放,不发展经济,不改善人民生活,只能是死路一条","改革开放是决定中国命运的一招"。③ 同时,邓小平也强调:社会主义国家的改革,不是为了否定和抛弃原有的社会主义基本制度,不是要改变社会主义的发展方向和目标,而是要通过改革社会主义制度的具体实现形式,使社会主义基本制度更加完善,使其优越性更充分地发挥出来。如果说,现实中的社会主义不改革就没有出路的话,那么,在改革中不坚持社会主义方向,同样也是没有出路的。

---

① 《邓小平文选》第三卷,人民出版社 1993 年版,第 373 页。

② 《江泽民论有中国特色社会主义》(专题摘编),中央文献出版社 2002 年版,第 206 页。

③ 《邓小平文选》第三卷,人民出版社 1993 年版,第 370、368 页。

这已经被苏东社会主义国家的改革实践所证明。

5. 落后国家社会主义建设应该实现什么样的发展、怎样发展

经济文化落后国家的社会主义建设,开始时多半都采用了粗放型的经济增长方式,随着经济建设的进一步发展,很多问题开始暴露出来。在我国,经过三十多年的改革开放,经济建设取得了巨大成就,但同时也存在一系列较严重的问题。如经济增长方式粗放造成的资源消耗过大、环境污染严重的问题,已到了难以支撑经济进一步发展的程度;城乡发展和区域发展不平衡、经济社会发展不协调、收入差距扩大的问题,也到了社会难以承受的程度。于是,"什么是发展"、"为什么发展"、"靠谁发展"、"怎样发展"等问题提了出来。面对新形势下出现的新情况和新问题,中国共产党在总结国内发展实践、借鉴国外发展经验的基础上,着眼于把握发展规律、创新发展理念、转变发展方式、适应新的发展要求,提出了以人为本、全面协调可持续发展的科学发展观。

科学发展观仍然坚持以经济建设为中心,强调发展是解决一切问题的基础,要用发展的办法解决前进中的问题。在发展的目的上,科学发展观提出"以人为本"理念,强调发展为了人民、发展依靠人民、发展成果由人民共享。在发展的方式和途径上,科学发展观提出,发展必须是全面、协调、可持续的发展,强调以经济建设为中心,全面推进经济、政治、文化、社会建设,实现经济社会和人的全面进步;强调要统筹城乡之间、区域之间、经济社会发展之间、人与自然之间、国内发展和对外开放之间的关系,走生产发展、生活富裕、生态良好的文明发展道路,建设资源节约型、环境友好型社会。把生态文明建设的理念、原则、目标等深刻融入和全面贯穿到我国经济、政治、文化、社会建设的各方面和全过程。科学发展观对"实现什么样的发展、怎样发展"这一基本问题,做出了全面系统的回答,极大地深化了人们对落后国家社会主义建设规律的认识,丰富和发展了中国特色社会主义。

(三)中国特色社会主义理论体系主题需要进一步研究和解决的重要问题

1. 如何进一步实现社会主义与市场经济有机结合,避免市场经济带来的消极因素

我国推行以建立社会主义市场经济体制为目标的经济体制改革已有20个年头。20年来我国生产力、综合国力、社会财富和人民生活水平都有了突飞猛进的增长和提高。但是,在市场经济发展过程中也出现了一系列问题。这些问题主要是:第一,公有制经济的主体地位受到严重挑战。在市场经济体制下,公有制企业一部分通过改制、重组等方式已经逐步非公有化了,一部分通过破产程序已经不存在,还有相当一部分正处于低效率的艰难运行中,而非公有制经济却步步为营,迅速发展壮大起来。这种情况对公有制经济的主体地位构成了严重威胁。第二,收入差距日益扩大。实行市场经济体制后,我国实行的是按劳分配与按生产要素分配相结合的分配制度。这种分配制度,打破了平均主义大锅饭,调动了生产经营者的积极性,使一切创造财富的源泉充分涌流,但也产生了很多消极现象。如地区之间、城乡之间、行业之间的发展差距逐步扩大,居民的收入差距也有增无减,甚至出现了一个数量可观的富人阶层。收入差距的扩大和贫富不均,在一定程度上积累了贫富对立情绪,增加了社会不稳定因素。第三,共产党基层组织不断"边缘化"。在市场经济条件下,社会流动性扩大,人们获取信息的渠道多样化,社会利益关系日益复杂,社会成员的主体意识也增强了。这种情况给基层党组织建设带来了许多困难和问题。特别是农村基层党组织,一些党支部由于没有集体经济做支撑,缺乏政治动员的经济资源,由村民选举产生的村民委员会的影响力远远大于党支部的影响力,加上青壮年党员外出打工,留下的多是老党员,无法进行正常的组织生活。在基层党组织中,大多数成员是普通的工人和农民,他们是共产党传统的依靠力量,而他们中的许多人现在已逐渐成为弱势群体。

出现这些问题,原因是多方面的。其中一个重要原因是由于我们在发展市场经济过程中,没有从制度和机制上把社会主义的价值取向和基本原则落到实处。事实上,社会主义和市场经济各有其自身的价值取向。社会主义的价值取向是公正、平等、合作、共同富裕和共同发展;而市场经济的运行规则是主体独立、自由竞争、等价交换,价值规律面前人人平等,既不同情弱者的眼泪,也不谴责富者的为富不仁。社会主义与市场经济各自不同的价值取向,决定了社会主义国家在发展市场经济时,必须毫不动摇地贯彻社会主义的价值取向和基本原则。当年,我们建立社会主义市场经济体制的初衷,就是要把社会主义的优越性与市场经济的优点结合起来,在发挥市场经济优点的同时,尽可能消除其负面影响,避免重走资本主义国家市场经济发展初期的老路。因此,如何在发展市场经济过程中,通过各种制度安排、法律制定和政策导向,使得社会主义的价值取向和基本原则得到较好的体现,这是一个需要认真研究并加以解决的重大现实问题。

2. 如何深化政治体制改革，走出一条符合中国国情的社会主义政治发展
   道路

在我国，现阶段的政治体制改革，说到底是政治权力的一种再调整和再分配，是党和政府自上而下采取一系列改变政治资源配置方式的重大措施。这种对政治资源配置方式的改变，必然带来政治生态的某种不平衡，处理不当会产生政治动乱甚至会使原有的政治结构发生解体。因此，政治体制改革从来都是有风险的。但是，随着经济社会发展的不断深化和人民政治参与积极性的不断提高，政治体制改革在中国现代化进程中是不可避免的。事实上，改革开放以来，我国始终把政治体制改革摆在改革发展全局的重要位置，坚定不移加以推进。问题在于，如何进一步深化政治体制改革。目前在我国政治生活中，以权谋私、权钱交易、贪赃枉法、行贿受贿等腐败现象的严重存在，从一个侧面反映出深化政治体制改革的重要性和紧迫性。然而，政治体制改革又不能操之过急，必须从我国的具体国情出发。邓小平早在改革开放初期就明确指出："民主化和现代化一样，也要一步一步地前进"，"不能用大跃进的做法"①。"各种民主形式怎么搞法，要看实际情况。"②这一认识已为广大干部群众所认同。对于西方国家的民主政治，要善于学习和借鉴，其政治文明成果，如程序完备的选举制度、制约有效的权力制衡机制、司法独立的法治原则等，既是资产阶级政治统治经验的总结，也是工人阶级和劳动人民长期奋斗的结果，是人类政治文明的共同财富，资本主义可以用，社会主义也可以用，但是绝不能照抄照搬。曾几何时，一些主张"西化"的人，常常以西方的民主制度为标准来设计和衡量我国的政治改革，试图用西方社会的政治模式来解决今日的中国政治问题，全然不顾及中国现阶段的基本国情。如果照搬西方国家的民主模式，中国一定会水土不服，天下大乱。因此，"有些事情，在某些国家能实行的，不一定在其他国家也能实行。我们一定要切合实际，要根据自己的特点来决定自己的制度和管理方式"③。

当今世界，经济全球化进程在加快，国际局势在发生深刻变化，政治民主化已成为不可抗拒的历史潮流。这种情况必然对中国的政治体制和政治

---

① 《邓小平文选》第二卷，人民出版社 1994 年版，第 168、257 页。

② 《邓小平文选》第三卷，人民出版社 1993 年版，第 242 页。

③ 《邓小平文选》第三卷，人民出版社 1993 年版，第 221 页。

发展产生重大影响。我们一方面要顺应时代发展潮流,坚定不移地朝着民主政治的方向发展;另一方面要努力探索符合中国国情的民主政治的实现形式,走出一条能给最大多数中国人民带来最大利益的政治发展之路。

3. 如何弘扬中华传统美德,建设民族共有精神家园,遏制道德滑坡趋势

中华民族传统文化中蕴涵着丰富的人与人、人与社会、人与自然之间和谐的社会理想和道德观念。在人与人的关系上,我国传统文化强调以和为贵、志同道合,重视家庭和睦、融洽相处;在国家与国家、民族与民族的关系上,强调协和万邦、和而不同,重视睦邻友好、互利互惠。在人与自然的关系上,强调天人合一、天人一体,重视尊重规律、休养生息。这些道德规范深深地熔铸在民族精神之中,千百年来一直是支撑中华民族持续发展的重要思想资源。但是,一方面由于十年"文化大革命"对民族优秀传统文化的批判,加上改革开放后西方文化的大量涌入,造成不少年轻人对民族传统文化知之甚少,有的甚至淡漠、鄙视;另一方面随着市场经济的发展,一些人受拜金主义和极端个人主义影响,重利轻义,甚至唯利是图、诚信缺失、道德失范,导致社会某种程度上的道德滑坡现象。因此,如何继承和弘扬中华传统美德,发挥这些传统美德对社会主义道德建设的独特作用;如何建设中华民族共有精神家园,引导人们树立和谐理念、培育互助精神,营造平等友好的社会氛围,增强中华民族的凝聚力,仍然是一个亟待解决的重要问题。

三、中国特色社会主义理论体系的基本问题

（一）关于社会主义本质问题

社会主义本质是社会主义的根本属性即内在规定性,是社会主义社会区别于其他社会的根本标志。过去相当长的一段时间里,我们对社会主义本质的认识有一些偏差,主要表现在:一是忽视了马克思、恩格斯关于社会主义本质的思想,一度把重视人的发展当成资本主义的东西加以批判;二是把社会主义的本质规定与社会主义的基本特征相混淆。认识上的偏差导致实践中的失误,影响了社会主义制度优越性的充分发挥。十一届三中全会以后,随着对社会主义认识的不断深化,邓小平提出了"社会主义本质"的概念,并对社会主义本质进行了新的概括,指出:"社会主义的本质,是解放生产力,发展生产力,消灭剥削,消除两极分化,最终达到共同富裕。"

邓小平对社会主义本质的这一概括包括三层含义:第一,解放生产力,发展生产力。这是社会主义的根本任务,是发展社会主义的前提和基础。第二,消灭剥削,消除两极分化。这是社会主义最本质的要求,是社会主义区别于资本主义的显著标志。第三,实现全体人民的共同富裕。这是社会主义发展的最终目的。这三者之间是相互联系、互为条件、缺一不可的。解放生产力、发展生产力和消灭剥削、消除两极分化,目的都是为了实现共同富裕;而共同富裕也只有通过解放生产力、发展生产力和消灭剥削、消除两极分化来实现。解放和发展生产力是要解决"富裕"的问题,消灭剥削、消除两极分化是要解决"共同"的问题。"共同富裕"就是这两者的辩证统一。只讲消灭剥削、消除两极分化,不讲解放和发展生产力,其结果只能是"共同贫穷",而不是共同富裕。反过来,只讲解放和发展生产力,不讲消灭剥削和消除两极分化,那就只有"少数人的富裕",而不可能有共同富裕。此外,解放和发展生产力主要是为了解决"效率"问题,而消灭剥削、消除两极分化主要是为了解决"公平"问题,从这个意义上,也可以说社会主义本质是公平和效率的有机统一。

邓小平关于社会主义本质的概括是一个崭新的概括,突出强调了社会主义与生产力的关系,纠正了过去离开生产力抽象谈论社会主义、离开生产力的发展要求盲目追求一大二公三纯的生产关系的错误;强调了把解放生产力与发展生产力联系起来,纠正了过去将无产阶级专政下的继续革命作为社会主义发展动力的错误;强调了共同富裕的根本目标,纠正了普遍贫穷和平均主义的传统观念,指出共同富裕是社会主义最大的优越性,并且提出了实现共同富裕的途径。社会主义本质论既坚持了科学社会主义的基本原则,又对社会主义实践作了深刻总结,从而把对社会主义的认识提高到一个新水平,对于推动思想解放和改革开放实践发挥了巨大作用。

以江泽民为核心的第三代中央领导集体继承和发展了邓小平的社会主义本质论。2001 年 7 月江泽民在庆祝建党 80 周年大会上的讲话中指出:共产主义社会,将是物质财富极大丰富,人民精神境界极大提高,每个人自由而全面发展的社会。社会主义社会是共产主义社会的低级阶段,因此,我们要努力促进人的全面发展。促进人的全面发展"是马克思主义关于建设社会主义新社会的本质要求"。2006 年 10 月,以胡锦涛为总书记的新一届中央领导集体进一步从把握中国特色社会主义建设规律的高度,明确提出,"社会和谐是中国特色社会主义的本质属性",体现了我们党对会主义本质的新认识,丰富和发展了科学社会主义关于社会主义本质的理论。

（二）关于社会主义初级阶段问题

1956 年所有制的社会主义改造基本完成后，我国进入了社会主义社会。但是，由于新中国脱胎于半殖民地半封建社会，没有经过资本主义的充分发展，商品经济不发达，生产力落后。虽然经过半个多世纪，特别是新时期三十多年的努力，我国经济社会发展取得了举世瞩目的成就，但还远没有摆脱不发达状态。总的说来，人口多、底子薄、地区发展不平衡，生产力落后的状况没有根本改变。与之相适应，经济、政治、文化、社会等方面也明显呈现出不发达、不完善的特征。在经济上，生产社会化程度不高，造成生产资料的社会占有程度不高；按劳分配原则还不能得到普遍贯彻。在政治上，阶级和差别还不能消除，国家职能不仅不能取消，而且还要加强；人民民主权利还不能得到完全、有效的保障；社会主义法治建设也存在着不足。在文化上，科学技术水平和人民群众的文化素质还不高，文盲半文盲占人口比重还较大，落后思想意识的影响依然存在，社会主义精神文明程度还不高。总之，我国已经进入社会主义社会，但生产力水平还比较落后，经济、政治和文化领域中的社会主义制度还不成熟、不完善，所以邓小平说："现在虽说我们也在搞社会主义，但事实上不够格。"①这种情况决定了我国必然要经历一个很长的社会主义初级阶段，去实现别的许多国家在资本主义条件下实现的市场化、工业化、城市化、社会化、民主化、法治化等现代化的历史任务。

在过去很长一段时间里，我们对基本国情的认识并不清醒，犯了许多急躁冒进、脱离实际、超越阶段的错误，导致社会主义建设遭受严重挫折。十一届三中全会以后，通过总结经验教训，我们党提出了社会主义初级阶段理论。党的十三大对社会主义初级阶段的特定内涵、起止时间、社会主要矛盾以及解决主要矛盾的根本途径等，作了全面、系统的阐述。以江泽民为核心的党的第三代中央领导集体强调："社会主义初级阶段，是整个建设有中国特色社会主义的很长历史过程中的初始阶段。"②我们的全部理论和实践活动都必须符合当今中国还处在并将长期处在社会主义初级阶段这个"最大也最重要的实际"。党的十七大重申了社会主义初级阶段理论，强调要牢记两个"没有变"，即我国仍处于并将长期处于社会主义初级阶段的基本国情没有变，人民日益增长的物质文化需要同落后的社会生产之间的矛盾这一

---

① 《邓小平文选》第三卷，人民出版社 1993 年版，第 225 页。
② 江泽民：《论"三个代表"》，中央文献出版社 2001 年版，第 178 页。

社会主要矛盾没有变。

确定我国目前正处于并将长期处于社会主义初级阶段,是我们党对我国现阶段基本国情的科学概括,也是我们党十一届三中全会以来制定正确的路线、方针、政策的根本依据。面对改革攻坚和开创新局面的艰巨任务,我们解决种种矛盾,澄清种种疑惑,认识为什么必须实行现在这样的路线和政策而不能实行别样的路线和政策,关键就在于清醒认识和准确把握我国现阶段的基本国情,牢记社会主义初级阶段的根本任务和发展目标,既不妄自菲薄、自甘落后,也不脱离实际、超越阶段,保证我国改革开放和现代化建设的顺利进行。

(三)关于社会主义改革开放问题

社会主义社会仍然存在着生产力与生产关系、经济基础与上层建筑之间的矛盾,解决这一矛盾的基本途径是社会主义改革;同时,社会主义原有的经济政治体制也存在着很多弊端,已经越来越不能适应时代发展的要求,社会主义如果不改革,就只能是死路一条。这就决定了社会主义改革的历史必然性。对外开放也是发展社会主义的必然选择。20世纪中叶以来,由于科技革命的突飞猛进,经济全球化的趋势不断发展,各个国家之间的联系日益密切,相互开放、相互依存的程度日益增强。对外开放不仅是发展中国家的需要,也是世界发展的大趋势。事实雄辩地证明,改革开放是决定中国命运的关键抉择,是发展中国特色社会主义、实现中华民族伟大复兴的必由之路,是解放和发展社会生产力、不断创新充满活力的体制机制的必然要求。我国过去三十多年的快速发展靠的是改革开放,我国未来发展也必须坚定不移依靠改革开放。只有改革开放,才能发展中国、发展社会主义、发展马克思主义。

在当代中国,改革既是一场新的革命,又是社会主义制度的自我完善和发展。把改革看做是一场革命,是邓小平的一贯思想。说改革是一场革命,是因为改革所进行的不是对原有体制的细枝末节的修修补补,而是体制和机制的根本性变革。这种根本性变革,必然会引起社会的一系列深刻变化。从解放生产力、扫除发展生产力的障碍这个意义上讲,从政策的重新选择、体制的重新构建这种转变以及由此而引起的社会生活和人们观点变化的深刻性和广泛性来说,改革无疑是一场新的革命。然而,说改革是一场"革命",并不意味着否定和抛弃我们原来建立的社会主义根本制度,不意味着改变社会主义的发展目标和方向,而是要通过改革社会主义制度的具体实现形式,使社会主义根本制度更加完善,使其优越性更充分地发挥出来。

改革是执政的共产党组织和发动的,共产党始终掌握改革的领导权,把握改革的进程和方向,是改革获得成功的关键所在。所以邓小平说:改革要成功,就必须在共产党的领导下有秩序分步骤地进行。"所谓有秩序,就是既大胆又慎重,要及时总结经验,稳步前进。"①他强调,改革是一项崭新的事业,是一个大试验,难免遇到这样那样的风险。要敢于冒风险。"没有一点闯的精神,没有一点'冒'的精神,没有一股气呀、劲呀,就走不出一条好路,走不出一条新路,就干不出新的事业。"②他还说:"我们确定的原则是:胆子要大,步子要稳。所谓胆子要大,就是坚定不移地搞下去;步子要稳,就是发现问题赶快改。"③"重要的是走一段就要总结经验"④,通过"总结经验,对的就坚持,不对的赶快改,新问题出来抓紧解决"⑤。只有这样,才能保证改革开放的顺利进行。

改革作为一场革命,涉及社会的方方面面、各行各业。如何检验改革的成果和衡量改革的得失,是一个不能回避的重大问题。邓小平认为,社会主义改革的目的,归根到底是为了解放和发展生产力,不断提高人民的物质文化生活水平。因此,衡量改革是非得失的根本标准,主要是看它"是否有利于发展社会主义社会的生产力,是否有利于增强社会主义国家的综合国力,是否有利于提高人民的生活水平"⑥。这"三个有利于"标准,是历史唯物主义的生产力观点和群众观点的高度统一,它要求改革的成果不仅要经得起生产力标准的检验,而且要经得起人民利益标准的检验,要最大限度地符合广大人民群众的根本利益,把"人民拥护不拥护"、"人民赞成不赞成"、"人民高兴不高兴"、"人民答应不答应"作为考虑一切问题的出发点和归宿点。改革越深入,就越要注意把人民群众的积极性、主动性和创造性引导好、保护好、发挥好。

改革是一场广泛而又深刻的变革,因此必须正确处理改革、发展与稳定之间的辩证关系,使改革、发展、稳定相互协调、相互促进;要把改革的力度、发展的速度和社会可承受的程度统一起来,把不断改善人民生活水平作为处理改革发展稳定关系的结合点,在社会稳定中推进改革发展,通过改革发

---

① 《邓小平文选》第三卷,人民出版社 1993 年版,第 199 页。
② 《邓小平文选》第三卷,人民出版社 1993 年版,第 372 页。
③ 《邓小平文选》第三卷,人民出版社 1993 年版,第 118 页。
④ 《邓小平文选》第三卷,人民出版社 1993 年版,第 113 页。
⑤ 《邓小平文选》第三卷,人民出版社 1993 年版,第 372 页。
⑥ 《邓小平文选》第三卷,人民出版社 1993 年版,第 372 页。

展进一步促进社会稳定。

(四)关于社会主义科学发展问题

党的十六大以来,以胡锦涛为总书记的党中央,坚持解放思想、实事求是、与时俱进、求真务实,从新世纪新阶段党和国家事业发展全局出发,大力推进党的理论创新和实践创新,提出并确立了以人为本的全面、协调、可持续的科学发展观。近十年来,在复杂的国内形势下,我国之所以能够紧紧抓住和用好我国发展的重要战略机遇期,战胜一系列严峻挑战,取得令世人瞩目的历史性成就和进步,把中国特色社会主义事业成功推进到一个新的发展阶段,最重要的就是形成和贯彻了科学发展观,为全面建设小康社会、加快推进社会主义现代化提供了有力的理论指导。

科学发展观首先把经济发展看做是一切发展的基础,坚持以经济建设为中心,同时又强调要在经济发展的基础上实现社会的全面进步和人与自然的协调发展,体现马克思主义关于人、社会对自然界的依赖性和社会历史发展连续性的观点。其次,科学发展观坚持以人为本,体现唯物史观关于人民群众是历史创造者的思想。唯物史观所说的人,就是最广大的人民群众。人民群众是物质财富的创造者,也是精神财富的创造者,更是推动社会变革的决定性力量。坚持以人为本,对于始终代表中国最广大人民根本利益的中国共产党人来说,就是无论在任何时候、任何情况下,都必须始终坚持发展为了人民、发展依靠人民、发展成果由人民共享。再次,科学发展观坚持全面协调可持续发展,认为生产力与生产关系、经济基础与上层建筑的矛盾,既表现在人与人的关系方面,也表现在人与自然的关系方面,只有生产力与生产关系、经济基础与上层建筑、人与自然之间相协调、相适应,社会才能健康持续发展。

贯彻落实科学发展观,第一,要求我们始终坚持"一个中心、两个基本点"的基本路线,努力提高发展质量和效益,实现经济又好又快发展,为发展中国特色社会主义打下坚实基础。第二,贯彻落实科学发展观,要求我们积极构建社会主义和谐社会,把解决人民群众的切身利益问题放在首位,从人民群众的根本利益出发谋发展、促发展,不断满足人民群众日益增长的物质文化需要,让发展成果惠及全体人民。第三,贯彻落实科学发展观,要求我们继续深化改革开放,为贯彻落实科学发展观提供有力的体制保障。要通过进一步深化经济体制改革,完善社会主义市场经济体制,形成有利于转变经济发展方式、促进全面协调可持续发展的机制,转变政府职能,把政府工作重点转移到主要为市场主体服务和创造良好的发展环境上来,在抓好经济调节、市场监管的同时,更加注重做好社会管理和公共服务。第四,贯彻落实科学发展观,要求我们切实加强和改进党的建设,为科学发展提供可靠的政治和组织保障。特别是要加强党的干部队伍建设,加大反腐倡廉力度,建立符合科学发展要求的干部考核体系。考核干部政绩,既要看经济发展,又要看政治发展、文化发展和社会发展;既要看经济增长率,又要看人民生活改善程度;既要看社会发展,又要看社会公平;既要看当前的发展,又要看发展的可持续性,把是否造福于人民、服务于人民,是否对子孙后代负责、对长远发展负责等作为考核评价干部政绩的重要尺度。胡锦涛总书记在"7·23"重要讲话中强调:深入贯彻落实科学发展观仍然是一项长期艰巨的任务,面临着一系列极具挑战性的矛盾和困难。我们必须以更加坚定的决心、更加有力的举措、更加完善的制度来贯彻落实科学发展观,真正把科学发展观转化为推动经济社会又好又快发展的强大力量。

科学发展观是中国特色社会主义理论体系的最新成果,是对党的三代中央领导集体关于发展的重要思想的继承和发展,是马克思主义关于发展的世界观和方法论的集中体现,是同马克思列宁主义、毛泽东思想、邓小平理论和"三个代表"重要思想既一脉相承又与时俱进的科学理论,是发展中国特色社会主义必须坚持和贯彻的重大战略思想,因而也是对中国特色社会主义建设指导思想的重大发展。

(五)关于社会主义市场经济问题

马克思主义创始人认为,资本主义基本矛盾在生产上表现为个别企业生产的有组织性与整个社会生产无政府状态的对立,生产的无政府状态必然导致资本主义经济危机,经济危机表明资本主义生产方式自身解决不了基本矛盾,必然要被以生产资料社会占有为基础的社会所代替。在未来社会主义社会里,与资本主义私有制直接相联系的商品货币关系将退出经济生活,社会生产的无政府状态将被有计划地组织社会生产所取代,因此,不存在所谓"市场经济"的问题。然而,马克思主义创始人的这些认识是建立在商品经济已经充分发展的基础之上的。事实证明,经济文化落后国家的社会主义建设,不能也不应该排除市场经济。

斯大林领导的苏联社会主义建设时期,排除市场经济、把计划经济当做社会主义基本特征并建立起高度集中的计划管理体制。这种高度集中的计划经济体制限制商品货币关系,忽视价值规律,排斥市场机制的作用,用行政命令手段管理经济,把一切活动置于指令性计划之下。后来的社会主义国家普遍实行这种体制,虽然在特定条件下能起一定的积极作用,但从长远看,尤其是在和平建设时期,这种体制严重挫伤企业和个人的主动性、积极性和创造性,窒息了社会主义经济的活力,阻碍了生产力的发展和现代化建设。随着和平与发展成为时代主题,特别是随着世界范围内新科技革命的发展和经济全球化趋势的加强,高度集中的计划经济的弊端日益显现。因此,发展市场经济,建立市场经济体制,借助市场经济在优化配置资源中的重要作用,已成为促进社会生产力发展的正确选择。

中国共产党立足于中国社会主义初级阶段的国情,在总结社会主义建设正反两方面经验的基础上,提出了社会主义市场经济的理论。改革开放后,邓小平首先提出了社会主义需要发展商品经济、社会主义也可以实行市场经济的思想。从1979年到1992年间,邓小平带头解放思想,先后十几次论及市场经济问题,从根本上解决了这样几个认识问题:一是计划经济和市场经济不是区分社会主义和资本主义的根本特征;二是计划和市场都是经济手段、经济方法,不具有阶级属性,社会主义也可以搞市场经济;三是实行市场经济并不是完全不要计划,计划和市场要有机结合,共同调控经济发展;四是搞社会主义市场经济是为了更加有效地发展社会主义生产力;五是社会主义市场经济是与社会主义制度紧紧结合在一起的,而不是放弃走社会主义道路。邓小平的这些论述为党的十四大确立社会主义市场经济体制的改革目标,扫清了思想理论上的障碍,为马克思主义理论宝库增添了崭新的内容,有力地推进了我国改革开放和现代化建设的进程。

党的十四大正式确定了我国经济体制改革的目标,是建立社会主义市场经济体制。十四届三中全会通过的《关于建立社会主义市场经济体制若干问题的决定》,是我国建立社会主义市场经济体制的行动纲领。党的十五大提出要在2010年建立起比较完善的社会主义市场经济体制,进一步强调要坚持社会主义市场经济的改革方向,使改革在所有制结构、国有企业组织制度和运作机制、分配结构和分配方式、市场宏观调控体系等方面实现新的突破。2003年10月召开的党的十六届三中全会作出了《关于完善社会主义市场经济体制若干重大问题的决定》。党的十七大进一步提出完善基本经济制度、健全现代市场体系的要求。这些纲领性文件对于完善社会主义市场经济体制,推进改革开放和现代化建设具有重大而深远的意义。

社会主义市场经济体制就是在生产资料公有制基础上在国家宏观调控下以市场作为主要配置资源手段的经济体制。在我国,这样的市场经济体制,既要从我国国情出发、符合社会主义原则要求,又要体现市场经济的共同规律和一般规则;既不同于传统的计划经济体制,也不同于资本主义市场经济体制。邓小平说,社会主义市场经济"虽然方法上基本上和资本主义社会的相似,但也有不同,是全民所有制之间的关系,当然也有同集体所有制之间的关系,也有同外国资本主义的关系,但是归根到底是社会主义的,是社会主义社会的"①。江泽民强调:"我们搞的市场经济,是同社会主义基本制度紧密结合在一起的。"②党的十七大报告把"坚持社会主义基本制度同发展市场经济结合起来"作为在改革开放进程中巩固和发展社会主义的一条宝贵经验。

市场经济与社会主义基本制度相结合主要表现为:在所有制结构上,以公有制为主体,多种所有制经济成分长期共同发展。必须毫不动摇地巩固和发展公有制经济,毫不动摇地鼓励、支持、引导非公有制经济发展。在分配制度上,实行按劳分配和按要素贡献分配相结合的制度,把效率与公平有机结合起来,既要防止平均主义,又要防止两极分化,逐步实现共同富裕。在宏观调控上,国家作为人民利益的代表,能够把人民的当前利益与长远利益、局部利益与整体利益结合起来,更好地处理中央与地方、全局与局部的关系,更好地发挥计划和市场两种手段的长处。总之,社会主义市场经济体制不仅同社会主义基本经济制度结合在一起,而且同社会主义政治制度和社会主义精神文明结合在一起。这种结合的基本要求,就是既要充分发挥市场机制配置资源的基础性作用,又要充分发挥社会主义制度的优越性。因此,从本质上说,社会主义与市场经济体制相结合,也就是市场经济规则与社会主义本质规定和价值取向相结合。

中国共产党明确提出计划经济不等于社会主义,市场经济不等于资本主义,社会主义也可以搞市场经济,并且带领人民在中国特色社会主义实践中不断探索实现市场经济与社会主义基本制度相结合的形式,取得了重要的理论与实践成果。这是社会主义理论与实践的重大创新,为丰富和发展科学社会主义作出了独创性的伟大贡献,为人类文明宝库增添了新的内容。

(六)关于社会主义民主政治问题

社会主义在本质上是民主的。社会主义的优越性,不仅表现在经济上能够创造出比资本主义更高的劳动生产率,而且表现在政治上能够创造比资本主义国家的民主更高更切实的民主。在社会主义条件下,人民群众既需要富裕文明的物质文化生活,也需要高度民主的政治生活以及按照社会

① 《邓小平文选》第二卷,人民出版社 1994 年版,第 236 页。
② 江泽民:《论社会主义市场经济》,中央文献出版社 2006 年版,第 202 页。

主义民主原则建立起来的人与人之间的新型关系。因此,民主与社会主义是不可分割地密切联系在一起的,没有民主的社会主义,就不是真正的社会主义。党的十七大报告指出:"人民民主是社会主义的生命。发展社会主义民主政治是我们党始终不渝的奋斗目标。"

早在改革开放初期邓小平就指出:发展社会主义民主,健全社会主义法制,努力实现社会主义民主的制度化、法律化,是社会主义民主建设的根本途径,是保证国家长治久安的根本之策。所谓社会主义民主制度化、法律化,就是以实现人民的民主权利为宗旨,将国家在政治、经济、文化、社会各个领域的民主生活、民主原则、民主形式、民主程序,用系统的制度和法律加以确认,"使这种制度和法律不因领导人的改变而改变,不因领导人的看法和注意力的改变而改变"①。

以江泽民为核心的党的第三代中央领导集体强调:发展社会主义民主政治,建设社会主义政治文明,依法治国,建设社会主义法治国家,是我国社会主义现代化和中华民族伟大复兴的重要内容。发展社会主义民主政治,最根本的是要把坚持党的领导、人民当家做主和依法治国有机统一起来,从制度和法律上保证党的基本路线和基本方针的贯彻实施,保证党始终发挥总揽全局、协调各方的领导核心作用。

改革开放之后,我们党一直强调:社会主义民主法治建设的推进,需要通过政治体制改革来实现。三十多年来,在中国特色社会主义理论指导下,我们党为改革政治体制、发展社会主义民主,采取了一系列措施,取得了多方面的重大进展,成功开辟和坚持了中国特色社会主义政治发展道路。但是,应当清醒地看到,由于种种历史和现实的原因,我国政治体制中长期存在的某些问题并没有从根本上得到解决。改革距离人民的期望、社会主义政治文明建设的要求,还有很大差距。步入 21 世纪之后,我国进入了全面建设小康社会、加快推进社会主义现代化的新阶段;国际局势也在发生深刻变化,世界多极化、经济全球化的趋势在发展,政治民主化已成为历史潮流和时代精神。所有这一切,都迫切要求我们下大力气,在坚持四项基本原则的前提下,继续积极稳妥地推进政治体制改革,发展更加广泛、更加充分的人民民主,更加注重发挥法治在国家和社会治理中的重要作用,保障社会公平正义,保证人民依法享有广泛权利和自由,以巩固和发展我国现有的民主团结、生动活泼、安定和谐的政治局面。

---

① 《邓小平文选》第二卷,人民出版社 1994 年版,第 146 页。

（七）关于社会主义先进文化问题

我们党提出的"三个代表"重要思想,很重要的一个内容,就是强调中国共产党要始终代表先进文化的前进方向,大力发展社会主义先进文化,激发全民族的文化创造活力,使人民基本文化权益得到更好保障,使社会文化生活更加丰富多彩,使人民精神风貌更加昂扬向上。

发展社会主义先进文化,首先是要坚持和发展以马克思主义为指导的社会主义意识形态。社会主义意识形态是我国占主导地位的意识形态,它是社会主义经济和政治在人们思想观念上的反映,其基本内容包括社会主义政治思想、法律思想、道德标准,以及艺术、文学、宗教和哲学等意识形态诸形式。诞生于 19 世纪 40 年代的马克思主义,是人类文化的精华,是科学的理论成果,是我们党的根本指导思想。社会主义意识形态必须坚持以马克思主义为指导。这是因为:第一,马克思主义是社会主义意识形态的最重要的组成部分,而且是它的理论基础,决定着社会主义意识形态的性质和方向;坚持以马克思主义为指导,是社会主义意识形态区别于资产阶级意识形态的根本标志。第二,马克思主义为社会主义意识形态建设提供了科学的世界观和方法论,是我们认识世界和改造世界的强大思想武器。第三,坚持以马克思主义为指导有利于我们在复杂的国际国内环境中抵御各种错误思潮和拜金主义、享乐主义、极端个人主义的影响,确保社会主义意识形态建设的正确方向。

发展社会主义先进文化,必须加强精神文明建设。早在改革开放初期邓小平就指出:"搞社会主义精神文明,主要是使我们的各族人民都成为有理想、讲道德、有文化、守纪律的人民。"①根据邓小平的这个思想,十二届六中全会通过的《中共中央关于社会主义精神文明建设指导方针的决议》明确提出:"社会主义精神文明建设的根本任务,是适应社会主义现代化建设的需要,培育有理想、有道德、有文化、有纪律的社会主义公民,提高整个中华民族的思想道德素质和科学文化素质。"②党的十五大报告再一次明确提出,培育有理想、有道德、有文化、有纪律的公民,是建设中国特色社会主义文化的目标。

发展社会主义先进文化,必须坚持文化建设的"三个面向"、"二为方向"

---

① 《邓小平文选》第二卷,人民出版社 1994 年版,第 408 页。
② 《十二大以来重要文献选编》下,人民出版社 1988 年版,第 1176 页。

和"双百方针"。在当代中国,发展先进文化,就是发展面向现代化、面向世界、面向未来的,民族的科学的大众的社会主义文化,以不断丰富人们的精神世界,增强人们的精神力量。要弘扬主旋律,提倡多样化,坚持以科学的理论武装人,以正确的舆论引导人,以高尚的精神塑造人,以优秀的作品鼓舞人;支持健康有益文化,努力改造落后文化,坚决抵制腐朽文化。要立足于改革开放和现代化建设的实践,着眼于世界文化发展的前沿,发扬民族文化的优秀传统,吸取世界各民族的长处,不断增强中国特色社会主义文化的吸引力和感召力。

(八)关于社会主义和谐社会问题

党的十六大以来,以胡锦涛为总书记的党中央根据我国新世纪新阶段社会结构和社会矛盾变化的特点和要求,提出了构建社会主义和谐社会的重大战略思想。

早在2002年党的十六大报告就指出:社会更加和谐,是全面建设小康社会的目标之一,首次在党的纲领性文献中提出了社会和谐的概念。党的十六届四中全会明确提出了构建社会主义和谐社会的要求。2005年2月,胡锦涛在省部级主要领导干部专题研讨班上的讲话,全面阐述了构建社会主义和谐社会的深刻内涵和主要任务。党的十六届六中全会又通过《关于构建社会主义和谐社会若干重大问题的决定》,对构建社会主义和谐社会的指导思想、目标任务和原则,作出了明确的规定。

党的十六届六中全会的决定指出:社会和谐是中国特色社会主义的本质属性,是国家富强、民族振兴、人民幸福的重要保证。决定还指出:我们要构建的社会主义和谐社会,是在中国特色社会主义道路上,中国共产党领导全体人民共同建设、共同享有的和谐社会。要按照民主法治、公平正义、诚信友爱、充满活力、安定有序、人与自然和谐相处的总要求,以解决人民群众最关心、最直接、最现实的利益问题为重点,着力发展社会事业、促进社会公平正义、建设和谐文化、完善社会管理、增强社会创造活力,走共同富裕道路,推动社会建设与经济建设、政治建设、文化建设协调发展。

构建社会主义和谐社会,必须加强和谐文化建设。在和谐文化建设中,要着力加强社会主义核心价值体系建设。马克思主义指导思想、中国特色社会主义共同理想,以爱国主义为核心的民族精神和以改革创新为核心的时代精神,社会主义荣辱观,构成社会主义核心价值体系的基本内容。要把这些内容贯穿于国民教育与和谐文化建设的全过程、融入现代化建设的各方面,形成全民族奋发向上的精神力量和团结和睦的精神纽带,打牢全党全国各族人民团结奋斗的思想道德基础。

构建社会主义和谐社会，是贯穿中国特色社会主义事业全过程的长期历史任务。任何社会都不可能没有矛盾，人类社会总是在矛盾运动中发展进步的。构建社会主义和谐社会是一个不断化解社会矛盾的持续过程。我们要坚持解放思想、实事求是、与时俱进，一切从实际出发，自觉按规律办事，立足当前、着眼长远，量力而行、尽力而为，有重点分步骤地持续推进社会主义和谐社会建设。到2020年，构建社会主义和谐社会的目标和主要任务是：社会主义民主法制更加完善，依法治国基本方略得到全面落实，人民的权益得到切实尊重和保障；城乡、区域发展差距扩大的趋势逐步扭转，合理有序的收入分配格局基本形成，家庭财产普遍增加，人民过上更加富足的生活；社会就业比较充分，覆盖城乡居民的社会保障体系基本建立；基本公共服务体系更加完备，政府管理和服务水平有较大提高；全民族的思想道德素质、科学文化素质和健康素质明显提高，良好道德风尚、和谐人际关系进一步形成；全社会创造活力显著增强，创新型国家基本建成；社会管理体系更加完善，社会秩序良好；资源利用效率显著提高，生态环境明显好转；实现全面建设惠及十几亿人口的更高水平的小康社会的目标，努力形成全体人民各尽其能、各得其所而又和谐相处的局面。

构建社会主义和谐社会，是我们党从中国特色社会主义事业总体布局和全面建设小康社会全局出发提出的重大战略任务，反映了建设富强民主文明和谐的社会主义现代化国家的内在要求，体现了全党全国各族人民的共同愿望，必将对我国历史发展产生重大而深远的影响。

（本题作者：叶庆丰）

第二题

中国特色社会主义理论体系 与毛泽东思想的关联及相关问题

在马克思主义中国化的历史进程中,中国共产党人形成了中国化马克思主义两大理论成果,即毛泽东思想和中国特色社会主义理论体系。这些年来,学术界围绕这两大成果之间的关系问题,特别是中国特色社会主义理论体系能不能包括毛泽东思想,中国特色社会主义理论体系与毛泽东思想存在什么样的历史关联,社会主义初级阶段与当年的新民主主义社会又有怎样的联系与区别,社会主义初级阶段是否是新民主主义社会的回归等,作了许多有益的探讨,从一个侧面深化了中国特色社会主义理论体系与毛泽东思想的研究。

一、中国特色社会主义理论体系要不要包括毛泽东思想

党的十七大报告明确指出,中国特色社会主义理论体系,就是包括邓小平理论、"三个代表"重要思想以及科学发展观等重大战略思想在内的科学理论体系。中国特色社会主义理论体系这一科学命题的提出,表明中共中央对改革开放以来党取得的重大理论成果成功地实现了整合,因而具有重要的理论意义与现实意义。关于这一点,学术界给予了高度评价。但是,党的十七大报告并没有将毛泽东思想归入中国特色社会主义理论体系之中。对于这个问题,学术界主要有两种观点,一种观点认为毛泽东思想不应当包

括在中国特色社会主义理论体系之内。另一种观点则相反,认为毛泽东思想应是中国特色社会主义理论体系的组成部分。

党内较早使用"中国特色社会主义理论体系"表述的是丁关根。1991年9月,全国总工会、共青团中央、全国妇联联合召开理论讨论会,讨论如何贯彻落实《中共中央关于加强和改善党对工会、共青团、妇联工作领导的通知》精神,时任中共中央政治局候补委员、中央书记处书记的丁关根在会议结束时的讲话中说:"党的群众工作理论是建设有中国特色社会主义理论体系中不可缺少的组成部分。"随后,报刊上陆续有文章使用"建设有中国特色社会主义理论体系"这样的表述。学术界较早对"中国特色社会主义理论体系"进行研究并形成成果的,是1999年2月由中国社会科学院马列研究所编辑出版的《中国特色社会主义理论体系研究》一书,该书获得同年的精神文明建设"五个一工程"奖。当然,这时所说的"中国特色社会主义理论体系"所指的主要还是邓小平理论,因为"三个代表"重要思想和科学发展观这样的理论概括还没有正式提出。

第一次对中国特色社会主义理论体系作出内涵界定的是党的十七大胡锦涛所作的报告。胡锦涛明确提出:"改革开放以来我们取得一切成绩和进步的根本原因,归结起来就是:开辟了中国特色社会主义道路,形成了中国特色社会主义理论体系。高举中国特色社会主义伟大旗帜,最根本的就是要坚持这条道路和这个理论体系。""中国特色社会主义理论体系,就是包括邓小平理论、'三个代表'重要思想以及科学发展观等重大战略思想在内的科学理论体系。这个理论体系,坚持和发展了马克思列宁主义、毛泽东思想,凝结了几代中国共产党人带领人民不懈探索实践的智慧和心血,是马克思主义中国化最新成果,是党最可宝贵的政治和精神财富,是全国各族人民团结奋斗的共同思想基础。中国特色社会主义理论体系是不断发展的开放的理论体系。在当代中国,坚持中国特色社会主义理论体系,就是真正坚持马克思主义。"从此,"中国特色社会主义理论体系"就成为十一届三中全会以来中国化马克思主义理论成果的概括性表述。

党的十七大报告已明确地界定了中国特色社会主义理论体系的内涵,这个理论体系与毛泽东思想是"坚持和发展"的关系,毛泽东思想并不属于这个理论体系范畴。对于这个理论体系为什么不包括毛泽东思想? 报告本身无法展开论述。为此,一些理论工作者根据自己的理解进行了解释。概括起来,主要有以下一些观点:

中国特色社会主义理论体系是"当代中国"的创新理论。中国特色社会主义理论体系既是个理论概念,也是个历史概念,即有一个界定当代中国历史时限问题。因为十一届三中全会是我国历史上的一个伟大转折,这是一个新的历史发展阶段的开端。所以十一届三中全会既是"现代中国"的下限,也是"当代中国"的历史起点。"中国特色社会主义"是个有特定内涵的历史概念。党的十三大报告指出:十一届三中全会以后,中国共产党"开始找到一条建设有中国特色的社会主义的道路,开辟了社会主义建设的新阶段"。既然是"开始"、"开辟"的"社会主义建设的新阶段",那么,"中国特色社会主义"的历史起点就是十一届三中全会新时期。即是说,"中国特色社会主义"是"当代中国"的社会主义。以毛泽东为核心的中央领导集体对如何建设社会主义尽管提出过许多好的和比较好的思想观点,但是,由于在总体上对什么是社会主义和怎样建设社会主义的问题没有完全搞清楚,因而,毛泽东思想关于建设社会主义的理论不系统、不完整。第一代中央领导集体探索适合中国情况的社会主义建设道路,虽然在党的八大前后有良好开端,但最终没有真正找到。中国特色社会主义理论体系既然指当代中国的创新理论,那么作为基础理论的毛泽东思想就不包括在内。若就提出要将马列主义与中国实际相结合,找出一条适合中国情况的社会主义建设道路这个思想而言,中国特色社会主义可以说是"始于毛"。但若就当今提出的一系列创新理论而言,特别是在实行以社会主义市场经济为标志而制定的那一套方针政策之后来言中国特色社会主义,则很难再说它"始于毛"了。[①]

毛泽东对如何建设社会主义提出的正确观点不成体系。在社会主义建设道路的探索方面,虽然毛泽东试图探索适合中国国情的道路,并在党的八大前后有了一个良好的开端,"但是,由于当时党对于全面建设社会主义的思想准备不足,八大提出的路线和许多正确意见没有能够在实践中坚持下去。八大以后,我们取得了社会主义建设的许多成就,同时也遭到了严重挫折"。在社会主义建设的理论探索方面,以毛泽东为核心的党的第一代中央领导集体总体上对"什么是社会主义、怎样建设社会主义"的问题没有完全搞清楚,斯大林社会主义模式的观念还占据着主导地位,马恩列斯著作中的某些设想和论点被教条化,关于建设社会主义的理论尚未系统、完整。[②] 基于此,不能将毛泽东思想归入中国特色社会主义理论体系之中。

毛泽东对中国式社会主义的探索与改革开放后党对社会主义的探索不

---

① 石仲泉:《中国特色社会主义理论体系为什么不包括毛泽东思想?》,《河南日报》2007 年 11 月 13 日。

② 华建宝:《"中国特色社会主义"名称及内涵的历史演进》,《广西社会科学》2009年第 3 期。

同。持这种观点的学者认为,中央文件对中国特色社会主义道路和理论所作的概括,都以十一届三中全会为起点,从来没有将毛泽东思想概括在内,因此毛泽东思想不能包含于中国特色社会主义理论体系之中。虽然党的十七大报告把邓小平理论、"三个代表"重要思想、科学发展观等马克思主义中国化的最新成果整合成为一个中国特色社会主义理论体系,并明确界定这个理论体系的范围包括邓小平理论、"三个代表"重要思想、科学发展观等重大战略思想,这在党的文献中还是第一次,是首创;但是从十一届三中全会、从邓小平理论开始,而不是从毛泽东在1956年以后对社会主义建设规律的探索开始,来概括中国特色社会主义道路和理论,却是和中国共产党对中国特色社会主义的多次概括是完全一致的。十一届六中全会、十三大、十四大、十五大、十六大的文献都说明,中国共产党对中国特色社会主义理论起点的界定,是和十七大报告中提出的科学论断是完全一致的、一以贯之的,即都是从十一届三中全会、从邓小平理论开始来立论,而从来没有把毛泽东思想、把毛泽东从1956年开始对社会主义建设规律的探索包括在内。中国特色社会主义理论形成的契机,毕竟是纠正"文化大革命"在理论和实践上的错误,正是"文化大革命"所造成的灾难迫使中国共产党人不能不认真考虑走一条新路。所以,中国特色社会主义理论体系的形成,无论在时间上和内容上,都是和毛泽东从1956年开始探索社会主义建设规律的过程不同的另一个过程,而"始于毛,成于邓"的说法却把这两个不同的过程混为一谈了。① 正因为如此,毛泽东思想不能归入中国特色社会主义理论体系之中。

马克思主义与中国实际结合的两次历史性飞跃的起点不同。毛泽东思想不能包含在中国特色社会主义理论体系之中,应该从马克思主义与中国实际结合的两次历史性飞跃角度加以解释。毛泽东关于如何建设社会主义所作的理论探索及其理论成果,属于马克思列宁主义与中国实际相结合的第一次历史性飞跃的延续,属于第二次历史性飞跃的准备。从理论形态上看,毛泽东关于社会主义建设道路的探索,仍然属于毛泽东思想,仍然属于第一次历史性飞跃的理论成果。因此,不能将二者混为一谈。②

有关社会主义建设的思想不占毛泽东思想体系的主流。持这种观点者认为,毛泽东的社会主义建设思想是指经过实践检验了的正确的思想,而

---

① 徐崇温:《关于中国特色社会主义理论体系起点的辩证分析》,《中国浦东干部学院学报》2008年第3期。

② 秦宣:《解读"中国特色社会主义理论体系"》,《理论前沿》2007年第22期。

"左"的错误的社会主义理论和实践应当排除在社会主义建设思想之外。因此，与新民主主义革命理论相比较而言，社会主义建设思想在毛泽东思想体系中的地位和作用都是相对次要的和非主流的，它不构成毛泽东思想的主体。既然社会主义建设思想不构成毛泽东思想的主体，那么就没有充足的理由证明毛泽东思想属于中国特色社会主义理论体系。①

也有研究者认为，不能简单地来看待毛泽东思想是否包含于中国特色社会主义理论体系这个问题。以中国特色社会主义理论体系不包括毛泽东思想为理由，从而简单地否定"始于毛，成于邓"的说法，是看不到两个理论体系之间的联系，是不可取的。一方面，在极力论证中国特色社会主义理论体系不包括毛泽东思想的同时，又花大力气来说明毛泽东思想是中国特色社会主义理论体系的奠基、萌芽、孕育等，这就陷入了自相矛盾之中。党的十七大报告对中国特色社会主义理论体系的界定，从文字表达上看，确实不包含毛泽东思想，但是，这并不等于中国特色社会主义理论体系不包括毛泽东思想的某些组成部分。另一方面，中国特色社会主义理论体系的构建，应该从纵横两个方面来展开。十七大报告只是从纵向来界定，理论研究的重点，应是怎么样把邓小平理论和"三个代表"重要思想以及科学发展观等重大战略思想有机整合起来，成为一个系统整体。若从横向来构建，内含着毛泽东思想的内容也许会更多。② 与之类似，有学者认为二者之间并非包含与非包含的关系，而是内在统一的关系：无论是把毛泽东思想和中国特色社会主义理论体系看做是"不包含"、还是"包含"关系都会造成一系列误解，"不包含"说容易导致"以邻为壑"，"包含"说容易导致"合二为一"。明确它们之间的并列统一关系，有利于对当代中国的社会整体发展的进程、机制、特点和规律及其发展趋势进行合理的把握，使得毛泽东思想和中国特色社会主义理论体系实现内在统一具有理论上的关联性和根据，并有利于认识中国特色社会主义理论体系是对毛泽东思想的巨大发展，是中国共产党指导思想上的一次革命性变革。③

---

① 唐旭昌：《浅析毛泽东思想与中国特色社会主义理论体系的关系——一种基于毛泽东思想主体视角的分析》，《甘肃理论学刊》2009 年第 2 期。

② 鲁法芹：《论毛泽东在中国特色社会主义理论体系形成中的地位》，《重庆邮电大学学报（社会科学版）》2007 年第 4 期。

③ 杨永庚：《如何"整体地"理解毛泽东思想与中国特色社会主义理论体系之内在统一性——以二者之间的关系为视角》，《西北农林科技大学学报（社会科学版）》2011 年第 5 期。

公开发表文章认为中国特色社会主义理论应当包括毛泽东思想的,主要是在党的十七大之前。其中影响较大的便是"始于毛,成于邓"之说,即是说中国特色社会主义理论起始于毛泽东 20 世纪 50 年代中期的探索,代表性的理论成果就是 1956 年的《论十大关系》和 1957 年的《关于正确处理人民内部矛盾的问题》。因为毛泽东在《论十大关系》的报告中确定了一个基本方针,就是把国内外的一切积极因素调动起来,为社会主义服务。报告所论述的十大关系,一方面是从总结中国经验、研究中国建设发展的问题中提出来的,另一方面也是以苏联经验为鉴戒提出来的。毛泽东在报告中明确指出:"特别值得注意的是,最近苏联方面暴露了他们在建设社会主义过程中的一些缺点和错误,他们走过的弯路,你还想走?过去我们就是鉴于他们的经验教训,少走了一些弯路,现在当然更要引以为戒。"所以,《论十大关系》的讲话,以苏联经验为鉴戒,初步总结了中国社会主义建设的经验,提出了探索适合中国国情的社会主义建设道路的任务,这意味着在中国刚刚进入社会主义社会时,中国共产党和中国人民就开始了对适合本国情况的建设社会主义道路的最初探索,并且取得了初步成果。毛泽东自己后来回顾这段历史时也说:"前八年照抄外国的经验。但从一九五六年提出十大关系起,开始找到自己的一条适合中国的路线。"[1]这也是中国特色社会主义理论"起于毛"的重要依据。还有学者认为,毛泽东思想是中国化的马克思主义,当中国开展革命和建设之时,善于搞"结合"的毛泽东立志搞中国化的马克思主义和中国特色的社会主义。毛泽东对中国特色社会主义在实践上和理论上的探索是卓有成效的,艰辛探索得来的正确认识升华为科学的思想理论,融入了毛泽东思想的科学体系。可以说,毛泽东思想是中国特色社会主义理论的发端和初始形态。如果将毛泽东思想排除在外,中国特色社会主义理论就成了一个不知从何而来的空降物。[2]

党的十七大对中国特色社会主义理论体系作了明确界定之后,认为中国特色社会主义理论体系应包括毛泽东思想在内的观点,主要发表在一些网络文章中。例如某毛泽东思想网站一篇署名为"高哲"的文章认为,中国特色社会主义理论体系应该包括毛泽东思想。理由是:第一,毛泽东思想关于社会主义的理论,就是"中国特色社会主义理论"。第二,邓小平"建设有

① 《建国以来重要文献选编》第 13 册,中央文献出版社 1996 年版,第 418 页。

② 杜鸿林:《关于构建中国特色社会主义体系的若干思考》,《天津行政学院学报》2007 年第 1 期。

中国特色的社会主义"的理论,是毛泽东思想关于社会主义建设理论的继承。第三,毛泽东思想对于社会主义市场经济仍有现实指导意义。文章还列举了将毛泽东思想列入中国特色社会主义理论体系的两大好处:一是不至于使人们误以为毛泽东思想已经"过时"进而淡化甚至遗忘毛泽东思想,使毛泽东思想这份宝贵的精神遗产失去其灿烂的光辉,从而使党、国家和人民蒙受不可弥补的损失。二是使"邓小平理论、'三个代表'重要思想和科学发展观与毛泽东思想一脉相承"这个提法更有说服力。①

中国特色社会主义大体说来,包括中国特色社会主义道路、中国特色社会主义理论体系、中国特色社会主义制度。胡锦涛在庆祝中国共产党成立90周年大会上的讲话中,对三者各自的内涵作了这样的定义:中国特色社会主义道路,就是在中国共产党领导下,立足基本国情,以经济建设为中心,坚持四项基本原则,坚持改革开放,解放和发展社会生产力,巩固和完善社会主义制度,建设社会主义市场经济、社会主义民主政治、社会主义先进文化、社会主义和谐社会,建设富强民主文明和谐的社会主义现代化国家。中国特色社会主义理论体系,是指导党和人民沿着中国特色社会主义道路实现中华民族伟大复兴的正确理论。中国特色社会主义制度,是当代中国发展进步的根本制度保障,集中体现了中国特色社会主义的特点和优势。胡锦涛还对中国特色社会主义理论体系与毛泽东思想的联系与区别作了论述,指出:中国共产党坚持把马克思主义基本原理同中国具体实际结合起来,在推进马克思主义中国化的历史进程中产生了两大理论成果。一大理论成果是毛泽东思想。毛泽东思想是马克思列宁主义在中国的运用和发展,系统回答了在一个半殖民地半封建的东方大国,如何实现新民主主义革命和社会主义革命的问题,并对建设什么样的社会主义、怎样建设社会主义进行了艰辛探索,以创造性的内容为马克思主义宝库增添了新的财富。另一大理论成果是中国特色社会主义理论体系。中国特色社会主义理论体系是包括邓小平理论、"三个代表"重要思想以及科学发展观等重大战略思想在内的科学理论体系,系统回答了在中国这样一个十几亿人口的发展中大国建设什么样的社会主义、怎样建设社会主义,建设什么样的党、怎样建设党,实现什么样的发展、怎样发展等一系列重大问题,是对毛泽东思想的继承和发展。

---

① 高哲:《中国特色社会主义理论体系应当包括毛泽东思想》,http://mzdthought.com/html/sxyj/2007/2007/1209/9109.html。

从上述讲话中可以看出,中国特色社会主义理论体系中不包含毛泽东思想,并不等于否定毛泽东对中国自己的社会主义道路探索所作的贡献。中国特色社会主义不论是其道路、理论体系还是其制度,都不是与十一届三中全会前的探索毫无历史关联。作为中国特色社会主义道路的基本前提的社会主义制度,是 20 世纪 50 年代中期基本形成的;作为中国特色社会主义制度重要内容的人民代表大会制度、中国共产党领导的多党合作与政治协商制度、民族区域自治制度,也在 20 世纪 50 年代基本奠基;从 20 世纪 50 年代开始,毛泽东就提出了走中国自己的社会主义道路的命题,并为此做了许多的探索,应当说,毛泽东确实想走出一条不同于苏联的、适合中国国情的、具有中国自己特点的社会主义道路,也提出了许多有价值的理论观点,为后来中国特色社会主义理论的形成提供了许多有益的启示与借鉴。但实事求是地看,十一届三中全会前,中国并没有从传统的社会主义模式走出来,很难说已经形成了中国特色社会主义。不但如此,毛泽东思想有其丰富内容,大体说来,包括关于新民主主义革命的理论与社会主义革命和建设的理论,如果将毛泽东思想纳入中国特色社会主义理论体系的范畴,其中关于新民主主义革命的理论显然是中国特色社会主义理论体系不能涵盖的。用毛泽东思想和中国特色社会主义理论体系来分别归纳概括马克思主义中国化的理论成果,更加合适些。

二、中国特色社会主义理论体系与毛泽东思想之间的"脉"和"进"

虽然大多数学者认为毛泽东思想不包含在中国特色社会主义理论体系之中,但是他们并没有简单地将二者割裂开来,而是允分肯定了毛泽东思想对中国特色社会主义理论体系的重要贡献,并对中国特色社会主义与毛泽东思想是"一脉相承"与"与时俱进"的关系作了深入的分析。

习近平在中共中央党校 2008 年春季开学典礼上发表重要讲话,对毛泽东思想与中国特色社会主义理论体系的关系作了详细的说明。习近平指出,中国特色社会主义理论体系是对毛泽东同志艰辛探索社会主义建设规律重要思想成果的继承和发展。以毛泽东同志为核心的党的第一代中央领导集体带领全党全国各族人民建立新中国,建立社会主义基本制度,取得社会主义建设的伟大成就。特别是根据我国国情确立了人民民主专政的国体,创建了人民代表大会制度、中国共产党领导的多党合作和政治协商制度、民族区域自治制度等。这些实践成果,都为我们党在新时期开辟中国特色社会主义道路、创立中国特色社会主义理论体系,奠定了根本的政治前提和制度基础。从理论渊源上说,毛泽东思想和中国特色社会主义理论体系都坚持解放思想、实事求是、与时俱进,坚持党的群众路线,坚持独立自主地走自己的路。这是它们在立场、观点、方法等基本方面的共同点。毛泽东同志带领我们党在艰辛探索中形成的重要思想成果,是我们党的宝贵财富,也是中国特色社会主义理论体系的重要思想来源。①

　　一些学者对习近平的论断进行了解读,他们认为,应该从两个层面理解毛泽东思想的理论渊源作用:从实践方面言,十一届三中全会后对中国特色社会主义道路的探索是对新中国成立以后探索中国自己的社会主义建设道路的继承、纠正和发展。从理论方面言,毛泽东思想是后来逐渐形成的中国特色社会主义理论体系的诸多理论观点的源头。② 中国特色社会主义理论体系是改革开放历史新时期中国共产党的理论创新成果,是对毛泽东艰辛探索社会主义建设规律重要思想成果的继承和发展。邓小平理论、"三个代表"重要思想和科学发展观等重大战略思想属于改革开放以来的创新理论。中国特色社会主义理论体系,它所包括的就是当代中国马克思主义这些创新的理论。如果要讲这些创新理论渊源的话,它仍然是对毛泽东思想的继承,它们是一脉相承的,这一历史渊源的关系是不容割断的。③

　　也有学者认为,在理解毛泽东思想与中国特色社会主义理论体系之间的关系方面要做到:其一,毛泽东对中国特色社会主义建设道路的探索作出了积极的贡献。其二,毛泽东在艰辛探索中形成的关于社会主义建设的重要思想成果,是中国特色社会主义理论体系的重要思想来源,为中国共产党探索适合中国国情的社会主义建设道路,实现马克思主义和中国具体实践相结合的第二次历史性飞跃提供了良好的开端,为在新的历史条件下坚持和发展马克思主义奠定了基础。其三,不能把毛泽东思想和中国特色社会

---

① 习近平:《关于中国特色社会主义理论体系的几点学习体会和认识》,《求是》2008 年第 7 期。

② 石仲泉:《再论毛泽东思想与中国特色社会主义理论体系》,《中国井冈山干部学院学报》2010 年第 4 期。

③ 李峥钰:《关于中国特色社会主义理论体系的三大关系——兼论中国特色社会主义的历史继承性》,《山东行政学院山东省经济管理干部学院学报》2009 年第 5 期。

主义理论体系截然分开,一定要准确把握它们的继承发展关系。① 不但如此,毛泽东思想中关于社会主义建设规律探索的积极成果,是中国特色社会主义理论体系的思想先导;毛泽东思想中一些基本理论为中国特色社会主义理论体系奠定了思想基础;毛泽东思想为中国特色社会主义理论体系奠定了科学的方法论原则。②

有的学者则认为,毛泽东思想是中国特色社会主义的本源与根基。因为毛泽东思想关于社会主义建设的理论,为中国特色社会主义理论体系的形成起到理论铺垫和奠基的作用,也是中国特色社会主义理论体系的重要内容,但它是以被继承和发展的形式融汇在其中的。中国特色社会主义理论体系是坚持和发展马克思主义、毛泽东思想的科学理论体系。具体表现在:始终用马克思主义基本原理、科学立场和方法论来指导中国改革建设的伟大实践;始终用解放思想、实事求是、与时俱进这一马克思主义活的灵魂作为理论和实践活动的思想基础;始终用实践的观点、辩证的观点和群众的观点观察分析问题;始终做到以马克思主义基本原理同中国具体实际相结合。③ 有的学者甚至使用毛泽东思想是中国特色社会主义理论体系的"直接理论来源"这种表述,指出应该从两个方面来对这一问题进行认识:一是毛泽东思想中科学的方法论原则,直接引导和推动了中国特色社会主义理论体系的创立和形成;二是毛泽东思想中关于社会主义建设规律探索的积极成果,是中国特色社会主义理论的直接理论来源。④

中国特色社会主义理论体系与毛泽东思想一脉相承又与时俱进问题,学术界的认识是一致的,认为其"脉"都是马克思主义,其"进"在于根据时代的变化实现马克思主义的"中国化"、"当代化"。有学者从历史的角度梳理了以毛泽东、邓小平、江泽民、胡锦涛为代表的中国共产党人对中国特色社会主义的探索,指出:毛泽东思想开辟了马克思主义中国化的正确道路,但它并没有结束真理,而是为真理的发展指明了正确方向。中国特色社会主义理论体系沿着这条正确道路继续发展,越走越宽广,但它的诞生并没有宣

---

① 《关于中国特色社会主义理论体系研究的几个问题——访中国人民大学秦宣教授》,《高校理论战线》2008 年第 12 期。

② 郑德荣、姜淑兰:《论毛泽东思想与中国特色社会主义理论体系的关系》,《思想理论教育导刊》2008 年第 8 期。

③ 陈中奎:《把握科学内涵 理清三种关系》,《实践》2008 年第 2 期。

④ 高民等:《科学认识中国特色社会主义理论体系的理论基础》,《中国石油大学学报(社会科学版)》2009 年第 4 期。

告毛泽东思想当代生命力的结束,恰好相反,它以自身的蓬勃发展证明了毛泽东思想的当代价值,并使毛泽东思想的真理性在中国特色社会主义理论体系的蓬勃发展中得以延续和传承。①

也有研究者从马克思主义中国化的视角,解读毛泽东思想与中国特色社会主义理论体系的关系,指出后者与前者的关系是一脉相承又与时俱进。关于一脉相承,主要表现在:新民主主义革命和社会主义革命,为中国特色社会主义理论体系的形成和发展,奠定了根本政治前提和制度基础;社会主义建设的胜利和挫折,为中国特色社会主义理论体系的形成,提供了丰富的经验和重要的借鉴;中国特色社会主义理论体系与毛泽东思想共同体现了马克思主义的基本立场、基本观点和基本方法。关于超越和发展即与时俱进,主要表现在改革开放以来中国共产党对什么是马克思主义、怎样对待马克思主义,什么是社会主义、怎样建设社会主义,建设什么样的党、怎样建设党,实现什么样的发展、怎样发展等重大理论和实践问题的创造性探索和回答上。②

在看到毛泽东思想与中国特色社会主义理论体系联系的同时,学术界对二者的区别也作了许多探讨,认为其不同主要体现在这些方面:

不同的主题与重点。在时代主题上,毛泽东思想的时代主题是在半殖民地半封建的中国社会"如何进行无产阶级革命,如何建立社会主义制度"的问题,其重点是确立中国革命的战略和策略等问题。中国特色社会主义理论体系的时代主题是,经济和文化都比较落后的中国社会在建立社会主义制度以后,如何认识和解决"什么是社会主义,怎样建设社会主义"的问题,其重点是确立中国社会主义建设的战略和步骤等问题。就其思想主题而言,毛泽东思想主要阐明了中国新民主主义革命的逻辑,中国特色社会主义理论体系主要阐明了中国社会主义建设的逻辑。③

不同的历史时期、历史任务与需要解决的主要问题。作为第一次历史性飞跃理论成果的毛泽东思想,其主体思想是新民主主义理论,核心是关于中国革命分"两步走"思想。它形成于新民主主义革命时期,面临的历史任

① 李捷:《从毛泽东思想到科学发展观——毛泽东思想与中国特色社会主义理论体系关系探源(续)》,《教学与研究》2008 年第 7 期。

② 赵海洋等:《从马克思主义中国化的视域解读毛泽东思想与中国特色社会主义理论体系的关系》,《山东省农业管理干部学院学报》2010 年第 1 期。

③ 王文兵:《从毛泽东思想到中国特色社会主义理论体系》,《湘潭大学学报(社会科学版)》2008 年第 5 期。

务是如何实现民族独立、人民解放和反对三大敌人,解决的根本问题是政权和革命道路问题,主要回答了在半殖民地半封建社会进行什么性质的革命,怎样进行革命,革命的步骤和前途是什么的基本问题。作为第二次历史性飞跃理论成果的中国特色社会主义理论体系,形成于改革开放和社会主义建设新时期,面临的历史任务是如何实现国家繁荣富强、人民共同富裕和现代化,解决的根本问题是巩固和完善社会主义制度,实现社会主义现代化的道路问题,主要回答了什么是社会主义、怎样建设社会主义,建设什么样的党、怎样建设党,实现什么样的发展、怎样发展等重大理论和实际问题。①

不同的内容结构和历史起点。毛泽东思想与中国特色社会主义理论体系在内容结构和历史起点方面有着重要区别:从内容结构看,毛泽东思想主要包括关于新民主主义革命、关于社会主义革命和社会主义建设、关于革命军队的建设和军事战略、关于政策和策略、关于思想政治工作和文化工作、关于党的建设等六个方面的理论和"实事求是,群众路线,独立自主"的灵魂,其中居于主体地位的是关于新民主主义革命的理论和"实事求是,群众路线,独立自主"的灵魂。而中国特色社会主义体系的结构主要包含"经济建设、文化建设、政治建设和社会建设"四位一体的基本纲领。从历史起点来看,毛泽东思想形成的历史起点是20世纪20年代末期。而中国特色社会主义理论体系形成的历史起点是党的十一届三中全会。②

除了继承、发展之外,有学者认为毛泽东思想与中国特色社会主义理论体系有着多重复杂的关系。

三重关系说。持这种观点的学者指出,毛泽东思想与中国特色社会主义理论体系有三层关系,分别是继承、纠正和创新。毛泽东在探索中国社会主义建设道路的过程中,既取得过成功的经验,也留下了失误的教训,而作为中国特色社会主义理论体系的第一个理论成果、也是奠基性理论成果的邓小平理论形成和确立的一个直接原因,就是在总结毛泽东探索的成功经验和吸取其失误的沉痛教训中形成和发展起来的。③ 也有学者指出,毛泽东思想与中国特色社会主义理论体系之间的关系是同质关系、承继关系和非

---

① 郑德荣、姜淑兰:《论毛泽东思想与中国特色社会主义理论体系的关系》,《思想理论教育导刊》2008年第8期。

② 唐旭昌:《浅析毛泽东思想与中国特色社会主义理论体系的关系——一种基于毛泽东思想主体视角的分析》,《甘肃理论学刊》2009年第2期。

③ 张星炜:《关于中国特色社会主义理论体系研究的几个问题》,《毛泽东思想研究》2008年第3期。

包含关系。两者的同质关系主要是毛泽东思想与中国特色社会主义理论体系都是马克思主义中国化的理论成果。①

四重关系说。持这种观点的学者认为,在阐述中国特色社会主义理论体系的内涵时,笼统地断言毛泽东思想包括在这个体系之中或不包括在这个理论体系之中是不科学的,应该从四个方面分析毛泽东思想与中国特色社会主义理论体系之间的关系:一是关于新民主主义革命和社会主义改造的理论。这些是已成为历史的理论,或者说完成其历史使命并在历史上取得巨大成功。这些理论从具体的内容来说,由于其理论主题、所要解决的主要任务与中国特色社会主义理论体系完全不同,因而与中国特色社会主义理论体系之间不存在着理论观点上直接的继承和发展关系。但是,这些理论能够给中国特色社会主义的探索提供某些历史的启发。二是关于新民主主义革命、社会主义革命和建设都存在的政策和策略,关于革命军队的建设和军事战略、思想政治工作和文化工作、党的建设等方面的理论。这一类理论与中国特色社会主义理论体系之间的关系较为复杂:第一种情况,这类组成部分中的一些思想观点和政策、策略,是在当时具体的社会历史条件和根据新民主主义革命和社会主义改造的具体任务提出和制定的。第二种情况,毛泽东思想关于政策和策略,关于革命军队的建设和军事战略、思想政治工作和文化工作、党的建设等方面的大部分原理,则仍然具有当代价值。三是关于社会主义建设方面的理论。这一类理论与当今中国特色社会主义实践联系最为密切。新中国成立后,中国共产党在探索中国特色社会主义建设道路的进程中,虽曾有过失误,但还是提出了许多关于社会主义建设的正确的或比较正确的理论观点,成为中国特色社会主义理论体系的主要渊源。四是"方法理论",即毛泽东思想的活的灵魂。中国特色社会主义理论体系与毛泽东思想是相通的,其共通之处就是它们具有共同的"活的灵魂"。②

党的十七大报告首次提出了中国特色社会主义理论体系的概念,是中国共产党的一次重要理论创新,即阶段性地完成了改革开放以来党的重要理论成果的整合。虽然该理论体系没有将毛泽东思想纳入其中,但是对毛泽东思想以及毛泽东对中国特色社会主义道路的理论与实践探索,中共中

---

① 刘先春等:《毛泽东思想与中国特色社会主义理论体系的关系》,《理论探索》2008 年第 5 期。

② 李方祥:《中国特色社会主义理论体系与毛泽东思想的关系》,《中共福建省委党校学报》2008 年第 8 期。

央在报告中及此后的学习贯彻落实十七大精神中给予了高度评价。学界关于毛泽东思想与中国特色社会主义理论体系的关系展开了热烈讨论。这样的讨论充分反映了我国当前理论界的宽松环境和学术界的繁荣。当然,可以讨论的问题依然很多,诸如毛泽东思想哪些具体部分是中国特色社会主义理论体系的来源、对中国特色社会主义理论体系有着什么直接影响等,都有待深入研究下去。

三、社会主义初级阶段与新民主主义社会的关系

新民主主义社会理论与社会主义初级阶段理论,分别是毛泽东思想和中国特色社会主义理论体系的重要组成部分,而新民主主义社会与社会主义初级阶段又前后相连,有着诸多的共同性与差异性。正因为如此,新民主主义社会与社会主义初级阶段的关系问题,就成为学术界讨论较多的一个话题。

学术界对于这两种社会共同点的概括虽各有不同,但并无太多的分歧。存在分歧的主要是对这两种社会的差异如何概括。

学术界对新民主主义社会与社会主义初级阶段差异性的分析,不但均有其根据和理由,而且都有各自的学术价值。但笔者认为,在讨论这两种社会的差异性时,必须注意到新民主主义社会论与新民主主义社会这两个不同的考察土体。

新民主主义社会首先是作为党的领导人对革命胜利后如何进行社会建设的一种构想而提出的。由于中国原本是一个半殖民地半封建社会,因而中国无产阶级革命的第一步,还只能是反帝反封建的民主革命,而不能是反对资本主义的社会主义革命,因而革命胜利后不能立即建立社会主义制度,而只能通过建立新民主主义社会并以此向社会主义社会过渡。虽然新民主主义社会这个概念提出之时,中国共产党领导的各个根据地已是局部的新民主主义社会。对此,毛泽东也明确讲过:"无论就政治、经济或文化来看,只实行减租减息的各抗日根据地,和实行了彻底的土地革命的陕甘宁边区,同样是新民主主义的社会。各根据地的模型推广到全国,那时全国就成了新民主主义的共和国。"①但是,就全国而言,新民主主义社会还主要处于制

---

① 《毛泽东选集》第二卷,人民出版社 1991 年版,第 785 页。

度设计阶段。既然是属于制度设计，也就是对未来社会进行构想，那么，它与现实的新民主主义社会毕竟是不同的，不妨将这种关于未来新民主主义社会的构想及与之相关的理论，称之为新民主主义社会论。新民主主义社会论显然与新民主主义社会是不可能完全等同的。换句话说，在进行这种比较的时候，应当把新民主主义社会与新民主主义社会论加以区分。

比方说，对于私人资本主义问题，毛泽东在《新民主主义论》中提出，"并不禁止'不能操纵国民生计'的资本主义生产的发展"①，其基本点是"不禁止"私人资本主义发展。在党的七大的时候，不论是大会的书面报告还是口头报告中，毛泽东都多次讲到中国发展资本主义的问题，且提出"中国需要资本主义的广大发展"，并认为"资本主义的广大发展在新民主主义政权下是无害有益的"②。但到七届二中全会的时候，毛泽东又提出要"对于资本主义采取恰如其分的有伸缩性的限制政策"，同时"容许它们在人民共和国的经济政策和经济计划的轨道内有存在和发展的余地"。③ 从被动式的"不禁止"，到主动式的"需要"，再到被动式的"限制"和"容许"，表明毛泽东在私人资本主义问题上的态度是发展变化的。但由于中国共产党没有在全国执政，所建立的根据地基本上在农村，因而根据地内部并没有多少私人资本主义。因此，在一个相当长的时间里，对私人资本主义采取何种政策，还只是一个理论问题。新中国成立之后，党的工作重心由乡村转入城市，必须与现实中的私人资本主义打交道，对资本主义就不能仅在理论上进行分析，而是必须制定具体的政策。显然，在新中国成立初期的新民主主义社会阶段，中国共产党对资本主义的态度与七大时期有了很大的不同，已不再是那种鼓励性的"广大发展"和"无害有益"，而是采取利用与限制并重的政策，并且重点放在限制上。这又是与七届二中全会对新中国社会主要矛盾的判断有关的。既然认为新社会的主要矛盾是无产阶级与资产阶级的矛盾，而且最终要解决两个阶级谁战胜谁的问题，显然对资本主义就不可能让其"广大发展"，而是要限制它的发展，并在条件成熟时将其消灭。因此，在进行两种社会比较的时候，就应当把当年对新民主主义社会的构想，与革命在全国胜利后所建立的新民主主义社会采取的实际政策加以区别，这样才能得出比较科学的结论。

---

① 《毛泽东选集》第二卷，人民出版社 1991 年版，第 678 页。

② 《毛泽东文集》第三卷，人民出版社 1999 年版，第 275 页。

③ 《毛泽东选集》第四卷，人民出版社 1991 年版，第 1431、1432 页。

从整体上讲,中国是先有新民主主义社会的理论而后有新民主主义社会的实践,而社会主义初级阶段是先有实践后提出初级阶段的理论。换言之,是先有社会主义初级阶段而后有初级阶段论,因为1956年社会主义改造的基本完成,意味着社会主义基本制度在中国基本确立,中国由此进入社会主义初级阶段。虽然在新民主主义社会向社会主义社会的过渡时期,党的领导人对即将进入的社会主义社会也有过设计,但那时只想到由新民主主义转入的新社会是社会主义社会,而根本没有想到这还只是初级阶段的社会主义,没有也不可能产生社会主义初级阶段的概念,更不要说社会主义初级阶段的理论了。事实上,中国是在搞了若干年的社会主义之后,才发现自己原来的社会主义不那么够格,还只能是初级阶段的社会主义,于是才将所处的社会发展阶段定位于社会主义初级阶段,并在此基础上形成和发展了社会主义初级阶段的理论。这一点,新民主主义社会与社会主义初级阶段是有所不同的。

既然必须将构想中的新民主主义社会与实践中的新民主主义社会加以区别,因此,在进行新民主主义社会与社会主义初级阶段的比较时,就只能是将实践中的新民主主义社会与实践中的社会主义初级阶段进行比较。可这里又产生了另一个问题,即不论是新民主主义社会还是社会主义初级阶段,本身都是动态的、发展变化的。1949年中华人民共和国成立之时,不论是《共同纲领》的规定,还是新中国成立之初所采取的具体政策,以及政治、经济生活的方方面面,都体现着新中国社会的新民主主义性质。1953年过渡时期总路线提出后,中国进入大规模的社会主义改造时期,可以说,从此时起,已进入新民主主义社会向社会主义社会的转变阶段,也就是通常所讲的过渡时期。当然,在此之前,农业领域的社会主义改造已经启动,也有个别的私人资本主义企业开始了公私合营,社会主义性质的经济在国民经济中所占的比重也逐渐扩大。但从总体上讲,过渡时期总路线提出前,在农村个体农业还占主导地位,资本主义工商业在国家经济生活中还起着重要作用,应当说,从整个社会性质上讲,仍是新民主主义的。因此,作为两种社会比较的基点,就新民主主义社会而言,只能以新中国成立至过渡时期总路线提出前这一时间段作为比照的基点。

1956年是社会主义初级阶段的起点,但是,这个社会主义初级阶段是在初级阶段的理论提出后所确认的,何况当年在宣布自己进入社会主义社会后,还曾急急忙忙地进行向共产主义过渡的试验,比如1958年的"大跃进"和人民公社化运动,就是急于向共产主义过渡的一桩未曾成功的试验。也就是说,那时的社会主义初级阶段与现在的社会主义初级阶段,虽然现在都将之认同为初级阶段,但两个阶段不但人们对社会主义的理解不同,而且在社会政治经济生活的诸多方面也是不同的。比如所有制结构上,1956年社会主义改造完成后,私人资本主义经济和个体经济基本上处于"绝种"状态,社会经济生活中只有两种所有制形式——全民所有制和集体所有制。而十一届三中全会后特别是现阶段在所有制形式上,除了全民所有制和集体所有制外,还有个体经济、民营经济等多种形式。所以,在进行两种社会比较时,也就只能以现时的社会主义初级阶段作为比照的另一个基点。

新民主主义社会与社会主义初级阶段的差异可以从许多方面进行分析,对于这个问题,已有学者从不同的角度进行过分析。应当说学者们提及的诸多差异性都是客观存在的,但笔者认为,在进行比较时,还有两个方面差异必须注意到,并且这两个方面的差异更为重要。这就是政治体制与农村土地制度二者有着很大的不同。

新民主主义社会与社会主义初级阶段在政治体制上的差异性,就在于新民主主义社会时期,中央人民政府具有中国共产党领导且多党合作的联合政府性质,而社会主义初级阶段,中国共产党领导的多党合作与政治协商虽然是一项基本的政治制度,但中央人民政府并不具有联合政府的性质。

按照新民主主义社会论提出时的设想,新民主主义社会的国体是几个革命阶级的联合专政,也就是说新民主主义的共和国的政权只能是联合政府性质的,否则就不能实现各个革命阶级的联合专政。1940年1月毛泽东发表《新民主主义论》时,对于新民主主义的政治曾有明确的论述,强调新民主主义共和国是几个革命阶级联合的共和国,实行各个革命阶级联合专政。几个革命阶级如何联合专政?具体的实施办法就是成立各个革命阶级自己的政党均参加的联合政府。1944年9月,中国共产党正式提出了建立民主联合政府的主张。毛泽东在党的七大的书面政治报告就叫《论联合政府》,其中指出:"我们主张的新民主主义的政治","是建立一个联合一切民主阶级的统一战线的政治制度"。① 他还提出了成立民主联合政府的两个步骤,即:"第一个步骤,目前时期,经过各党各派和无党无派代表人物的协议,成立临时的联合政府;第二个步骤,将来时期,经过自由的无拘束的选举,召开国民大会,成立正式的联合政府。总之,都是联合政府,团结一切愿意参加的阶级和政党的代表在一起,在一个民主的共同纲领之下,为现在的抗日和

---

① 《毛泽东选集》第三卷,人民出版社1991年版,第1056页。

将来的建国而奋斗。"①按照这个设计,联合政府中必须有中共和其他民主党派参加,并且首先把由国民党一党掌控的国民政府改组为联合政府,也就是不允许国民党搞一党专政,然后通过自由选举产生正式的联合政府,至于这个正式的联合政府以哪个党为主导,只能是通过自由选举由选民来决定。虽然国民党并不是"几个革命阶级"中任何一个阶级的政党,但鉴于当时中国各政党力量的对比和从维持抗日民族统一战线出发,这时建立联合政府如果将国民党排斥在外显然是不现实的。这样的联合政府一提出即为国民党所反对,因而并未构建起来。

1946 年全面内战爆发后,此时中国共产党并没有放弃民主联合政府的主张,不过,这时所设想的民主联合政府当然是不包括国民党蒋介石集团。1947 年 10 月,中共中央发表《中国人民解放军宣言》,其中提出的十项主张中,第一项就是"联合工农兵学商各被压迫阶级、各人民团体、各民主党派、各少数民族、各地华侨和其他爱国分子,组成民族统一战线,打倒蒋介石独裁政府,成立民主联合政府"②。次年 4 月 30 日,中共中央发布纪念"五一"劳动节的口号,向各民主党派、各人民团体、各社会贤达发出"迅速召开政治协商会议,讨论并实现召集人民代表大会,成立民主联合政府"的倡议,得到各有关方面的热烈响应。1949 年 1 月 1 日,《人民日报》发表的新年献词更是明确提出:"一九四九年将要召集没有反动分子参加的以完成人民革命任务为目标的政治协商会议,宣告中华人民共和国的成立,并组成共和国的中央政府。这个政府将是一个在中国共产党领导之下的有各民主党派各人民团体的适当的代表人物参加的民主联合政府。"

1949 年 6 月,新政治协商会议筹备会在北平成立并举行第一次会议,毛泽东在会上的讲话中,对此次会议的任务明确定位于"完成各项必要的准备工作,迅速召开新的政治协商会议,成立民主联合政府"③。同年 9 月 21 日,新政治协商会议即中国人民政治协商会议召开,参加这次会议的代表共由 45 个单位组成,代表总名额为 510 名。其中党派代表 142 人,区域代表 102 人,军队代表 60 人,团体代表 206 人。9 月 22 日,新政协筹备会代理秘书长林伯渠在全体会议上报告会议筹备经过时也说,"为了迅速完成召开新政协及建立民主联合政府的各项必要准备工作,筹备会决定在常务委员会领导

---

① 《毛泽东选集》第三卷,人民出版社 1991 年版,第 1068—1069 页。

② 《毛泽东选集》第四卷,人民出版社 1991 年版,第 1237 页。

③ 《毛泽东选集》第四卷,人民出版社 1991 年版,第 1463 页。

下设立六个小组"①。这说明,至少在当时,人们认为即将成立的中央人民政府就是民主联合政府。当然,这时要建立的联合政府,与抗日战争后期提出联合政府主张时要建立的联合政府,是有质的不同的。这时所筹备建立的联合政府,显然是由中共领导各民主党派参加的联合政府。

虽然新政协所筹建的中央人民政府与党的七大时设想的联合政府有了很大的不同,但在政府组成人员的设计上,还是基本按照联合政府的思路进行的,不是因为中共取得了领导地位就在政府中大包大揽。这次政治协商会议选举产生了中央人民政府的主席、副主席及全体委员。主席副主席共7人,其中非中共人士3人;中央人民政府委员56人,其中非中共人士27人。在随后组建的政务院及其所属机关的负责人中,政务院从总理到委员、正副秘书长共26人,非中共人士14人;最高人民法院院长和最高人民检察院检察长共2人,非中共人士1人。其他各部、委、署主官中,非中共人士超过三分之一。据中央人民政府21个部的统计,部长副部长中非中共人士达26人。从这一届中央人民政府的人员构成看,此时的中央人民政府应当是具有联合政府性质的,或者说是中国共产党领导的民主联合政府。

但是,这种情况到1954年一届人大一次会议时有所变化。一届人大一次会议产生的中央人民政府组成人员中,国务院总理、副总理共11人,全为中共党员担任;国务院的35个部长、主任中,中共党员21人,非中共人士13人,为三分之一。1959年二届人大一次会议时,非中共人士在人大和国务院的比重再次下降。不但国务院的16名副总理全部来自中共,在36名部、委主官中,中共25人,非中共11人,已不到三分之一。到1975年的四届人大时,全部正副总理和部、委主官中,已是清一色的中共党员。十一届三中全会后,中国共产党领导的多党合作与政治协商制度得到了恢复和发展,各民主党派在国家政治生活中发挥重要作用,但应当说,我们今天的中央人民政府在人员构成上与新中国成立之初是有很大的不同的,并不具有联合政府的性质。

在经济制度上,新民主主义社会与社会主义初级阶段有一个很大的共同点,就是两种社会都是多种经济成分并存。前者有国营经济、个体经济、私人资本主义经济、合作社经济和国家资本主义经济五种经济成分,现阶段中国社会亦有国有经济、集体经济、个体经济、私营(或民营)经济以及股份制经济等多种经济成分。不少论著认为,新民主主义社会和社会主义初级

---

① 《筹备会代理秘书长林伯渠报告筹备经过》,《人民日报》1949年9月23日。

阶段虽然都是多种所有制并存,但两个社会中各种所有制间的比重以及在国家经济生活中的地位和作用各不相同,这是二者间差异性的重要体现。然而笔者认为,这还不是新民主主义社会与社会主义初级阶段在经济制度上主要的差异。从总趋势看,新民主主义社会是公有制经济特别是国营经济的比重日益增长,地位和作用日益显著,并且在不长的时间里就超过了私营经济。而社会主义初级阶段的情况就复杂一些。十一届三中全会前基本上是公有制经济一统天下,十一届三中全会后非公有制经济从无到有发展起来,特别是近些年发展迅速。可以预见,在未来一段时间,非公有制经济在国民经济中所占的比重还会有所上升。所以在这个问题上似乎不太那么有可比性。

新民主主义社会和社会主义初级阶段在不同所有制经济上的差异,更主要的还是体现在农村的土地所有权上。在新民主主义社会,互助合作虽然开始产生并为党和政府所支持所鼓励,但直至1953年过渡时期总路线提出时,农村经济体制仍基本上是个体农民所有制,这不单体现在生产方式上是农民以家庭为生产单位,更为重要的是农民对于土地具有所有权,以及附随所有权而产生的土地处置权。在新民主主义社会,农民不但可以出租自己的土地,也可以出卖自己的土地。当时起临时宪法作用的《中国人民政治协商会议共同纲领》第二十七条规定:"凡已实行土地改革的地区,必须保护农民已得土地的所有权。"①1950年6月通过的《中华人民共和国土地改革法》第三十条亦规定:"土地改革完成后,由人民政府发给土地所有证,并承认一切土地所有者自由经营、买卖及出租土地的权利。"②在过渡时期总路线提出前夕的1953年5月,中央人民政府政务院发出的《加强增产粮食和救灾工作的指示》中,还提出"必须认真贯彻保护农民土地所有权的政策"。也就是说,在新民主主义社会里,农民依法具有土地所有权以及土地的处置权,土地的买卖是合法的。正因为土地可以买卖,所以土地改革后,一些地方产生了少数条件较好的中农通过买进土地上升为富农从而雇工剥削,另有少数农民由于种种原因出卖自己土地的现象,在农村出现了两极分化的苗头,从而成为当年决定加快农业合作化步伐的一个重要理由。

农业合作化其实就是将农民所有的土地和其他生产资料集体化、公有化。农业合作化分为初级和高级两个阶段,即初级农业合作社和高级农业

---

① 《建国以来重要文献选编》第1册,中央文献出版社1992年版,第7页。

② 《建国以来重要文献选编》第1册,中央文献出版社1992年版,第343页。

合作社。按照1955年11月全国人大常委会通过的《农业生产合作社示范章程草案》的规定,在初级社阶段,对于社员交与合作社统一使用的土地和其他生产资料,在一定的期间还保留社员的所有权,并且给社员以适当的土地报酬。也就是说,此时农民对自己交与合作社的土地不但具有所有权,而且可根据入社土地的多少获得不等的收益即土地分红,至于土地收益的多少由各个农业合作社自己决定,当时有地劳(即土地与劳动)五五、四六、三七分红等不同情况。这也是将初级农业合作社称之为半社会主义的主要原因。初级社转入高级社后,社员的土地就公有化了,不但所有权归了合作社,而且也取消了土地报酬。1956年6月一届人大三次会议通过的《高级农业生产合作社示范章程》规定,高级社"入社的农民必须把私有的土地和耕畜、大型农具等主要生产资料转为合作社集体所有","取消土地报酬"。①同时,该章程又规定,合作社应抽出一定数量的土地分配给社员种植蔬菜,面积一般不超过当地人均土地数的5%,这就是通常所说的社员自留地。显然自留地并不是社员入社时自己留下的土地,而是将所有的土地交给高级社后由高级社给予其使用权的土地。至于自留地的所有权,当然属于高级社。于是,高级农业合作社就被认为完全是社会主义性质的,我们曾把公有制、按劳分配视为社会主义社会的主要特征,而高级社正好符合这两个要求。1958年高级农业合作社转变为人民公社后,原农业合作社的土地所有权就转归人民公社集体所有了。从高级农业合作社开始,耕耘在土地上的农民与土地所有权分离。

十一届三中全会后,农村实行家庭联产承包责任制,绝大多数的地方将集体的土地以家庭为单位分给农民个体经营,但农民只取得了土地的经营权(或者说使用权),在土地的所有权上仍是集体的,农民与集体是一种土地承包关系。因此,农民家庭承包取得的土地承包经营权可以依法采取转包、出租、互换、转让或者其他方式进行流转,但个人无权将所有权转让,不能进行土地的买卖。2002年8月通过的《中华人民共和国农村土地承包法》规定:"农村土地承包后,土地的所有权性质不变。承包地不得买卖。"所以现阶段农民的富裕程度虽有不同,但农村不可能如同新民主主义社会时期那样出现一个新的富农阶级。

以上两条,笔者认为是新民主主义社会与社会主义初级阶段两个比较

---

① 黄道霞等:《建国以来农业合作化史料汇编》,中共党史出版社1992年版,第352页。

明显的区别。

四、社会主义初级阶段是否是对新民主主义社会的回归

改革开放后的中国社会,无论在政治制度方面、经济制度方面还是在文化制度方面,都与新中国成立初期新民主主义社会有着诸多相似之处。特别是在所有制结构方面,在新民主主义社会阶段是多种所有制共存,当下的社会主义初级阶段亦是如此。因此,许多人感慨道,"早知今日,何必当初",意即早知社会主义初级阶段可以搞多种所有制,那又何必在20世纪50年代搞社会主义改造。因为社会主义改造的目的,就是将新民主主义社会的多种所有制改造成为单一的公有制,而十一届三中全会之后,经济体制改革的一项重要内容,就是将单一的公有制恢复为多种所有制共存,特别是当下大力发展的民营经济,实际上就是当年私人资本主义工商业的"复活",既然如此,当年根本就没有必要将其消灭,没有必要进行社会主义改造。另有人认为,现在的社会主义初级阶段,实际上就是当年新民主主义社会的回归,只不过名称叫社会主义初级阶段罢了。亦有人主张中国发展到现在,已有许多现象用中国特色社会主义理论无法解答,而新民主主义理论则可以对这些社会现象作出合理的解释。人们将这种观点概括为"新民主主义回归"论。

例如,有人认为,中国过去的改革开放非常成功,在西方资本主义发生巨大金融危机、经济危机的情况下,中国改变出口导向的经济战略,大力发展内需经济。在这个大环境下,可以发现第一代无产阶级革命家所创造的新民主主义论就很有意义。比如说新民主主义国家是一种什么样的国家,正如后来作为国旗的五星红旗所代表的含义,一颗大星代表中国共产党,工农兵只占了两颗小星,还有民族资产阶级、小资产阶级,要给他长期发展的地位。既要为工人、农民的利益着想,但是也要搞劳资两利,劳资兼顾,统筹四面八方。经济建设要建成工业化强国,既需要自力更生,又需要外国的援助,所以中国的外交路线是既不向美国为首的西方发达国家一边倒,也不向苏联一边倒,是完全独立的。既需要苏联的支持,又需要从发达的资本主义国家引进大量的,包括经济的、资金的、技术的、管理的支持。当然,现在的社会主义初级阶段不是新民主主义社会,但是新民主主义那种解决问题的

思路,对今天建设有中国特色的社会主义还是有借鉴意义的。①

又如,有人提出:"中共八十年经验教训,可概括为一句话,成也新民主主义,败也新民主主义。""1949 年夺取政权前,我们党实行新民主主义,我们成功了。夺取政权后,我们抛弃了新民主主义,急急忙忙搞社会主义,搞乌托邦,我们失败了,失败得很惨。1978 年党的十一届三中全会后,我们重又回归到新民主主义的建设思路,并在实践中予以发展,我们又成功了,成功得举世瞩目。""有中国特色社会主义是从社会主义初级阶段演变而来,而'社会主义初级阶段'实际上是新民主主义的回归和发展"②。

对于"新民主主义回归"论,一些学者明确表示不能赞成。有研究者认为,新民主主义社会本来就是一个向社会主义发展的过渡性质的阶段,是要走向社会主义的,并不是过渡时期总路线突然提出来的新问题。新中国成立、建立起新民主主义国家时,公有制经济远没有处于主体地位。虽然由于没收了官僚资本主义企业,把它变成社会主义的国有经济,在整个国民经济中已处于领导地位,但那时的中国还是一个落后的农业国家,加上长期战争的破坏,生产力水平十分低下。在新民主主义社会中,无论城市或农村,公有制经济都没有占主体地位,在广大农村中尤其如此。这自然称不上社会主义初级阶段。从这里也可以看出社会主义初级阶段同新民主主义社会的根本区别所在。讨论社会主义改造最重要的、又恰恰被不少人忽略或遗忘的是:在中国建立起社会主义制度的主体是靠社会主义工业化。从 1953 年起,在中国大地上掀起了历史上从来不曾有过的热气腾腾的大规模经济建设,不提这个问题,就谈不上在中国建立社会主义制度,也就没有以后的社会主义现代化可言。因此,不能把中国社会主义制度的建立看成主要是对资本主义工商业进行社会主义改造的结果,或者过多地把注意力集中在这一点上。对于农业社会主义改造,不能忽略它的一个突出的历史贡献:初级社是土地入股,高级社是土地公有。这对建立公有制为主体的社会主义制度有着极为重要的意义。现在,在社会主义现代化建设的进程中,"土地公有"这一条的重要性,越来越明显地表现出来。对于高级社这个重大历史功绩,应该给以充分的重视和肯定。总之,对待 20 世纪 50 年代中期社会主义改造的完成与社会主义基本制度的确立,是一个新生命的诞生,这是一件了

---

① 张木生:《国运与新民主主义思路》,《北京日报》2011 年 8 月 29 日。此作者所著的《改造我们的文化历史观》(军事科学出版社 2011 年版),对这个观点作了详细的阐述。

② 杜导正:《新民主主义的回归与发展》,《炎黄春秋》2009 年第 4 期。

不得的大事。至于先天不足留下的某些后遗症,只能在认真总结经验教训后在后天加以调整补充,相信它也有在自我发展和自我完善的过程中解决这些问题的能力,总不能走回头路,把它塞回母腹里补好了再生下来。①

还有学者提出,1949 年七届二中全会和新中国成立前制定的《共同纲领》,都规定了革命胜利后建立的"新民主主义社会"是包括私人资本主义在内的五种经济成分并存的社会经济形态,并指出在一个相当长时期内尽可能利用城乡资本主义的积极性,以利于发展社会生产力。社会主义改造当时是势所必然,但是由于过急过头,造成私人资本经营从 20 世纪 50 年代后期完全消失,直到 80 年代初期政策松动以后,才逐渐恢复发展,现在又构成中国特色社会主义经济结构的组成部分。社会主义初级阶段理论为这一变化提供了理论前提和依据。在一定意义上,这一变化确实具有后退的性质,实行了某些类似新民主主义的政策,特别是对待私人资本的政策。但是不能把改革中的这一必要的后退看成是复归新民主主义,因为改革本身的实质是社会主义制度的自我完善,是在前 30 年建成社会主义制度的基础上进行的,不是推倒前 30 年建立的社会主义制度,退回到新中国成立初期曾经设想的"新民主主义社会"。②

与此相关联,当年为何提前结束新民主主义社会向社会主义过渡,也就是为什么放弃新民主主义社会论,亦是学术界讨论较多的话题。因为按照党的领导人在新中国成立前后的设想,是要搞一二十年、二三十年或几十年的新民主主义社会后,才采取向社会主义转变的步骤,但实际上,到 1953 年就提出了过渡时期的总路线,并由此启动了大规模的社会主义改造,并且到 1956 年这种改造就得以基本完成。

笔者认为,新民主主义提前结束,或者说毛泽东提前放弃新民主主义社会,可以从不同的视角进行分析和解读,但在探讨这个问题时,这样几个方面的原因是不能忽视的:

第一,全国人民对社会主义急切向往。新中国成立后一直没有放松对社会主义优越性和社会主义美好前景的宣传,全国人民已经以一种十分迫切的心情,等待社会主义的早日到来。这里举一个例子。为了学习苏联集体农庄的经验,1952 年 5 月至 8 月,中共中央派出了以农业劳动模范为主的

---

① 金冲及:《新民主主义社会和社会主义初级阶段》,《党的文献》2000 年第 5 期。

② 刘国光:《从新民主主义社会到社会主义初级阶段——共和国六十周年感言》,《光明日报》2009 年 9 月 22 日。

中国农民代表团,对苏联进行了 3 个半月的参观访问。代表团回国后,对苏联农业集体化的好处作了广泛的介绍。河北饶阳"耿长锁农业生产合作社"社长耿长锁说:"集体农民的生活真是令人羡慕。他们吃的是面包、肉、牛奶,星期天穿的不是哔叽就是绸子,睡的是钢丝床,房子里有自来水、电灯、收音机,柜橱桌椅齐备。每个集体农场都有俱乐部、图书馆、无线电转播站、电影场。集体农民一面工作一面唱歌。那里没有人剥削人的现象,大家都很快乐。这种生活只有集体化才能得来。看了之后,真使人羡慕。我们一定要努力争取这种生活在中国实现。这先要农民大伙认识这种好处,携起手来干。"在当时人们的心目中,一旦实现了社会主义,大家就会过吃喝穿用不必愁的好日子,有谁不希望社会主义早日到来呢。在一定意义上讲,提前结束新民主主义社会,是当年广大人民群众的强烈愿望。

第二,对农村可能出现的两极分化的过早担心。新中国成立时,老解放区已完成了土地改革。到 1952 年底,新解放区的土改也基本完成。土地改革后,在农业生产恢复发展和农民生活得到改善的同时,一些新的情况和问题也随之出现了。其中最为人们所担心的就是出现了两极分化苗头。由于我国广大农村处于分散的小农经济状态,生产力水平低下,农民抗拒自然灾害的能力十分脆弱,农村的社会保障和社会救济体系尚未建立,虽然经过土地改革,每个农民获得了数量大体相同的土地,但每户农民的劳动能力、经营水平和农业技术各不相同,所以其收入水平也必然会有差异,也就不可避免地造成贫富的悬殊。这又势必出现富者买地贫者卖地的现象,导致农村的阶级关系出现新的分化。农村开始出现少量的新富农,这也不可避免地将产生雇工剥削。这使人们不得不思考这样一个问题:将会有一部分富裕中农富农化,出现新富农(富农在当时被视为农村的资产阶级),对此是允许其发展还是限制其发展?对于土改后农村出现的少量的两极分化过度担心,是党的领导人决定提前在农村进行所有制改造的一个重要原因。实际上,当时农村两极分化的现象并不严重,尽管少数农民有走互助合作道路的积极性,但更多的农民是想在刚刚分到的土地上好好经营一番。农业合作化虽然取得了很大成绩,但它对我国农业生产所产生的负面影响也不能低估。

第三,对私人资本主义经济负面作用的过度害怕。新中国成立前,各根据地、解放区可以视做新民主主义共和国的雏形,或者说是局部的新民主主义社会。但是,毛泽东在战争年代关于发展资本主义的有关论述,主要是出于理论分析,因为当时根据地基本上没有资本主义。但是,理论上对资本主义的分析,与现实中对资本主义采取什么样的政策,毕竟是有所不同的。现实中的东西要复杂得多。当年毛泽东认为要发展资本主义,主要考虑到的是其积极作用。可是进城之后,当与现实中的资本主义打交道时,就常常遇到理性与感性的矛盾。在1950年调整工商业后,少数不法资本家违法犯罪活动日趋严重,将其唯利是图、损人利己的本性充分暴露。因此,中共中央决定在党政机关开展"三反"运动后不久,又在资本家中开展了"五反"运动。打击资本家的"五毒"行为是非常必要非常及时的。但是否可以这样说,"五反"运动使党内相当多的人对资本主义原有的一点理论上的好感也不存在了。而"五反"运动之后,资产阶级受到了严重打击,资产阶级在事实上已经不能像过去那样生存了,资本主义在当时的生存发展空间已变得十分狭小,资本家自己也感到前途渺茫,请求国家"计划"他。1951年7月,刘少奇给中央党校的学员作报告,在谈到消灭资本主义的问题时说,消灭的时间和方式要看当时的情况和资产阶级的态度来决定,资产阶级的态度恶劣可能逼使我们要早一些,方式要激烈一些。资本家的"五毒"行为,似乎说明了资本家的态度恶劣。反正资本主义迟早要消灭的。现在,资本主义有这么多的毛病,他自己也有了改造的要求,因此,趁此机会将之消灭,也就顺理成章了。

还需要指出的是,不论从怎样的视角去分析与研究新民主主义社会提前结束的原因,应当看到建立社会主义制度是历史的必然结果。笔者认为,中国建立社会主义制度,与其说是历史的"必然选择",不如说是历史发展的"必然结果"更恰当些。如果说是"必然选择",虽然是"必然",但毕竟还有选择的余地,理论上还有走其他道路的可能。其实,只要中国共产党人取得了执政地位,社会主义就是中国唯一的前途,因为中国共产党人是将在中国建立社会主义制度作为自己的历史使命的,是确定无疑并且坚定不变的信念。之所以在革命胜利后没有马上搞社会主义,就在于中国原本是一个半殖民地半封建社会,没有立即转变到社会主义的现实条件,搞一段时间的新民主主义,其实就是为了向社会主义转变创造条件,这就决定了新民主主义社会的过渡性和短期性。

如果用今天的眼光看,当年的新民主主义社会时间自然可以更长些,在所有制的问题上完全没有必要搞清一色的公有制。问题在于当年的人们不可能有这样的认识。在当时的人们看来,社会主义在所有制上必须是公有制的,而且公有化的程度越高越好;社会主义也只能搞按劳分配,而不能有其他的分配形式,否则会出现不劳而获的剥削,剥削现象的存在将背离社会主义的根本原则;社会主义只能搞计划经济,自由竞争会导致社会生产的无序与社会资源的巨大浪费。当时人们基于对社会主义的这种认识和理解,开展了大规模的社会主义改造,其目的就在于使新民主主义社会时期的多种所有制中的非公有制改造为公有制,消灭剥削,实现按劳分配以体现社会的公平正义。从这个角度上看,人们的认识总会受时代条件的限制,在总结历史经验时,只能将有关人与事放在当时特定的历史条件下进行考察,才能对历史现象作出合理的解释和客观的评价。

今天的社会主义初级阶段与当年的新民主主义社会,有许多相类似甚至相一致的地方,但恐怕不能简单地认为前者是后者的"回归"或"复归",因为二者之间毕竟有着明显的差异。更重要还在于,如果将今天的社会发展阶段重新定性为新民主主义社会,那就意味着当年的社会主义改造及由此建立的社会主义制度,实际上都是不应当的,因而对社会主义改造问题的评价,根本不是搞早了、搞快了的问题,而是该不该搞的问题。这样一来,十一届三中全会前的二十余年的历史就不好解释,而且会由此引起重大的思想混乱。不但如此,当今的一些社会现象与社会问题,也并非是新民主主义理论可以解释和解决的,因为当下的国情与新民主主义社会阶段的国情已经发生了很大的变化。其实,社会主义初级阶段的含义十分清楚,用社会主义初级阶段的理论反倒能更好地解释当今的社会现象和解决社会问题。所以,在当下,必须坚持社会主义初级阶段理论,坚持党在社会主义初期阶段的基本路线、基本纲领和基本政策不动摇。

(本题作者:罗平汉　周　震)

第三题

中国特色社会主义建设的内在逻辑与发展趋向

理论有三种产生方式:论从"经"出,从经典文本中来;论从"史"出,从社会历史和思想历史中来;论从"实"出,从客观实际和实践生活中来。中国特色社会主义建设实践已走过了三十多年的历程,需要进行全面深入的总结。总结中国特色社会主义建设实践,既要从其经验表象揭示其深层背后的内在逻辑,也要从中提升出引领当代中国实践发展的有价值的理念,从而使中国特色社会主义建设更好地走向未来。本题拟从"全球视野—结构分析"这样一种分析框架,来解释说明中国特色社会主义建设实践。

一、历史语境与框架选择:"全球视野—结构分析"

哲学是世界观和方法论的统一,是时代精神的升华。哲学的这种特质决定了它对现实问题的分析具有两种向度,即基于"世界观"意义的视野性(高度和深度)和基于"方法论"意义的框架性(静态和动态),二者形成哲学观察世界的基本框架。

首先,作为一种世界观,哲学意味着,只有在总体上和深层次观察世界,才叫哲学。而要做到"总体上"和"深层次",则需要思维具有一定的高度和深度。就高度而言,一般有三种情形:山底下注视、半山腰俯视和山顶上总揽全局。山底下注视,可以观测到细节,但无法把握全貌;半山腰俯视,可以有一定的全局感,但观察者本身依然是山顶上那只眼睛之中的一道风景;山顶上总揽全局,则一览众山小,全局性、总体性、宏观性一概收揽眼底。而山顶上总揽全局,即为哲学的高度。就深度而言,哲学对事物本质的把握源于科学性和价值性两种尺度的统一。科学性,着眼于揭示事物"是什么"和"为何是",即求"真"。但仅仅求"真"未必就是本质,因为在人化的世界中,事物在"真"的背后还有立场的注入,立场不同,事物的内涵及其展示给了实践的效应就不同。因此,分析事物背后的"立场性"在实践的意义上更为重要,此为价值性。正是基于这种意义,我们以为,哲学之所以体现出深度,就是因为它既揭示"是什么"及其"为何是",体现出认知的深刻性;又判断"谁的立场",体现出判断的深层次性。

回到实践,哲学的这种"高度"和"深度",若用以分析中国特色社会主义建设的实践,那么,其核心就是:全球视野中的中国道路和中国道路中的世界眼光。其含义是:我们要站在当今世界全球化进程的上空观测中国现代化进程和中国道路,把中国发展放进世界发展的时空坐标系中进行分析、解释和评估,这是哲学的高度;同时还要分析中国现代化进程背后的"立场"和"主体意图",即谁在主导这一进程,谁拥有对此的解释权,谁的话语具有解释力,这是哲学的深度。

从时间维度看,当今世界依然处于商品经济历史区间,但工业社会阶段从20世纪70年代后逐渐退去,后工业社会时代逐渐生成,中国现代化进程和中国道路就处于这种时间的交接区域。抓住这样的历史方位,我们才能判断这个时代的本质,否则,哲学是时代精神的升华就无从谈起。

从空间维度看,在全球商品经济结构中,当代世界发展进入了一个新阶段,表现出一种"金融资本集权"的新特征。该特征意味着,全球资本通过所有权机制完成对经济的控制,通过国家权力分立制衡和军队国家化完成对政治的控制,通过媒体私有化完成对意识形态的控制,从而形成由资本集权的新资本主义模式。在实践上,该模式体现为:美元是世界格局变动的按钮,以国际资本为支点,美元与全球资源之间,美元的世界货币角色和美国国债角色之间,分别形成各自的跷跷板结构,世界格局在美元利益需求的变动中变动,世界进入资本主导时代。① 因为世界各国的发展均以此为平台,因此这就决定了,无论我们承认与否,中国道路都只能在这种历史格局和时

---

① 关于资本主导为特征的后工业时代的内涵、结构及其趋向,参见我们在《后工业社会的特征研究——基于哲学的视角》(《人文杂志》2011年4期)文中的分析。

代语境中进行分析。这一点是我们解释和评估中国道路的现实参照系,没有这样一个对时代格局的把握,评估就失去现实性和缺乏战略性。

上述三点是我们解释和分析现代化进程和中国道路的全球性视野,也是对中国道路进行结构性分析的理论视域和语境。

其次,作为一种方法论,哲学在思维上一般包含两种路径,即存在论路径和生成论路径。前者是从存在的角度分析和观察事物,旨在寻找共性(普遍性)和现象背后的本质,表现为结构性、静态化特征;后者则是从生成的角度探寻事物根源和过程背后的规定性,表现为过程性、动态化特征。马克思主义哲学既注重从结构层面分析事物的本质,也重视从过程层面分析事物发展的根源、演进和历程,更是强调结构和过程的统一。这主要体现在唯物史观的两个方面。第一,两个核心理论。在马克思那里,社会的主体是人,人们之间相互交往而形成的生活共同体就是社会,没有人们之间的相互交往,就没有社会。由此马克思指出:"社会——不管其形式如何——是什么呢?是人们交互活动的产物。"①在马克思看来,社会是一个起源于物质生产过程的具体历史范畴,人们在生产物品的同时也生产他们之间的关系,这些"生产关系总合起来就构成所谓社会关系,构成所谓社会,并且是构成一个处于一定历史发展阶段上的社会,具有独特的特征的社会"②。由马克思的文本论述来看,社会可定义为:以共同物质生产活动为基础而相互联系的人类生活的有机体,它是以生产关系为基础的社会关系的总和。社会关系的深层是一种结构性关系,因而社会在本质上首先体现为一种社会结构。基于这样的理解,马克思为了解释、分析人类社会历史和资本主义社会历史,创立了唯物史观。唯物史观的核心理论,从"静态"来讲,主要是社会结构理论;从"动态"来讲,主要是历史发展过程(规律)理论,社会结构理论和历史过程理论是马克思解释分析社会历史发展的两种基本框架。马克思在《〈政治经济学批判〉序言》中,对唯物史观作出了经典表述。这一表述从"人们在自己生活的社会生产中"到"与之相适应的现实基础",实质上讲的就是社会结构分析;而从"物质生活的生产方式制约着整个社会生活、政治生活和精神生活的过程"到"人类社会历史的史前时期就以这种社会形态而告终"的表述,实质上讲的就是历史过程分析。③ 第二,四个核心点。众所周知,马克

① 《马克思恩格斯选集》第4卷,人民出版社1995年版,第532页。
② 《马克思恩格斯文集》第1卷,人民出版社2009年版,第724页。
③ 《马克思恩格斯文集》第2卷,人民出版社2009年版,第591—592页。

思的社会结构分析和历史过程分析方法具有四个核心点：一是物质生产力、生产关系、经济基础（经济因素）、上层建筑（政治因素、思想文化因素）构成合力推动社会历史发展，经济因素、政治因素和文化因素之间的关系构成社会结构，社会结构是什么样的，社会历史发展状况往往就是什么样的；二是这几种因素之间的关系是，生产力决定生产关系，生产关系的总和构成经济基础，经济基础决定上层建筑；三是归根结底，经济因素起最终决定作用；四是生产力和生产关系的矛盾、经济基础和上层建筑的矛盾是人类社会历史发展的基本矛盾，它们的矛盾运动推动社会历史发展，而从它们的矛盾运动中可以揭示出人类社会历史发展的一般规律。这里，马克思特别注重运用社会结构和历史过程来解释、分析社会历史。换句话说，"结构分析"和"过程分析"是马克思唯物史观解释、分析社会历史的最根本、最基本的方法论框架。

马克思运用"结构分析"方法得出的具体结论不一定完全适合中国，但其"结构分析"的基本方法经过转换，可以用来分析中国改革开放和发展的三十多年的历史，也可用来解释中国特色社会主义建设实践的历史发展进程。实际上，根据中国特色社会主义建设实践的经验，可以从中提升出解释分析中国特色社会主义建设实践之内在逻辑的哲学框架，这一哲学分析框架就是结构分析。具体说，就是其中蕴涵着"功能思维→政府主导→理论引领→混合结构→人民主体"五个基本结构要素和相应的五个演进梯次所构成的一种结构，这种结构内在推动着中国特色社会主义建设实践的发展。

二、中国特色社会主义建设的内在逻辑：
功能思维→政府主导→理论引领→混合结构→人民主体

"现代化"是人类面临的共同课题，但最早是由西方发达国家完成的。在发展中国家对现代化道路的探索中，总是或多或少地有些对西方模式效仿的痕迹。① 于是，西方式现代化便成为一种强有力的话语范式，其包含的特定价值立场也被其共性问题所掩盖，变成了具有"普世价值"的一种导向。在这样的历史语境下，提出"中国道路"便具有特殊意义，它既意味着我们要去探索一种既遵循现代化建设一般规律、但又异于西方式现代化而具有中

---

① 俞可平：《回顾与思考："西化"与"中化"的百年论争》，《北京日报》2011 年 11 月 28 日。

国特色的现代化建设道路,又意味着要去挖掘其中促进中国成功之背后所蕴涵的"中国逻辑"。

中国特色社会主义现代化建设实践究竟具有怎样的"中国逻辑"？应采用什么样的哲学框架去解释、分析这种内在逻辑？我们认为,其内在逻辑与解释、分析框架可概括为:功能思维→政府主导→理论引领→混合结构→人民主体。

（一）功能思维:中国特色社会主义建设要求在坚持根本原则的前提下首先确立功能思维

以前一段时期,我们相对热衷于争论事物在性质和名分上的"两极对立",而且把这种对立看成是观察一切事物和对象的唯一标准。在这种一味注重"两极对立"的抽象的定性思维方式影响下,我们往往把在资本主义社会中存在、但实际上属于人类共同文明的优秀成果当做"姓资"而加以排斥,结果影响了对人类优秀的共同文明成果的吸收。在今天,我们依然要注重不同国家在意识形态和根本制度上的"性质"对立。然而,中国特色社会主义实践的发展更要求我们在坚持根本原则的前提下解放思想,树立相对注重"功能"的功能思维,注重名分与实力的统一,注重以实正名。

改革开放初期,通过解放思想,我们确立了从客观实际出发认识中国国情的认识路线,提出了三个基本判断:一是中国处于并将长期处于社会主义初级阶段;二是人民群众日益增长的物质文化需要与落后的社会生产这一矛盾是在我国长期存在的社会主要矛盾;三是我国生产力不发达,还是一个"不够格"的社会主义。这三大基本判断一直被我们强调着,并内在要求我国在相当长的时期内,必须坚定不移地把大力解放和发展生产力作为中国特色社会主义建设的首要根本任务。改革开放以来,我们从强调"实践标准",到突出"生产力标准",再到提出"三个有利于"标准,其根本目的之一就是解放和发展生产力,而这三种标准蕴涵并注重的就是"功能思维",即注重实践、注重实干、注重实力、注重实效,我们可称之为"功能性标准"。

从哲学上讲,改革开放以来,许多事物和对象在性质上处在混合和不确定状态。在这种混合和不确定性中,我们依然要追问事物和对象的性质,但也要追问事物和对象对我们的发展和强大有什么功用、价值、意义,即有什么积极功能,而要追问功能,必须确立体现"功能思维"的"功能性标准"。在中国特色社会主义建设进程中,我们正是根据"功能思维"或"功能性标准",大胆而灵活地利用了市场经济、股份制和证券市场,灵活而有序地发展非公有制经济。

（二）政府主导：自觉建构"一元主导"、"二基和谐"、"自主创新"的中国发展新格局

新中国成立以来，为缩小中国与西方发达国家之间的差距，我们一直实行追赶战略。最见效的追赶就是国家政府集中一切资源来发展生产力，"政府主导"自然蕴涵于其中。改革开放以来，解放和发展生产力，也首先需要通过政府主导来实现。在我国，有三种力量影响着社会历史发展：经济力量、政治力量和社会力量，文化力量渗透于三者其中。这三种力量之间的结构是：政治力量相对过大，而经济力量、社会力量相对较小，经济和社会常常依附于政治；政治力量的载体主要是政治权力及行政权力，这里权力是分层级的，由此就构成了以权力层级为核心的"金字塔"式的社会结构。这样的社会结构是解释"政府主导"的历史原因。

在中国特色社会主义建设历程中，政府的主导作用是突出的。主要体现在政府利用其强大的动员和组织力量，自觉建构"一元主导"、"二基和谐"、"自主创新"的中国发展新格局。

"一元主导"与中国特色社会主义建设的根本政治原则。探索中国特色社会主义建设道路的一个基本前提，是首先确定我们必须坚持的根本政治原则，这一根本政治原则就是"一元主导"。体现为改革开放以来，在政治领域，我们的政党制度是以中国共产党领导为主体，国家政体是以全国人民代表大会等为国家权力主体，我们是在中国共产党领导下开启改革开放和中国特色社会主义建设实践的；在经济领域，我们强调的基本经济制度，是以公有制为主体、多种所有制经济共同发展，确立的经济运行体制，是以市场经济为主体；在意识形态领域，我们强调以马克思列宁主义、毛泽东思想、邓小平理论和"三个代表"重要思想为指导，深入贯彻落实科学发展观，强调弘扬主旋律、提倡多样化。总体来说，中国共产党以其基本理论、基本路线、基本纲领建构起的中国道路的基本框架，实质上就是党要从经济、政治、文化、社会等总体布局上领导中国特色社会主义建设。在对"中国特色社会主义建设实践的内在逻辑"的"解释框架"中，这些根本政治原则不可或缺，否则，我们搞的就不是社会主义，也会动摇中国共产党执政的政治基础。

"二基和谐"与中国特色社会主义建设进程中的"两个基本矛盾方面"。在中国特色社会主义建设进程中，如果我们继续坚持过去那种"两极对立"的思维方式，既不利于让一切创造财富的源泉涌流，让一切创新能力迸发，也不利于使民众共创和共享社会发展成果，还不利于民众各尽其能、各得其所、和谐相处，最终也难以真正建设好中国特色社会主义。要建设好中国特

色社会主义,最基本也是最关键的,就是党和政府要主动处理好中国特色社会主义建设进程中经常遇到的一系列"两个基本的矛盾关系方面",使其达到"和谐"性结合,简称"二基和谐"。正确处理这些"矛盾关系",直接构成中国特色社会主义建设的主要内容和方式,也事关中国特色社会主义建设的成败。

中国特色社会主义建设进程中所遇到的基本的"矛盾关系",有三个层次:

发展原则层面的关系。这些"关系"与中国特色社会主义建设的根本原则直接相关,具有统领全局与引导其他关系的重要作用。主要有:(1)解放思想与实事求是的关系。过去我国社会主义建设的一条教训,就是背离实事求是原则,脱离中国国情,从唯上唯书思维出发建设社会主义,结果犯了超越历史阶段的错误。由此,实事求是,从中国特殊实际出发,是中国特色社会主义建设必须坚持的一条根本原则。在中国特色社会主义建设中,坚持实事求是必须解放思想,这是因为一些僵化思想观念阻碍着我们进行实事求是,影响着中国特色社会主义建设。这里,实事求是必须以解放思想为条件,而解放思想又必须以实事求是为基础。不坚持实事求是,中国特色社会主义建设就难以立足中国国情,而不坚持解放思想,中国特色社会主义建设就难以持续进行。(2)坚持改革开放与坚持四项基本原则的关系。改革开放是中国特色社会主义建设的强大动力,这种改革开放既要解放思想,同时也必须以坚持四项基本原则为前提。不坚持改革开放,中国特色社会主义建设就难以深入进行,不坚持四项基本原则,中国特色社会主义建设就会偏离正确的政治方向。(3)坚持社会主义基本制度与发展市场经济体制的关系。如何处理二者的关系,是中国特色社会主义建设必须解决的一个难题。市场经济体制与社会主义基本制度二者的侧重点有所不同,但最终目标都是为了促进人的全面发展。只是在发展过程中,我们要在始终坚持社会主义基本制度的前提下,不断发挥市场经济的灵活性和创造性,克服传统社会主义模式的种种弊端,为激发社会主义的内在活力提供重要体制机制。不发展市场经济体制,中国特色社会主义建设就缺乏活力,不坚持社会主义基本制度,中国特色社会主义建设就失去正确的政治方向。(4)促进改革发展与保持社会稳定的关系。只有处理好二者之间的辩证关系,才能保证中国特色社会主义建设的健康发展。

发展目标层面的关系。这些关系构成中国特色社会主义建设的价值目标。主要包括:(1)物与人的关系。中国特色社会主义建设的首要根本任务是解放和发展生产力,解决物质财富积累的问题。当"物"的发展问题没有解决的时候,"人"的发展问题无法真正提到议事日程;而当"物"的发展问题基本解决之后,"人"的发展问题也就自然提到日程上来,成为中国特色社会主义建设不可忽视的主导理念。不解决"物"的发展问题,"中国特色"就缺乏物质基础,不解决"人"的发展问题,"社会主义"就缺乏价值指向。(2)提高效率与促进社会公平的关系。在改革开放初期,"效率优先兼顾公平"的策略有效地打破了平均主义,为建设中国特色社会主义奠定了物质基础;但在经济社会发展进程中,如果长期奉行这一策略,很容易导致人与人之间在财富分配和收入分配及享受改革发展成果等方面的不公平,进而导致社会不和谐。由此,公平正义就越来越成为中国特色社会主义的基本价值,公平与效率也越来越具有同等重要的地位和意义。(3)共创与共享的关系。坚持共创发展成果与共享发展成果的统一,是中国特色社会主义的本质要求和奋斗目标。共创,指的是人在劳动权上的平等,共享,指的是人在成果分配上的平等,一个是机会上的平等,一个是结果上的平等,二者相辅相成,缺一不可。共创是共享的基础和根据,共享是共创的深化和结果。没有共创,就谈不上共享,没有共享,共创就缺乏动力和意义。如果共创与共享发生分离与矛盾,就容易导致各种社会矛盾与冲突。(4)社会活力与社会和谐的关系。社会活力体现的是社会的创造力,社会和谐体现的是社会的凝聚力,二者具有辩证统一关系。社会活力必须以社会和谐为基础,没有社会和谐,这种社会就不会充满活力,而社会的和谐又必须通过社会的活力体现出来,没有社会活力,社会和谐就难以真正实现。

发展方式层面的关系。主要包含:(1)又快与又好的关系。"快"意味着速度、规模、数量,"好"意味着质量、效益,以及关注民生。"快"是中国特色社会主义建设在"量"上的具体要求,"好"则是中国特色社会主义建设在"质"上的具体体现,"快"必须以"好"为标准,"好"必须以"快"为条件,二者互相规定、相辅相成。(2)资本与劳动的关系。中国特色社会主义建设首先要解决物质财富的积累问题,而劳动是创造财富的直接手段;在进一步发展的过程中,仅用劳动来创造物质财富已远远不能满足经济发展的需求,因此,在尊重劳动的基础上,还要善于利用资本要素,即从"劳动—资本"等基本生产要素的内在结合上来创造社会物质财富。正确处理这两方面的基本关系是建设中国特色社会主义的一个关键。(3)循序渐进发展与超越式发展的关系。在中国特色社会主义建设中,发展具有内在规律性,因而必须遵循规律循序渐进;发展也具有多样性和创新性,由此可以根据具体情况实行超越式发展。

自觉实现好上述各种基本矛盾关系的"结合",使我们党和政府既坚持了原则性,又具有灵活性;既避免了左右摇摆,也有利于澄清中国特色社会主义建设问题上的一些模糊认识。党的十七大报告中讲的"十个结合",强调的就是中国共产党人要注重中国特色社会主义建设进程中所遇到的基本矛盾关系方面的和谐性结合，它是对中国特色社会主义建设之内在逻辑的一种提升和概括。

"自主创新"与中国特色社会主义建设的根本路径与手段。新中国成立以来，中国共产党人一直在主动地探索中国特色的现代化道路。从邓小平的"走自己的路"，到江泽民的"治国之道"，再到胡锦涛的"走中国特色自主创新道路"，实质上蕴涵着中国共产党人"开创中国特色社会主义事业新局面"的主导性。中国共产党人开辟的自主创新之路可从理论和实践两方面来理解：在理论上，从提出社会主义初级阶段的论断到创立中国特色社会主义理论体系，从邓小平理论到科学发展观，从马克思主义一般原则到马克思主义中国化，这是一种自主创新；在实践上，从计划经济体制到社会主义市场经济体制，从传统工业化道路到走新型工业化道路，从作为一场新的伟大革命的改革开放，到创立经济、政治、文化和社会的新体制，从以经济建设为中心到科学发展，从苏联模式到中国特色社会主义道路，也是一种自主创新。这种自主创新，已获得部分国外研究者的认同。①

强调中国特色社会主义建设中的自主创新有其重要根据。首先，建设社会主义没有固有不变的模式可循，需要随着时代和实践的发展变化不断进行自主创新。苏联东欧社会主义的演变启示我们，一味照搬马克思、恩格斯书本中的"社会主义公式"而不结合本国实践来推进社会主义创新，必然遭到失败；西方的现代化道路因其主导价值与中国文化有本质区别，也不能为中国特色社会主义建设提供现成的模本；中国共产党人所依靠的，只能是基于对中西方社会历史发展的经验教训的反思和对社会历史发展规律的把握，积极主动和创造性地探索具有中国特色的自主型发展模式。其次，当代中国发展的再生之路是提高人的自主创新能力。改革开放初期，我国一些地方在实践上主要是以"物"的手段来实现经济增长。这实质上是注重物质驱动（资源驱动和资本驱动）的经济发展模式。这种模式在中国发展进程中起着"积累物质财富"的重要作用。但从今天和未来发展的走势来看，这种

① 2004 年，英国著名思想库"伦敦外交政策中心"发表乔舒亚·库玻·雷默《北京共识》一文，提出了与"华盛顿共识"相对应的以"创新、公平、自主"为核心内容的"北京共识"。美国学者阿里夫·德里克进一步对"中国模式"的核心内容进行了揭示，即"民族经济的一体化、自主发展、政治和经济的主权"。之后，便引发人们对"中国模式"的讨论。参见黄平、崔之元主编的《中国与全球化：华盛顿共识还是北京共识》，社会科学文献出版社 2005 年版。

模式的发展空间越来越小,代价越来越大。如何寻求当代中国发展的再生之路? 这是一个事关中国特色社会主义建设前途命运的战略性问题。在我国巨大的人口压力和资源紧缺的国情背景下,我们寻找到了一条新路:把人的自主创新能力看做实现经济发展方式根本转变的中心性环节。以自主创新能力为核心的发展方式可概括为注重"创新驱动"的发展模式。最后,影响社会发展的力量总体上将转向创新能力。从哲学看历史发展,有 条规律.历史越往前追索,人之外的物质因素在经济社会发展中的作用越大,历史越往后发展,人的创新能力在经济社会发展中的主体作用越突出。当今中国社会发展的总趋势,就是从以权力为主导的发展模式,经过以物为主导的发展模式,再逐步走向以创新能力为主导的发展模式。由上看出,提高自主创新能力,对中国特色社会主义建设越来越具有基础性、战略性、决定性的意义。

"政府主导"的上述三方面的内容具有不同地位:"一元主导"侧重的是中国特色社会主义建设的政治原则(方向)、根本前提(立场)与主体(主旋律),在中国特色社会主义建设中居主导地位;"二基和谐"属于解决问题,侧重的是中国特色社会主义建设进程中的诸多"两个基本矛盾方面"的和谐性结合,强调的是中国特色社会主义建设的基本运行方式,它在中国特色社会主义建设中具有协调、平衡、统筹兼顾以达到可持续发展的作用;"自主创新"侧重的是中国特色社会主义建设的根本路径与手段,在中国特色社会主义建设中具有动力作用。尽管在中国特色社会主义建设实践中,政府主导也会导致某些副作用,但总体看,其积极作用是主要的。

(三)理论引领:确定中国特色社会主义的发展目标、发展路径和发展
　　　　思路需要理论引领

在中国特色社会主义建设三十多年的历程中,政府主导首先是通过理论引领来进行的。在中国社会历史大转折时期,当需要明确新的发展目标、发展路径和发展思路时,特别需要注重理论创新与理论引领。这里,理论引领主要体现在解放思想、确立党的思想路线和注重理论创新。

过去,我们对中国国情认识的一条重要教训,就是以唯书、唯上的思维看待社会主义,从马克思、恩格斯书本中所设想的社会主义和斯大林的"社会主义模式"出发看待中国的社会主义,认为中国可以跑步进入共产主义。结果多注重生产关系领域的革命,没有把大力发展社会生产力看做中国社会主义建设的首要根本任务,犯了跨越历史阶段的错误。要正确认识中国国情,必须运用求实思维即从客观实际出发来解放思想。1978 年以后,我们通过实践标准大讨论冲破了"两个凡是",解放了思想,选准了正确认识中国

国情的出发点,即从中国实际出发,实事求是地认识中国国情,结果认为中国的社会主义仍处于初级阶段,还是一个生产力不发达的"不够格"的社会主义,[1]我们应该走中国特色的社会主义道路,其首要根本任务就是大力解放和发展社会生产力;解放和发展生产力的有效方式是利用市场经济体制;判断改革开放成败得失以及选择发展生产力方式的根本标准是"三个有利于"。正是基于这种正确的认识与判断,当然也正是邓小平理论,才使中国特色社会主义建设实践沿着正确的方向发展。

求实思维在实践上的效果,就是解放思想、解放人和解放生产力。改革开放初期,针对"两个凡是"及"左"的唯书唯上倾向,我们高举解放思想的大旗,强调"实践标准"以及从中国客观实际出发,以确立解放思想、实事求是的思想路线,转向以经济建设为中心,开启了改革开放的新步伐;在深化改革开放的进程中,当我们强调以经济建设为中心、大力发展社会生产力的时候,遇到了传统的社会主义观的阻碍。针对传统的社会主义观,我们又举起解放思想的大旗,提出"生产力标准",强调把是否有利于解放和发展生产力作为判断社会主义的一个重要标准;在进一步深化改革开放的过程中,当我们强调要大胆地闯、大胆地试并建立社会主义市场经济体制的时候,又遇到了"姓社姓资"的抽象定性思维的阻挠。针对这种阻挠,我们又举起解放思想的大旗,提出了注重事物功能、功效的"三个有利于"判断标准。解放思想的实质就是解放人,释放人的潜能,焕发人们的积极性、主动性和创造性,为中国特色社会主义建设注入新的活力。解放人的实质就是解放生产力、发展生产力。从改革开放以来我国的经济社会实践发展看,解放思想确实带来了中国人潜能的巨大释放,进而也促进了生产力的快速发展。

解放思想取得的一个重要成果,就是确立了"解放思想、实事求是"的思想路线。在1978年的拨乱反正、实现伟大历史转变的关键时期,思想路线是决定中国能否实现历史转变的首要根本问题,思想路线的拨乱反正是最根本的拨乱反正。为解决思想路线问题,我们党首先揭露了"两个凡是"思想路线的性质、实质、根源和危害,阐述了"解放思想,实事求是"思想路线的性质、含义、内容、实质和实现条件,尤其是充分阐述了思想路线对中国改革和发展及中国特色社会主义建设的重大意义,认为思想路线是关乎实现伟大

---

[1] 1987年4月26日,邓小平在接见捷克斯洛伐克总理什特劳加尔时说:"现在虽说我们也在搞社会主义,但事实上'不够格'。"《邓小平文选》第三卷,人民出版社1993年版,第225页。

历史转折及中国特色社会主义建设的前途命运问题。第一,从党的领导能力来讲,解放思想,实事求是,是科学制定党的路线、方针、政策的思想基础。执政党的能力首先表现在能否制定正确的路线、方针和政策,而党的路线、方针、政策正确与否,事关中国特色社会主义建设的成败。在邓小平看来,思想路线是确定政治路线的基础,不解决思想路线问题,正确的政治路线就制定不出来,制定了也贯彻不下去;不解放思想,不实事求是,不从实际出发,就不可能有现在的一套方针、政策。① 搞社会主义现代化建设是我党的政治路线,这是从打破以阶级斗争为纲和"两个凡是"的"左"的束缚,进而从中国实际出发而提出来的。否则,就不可能把全党的工作重心转到现代化建设上来。我党的组织路线主要是关于如何让人才有效发挥作用的问题,是选人、用人和育人的问题。邓小平指出:"我们的人才是有的,关键是要解放思想,打破框框","我们说资本主义社会不好,但它在发现人才、使用人才方面是非常大胆的。它有个特点,不论资排辈,凡是合格的人就使用,并且认为这是理所当然的。从这方面来看,我们选拔干部的制度是落后的。论资排辈是一种习惯势力,是一种落后的习惯势力"。② 就是说,要解决好选人、用人、育人问题,制定适合四个现代化建设的组织路线,就必须解放思想,实事求是。第二,从认识过程来讲,解放思想、实事求是,是正确总结我国社会发展的历史经验教训,进一步提高认识、明确工作方向的思想方法。我们党非常善于总结经验教训,主张"走一段"就要回顾一下。要升华对于事物的认识,把握事物的客观规律,提出新的科学理论,促进事业的发展,都要靠不断地总结经验教训。要正确总结经验教训,首要的就是坚持正确的思想路线,如果没有正确的思想路线,不管有多么丰富的经验,都难给予科学的总结和说明,也更谈不上从中引出规律性的东西来。1982 至 1992 年这 10 年,邓小平特别注重运用"解放思想、实事求是"的思想路线,来分析解决组织路线、经济体制改革、政治体制改革、香港问题上的"一国两制"、成立经济特区、建立社会主义市场经济体制和中国社会主义发展阶段等一系列重大问题。

解放思想、实事求是的思想路线带来的最大理论成果,是推进了党的理论创新。中国共产党领导中国特色社会主义建设的指导思想是至关重要的,它关乎中国改革和发展的方向。基于中国革命实践而形成的毛泽东思想引领中国革命取得了成功,而"文化大革命"时期盛行的"左"的以阶级斗

---

① 《邓小平文选》第二卷,人民出版社 1994 年版,第 191 页。
② 《邓小平文选》第二卷,人民出版社 1994 年版,第 193、225 页。

争为纲的理论使中国经济社会发展付出沉重代价。成功与失败的经验教训昭示我们:确立一种立足中国国情、汲取中国优秀历史文化传统、解决中国问题、指导中国具体实践的我们自己的"理论"或"主义",是中国特色社会主义建设实践走向成功的首要前提。因此,中国共产党人在中国特色社会主义建设实践的进程中,力求自觉地提升并确立中国特色社会主义理论体系。自改革开放以来,我们党逐步形成了邓小平理论、"三个代表"重要思想、科学发展观等理论创新的成果。邓小平理论在引领中国共产党和中国人民解放思想、解放人、解放生产力,进而在解决中国人民富裕、解决中国特色社会主义建设方面发挥着重要作用;"三个代表"重要思想在引领中国共产党推进先进性建设和执政能力建设方面发挥着推动作用;科学发展观在引领中国经济、政治、文化和社会全面、协调、可持续发展与推进社会和谐方面,发挥着引领作用。十七大报告指出:"中国特色社会主义理论体系,……凝结了几代中国共产党人带领人民不懈探索实践的智慧和心血,是马克思主义中国化最新成果,是党的最可宝贵的政治和精神财富,是全国各族人民团结奋斗的共同思想基础";"改革开放以来我们取得一切成绩和进步的根本原因,归结起来就是:开辟了中国特色社会主义道路,形成了中国特色社会主义理论体系。"[①]

(四)混合结构:中国特色社会主义建设的一个基本图景就是形成了混合结构

理论创新推进实践创新的一个最重要成果,就是1992年我国确定建立社会主义市场经济体制。市场经济体制对中国特色社会主义建设产生着深远影响,它引发了中国社会的"领域分离"和"结构转型",形成了中国特色社会主义建设和发展中的"混合结构"。

改革开放三十多年来,中国社会发生的最深刻变化及其根源,是市场经济的出现。从经济学角度讲,市场经济是资源配置的一种基础性方式,由此,从1992年以来,我国的资源配置方式逐渐发生变化,市场配置的作用日趋显现。从哲学角度讲,市场经济应是利益经济、能力经济、平等经济和自主经济。也就是说,从事经济活动的主体要追求自身利益的最大化,就必须充分发挥其能力;要充分发挥其能力,就必须注重权利、机会、规则、起点等

─────────────

① 《中国共产党第十七次全国代表大会文件汇编》,人民出版社2007年版,第10—11页。

方面的相对平等;市场经济还要求从事经济活动的人凭其能力而自主、自立。正因此,新时期以来,中国人的生存方式、行为方式和思维方式发生了很大变化,人们日趋重视自身的利益、发挥自身的能力,并注重平等和自主。

市场经济在注重自主、自立与能力、平等逻辑上会逐步孕育出公民社会,而市场经济、公民社会对中国社会发展的根本影响在于它将产生三种分离。首先,"经济与政治"的相对分离。它使政党、国家逐渐趋向在"法律规定"的范围内理性地行使公共权力。市场源于人类天生的需求与供给本性,只要允许交换,那么市场就会生成。市场具有自组织性,这意味着国家没有必要从微观上直接管理经济。相应地,一旦市场经济崛起,那么它就会从国家手中脱离出来,表现为"经济与政治"的相对分离。基于这一分离,社会发展会进入一个以经济活动自由超越权力直接管制的新阶段。其次,"私人领域与公共领域"的相对分离。它使私人活动空间逐渐扩大,私人行为逐渐自主和自治。基于市场与国家的相对分离,二者分别居于不同的轨道,国家"法律许可才可为",市场"法无禁止即可为";二者背后的社会空间明显不同,前者即国家领域,后者即私人领域;社会在市场经济的驱动下形成私人领域与国家领域的划界。基于这一变化,国家的政治统治色彩将渐趋潜隐,民主宪政的色彩将逐渐显现。这预示着,传统国家那种对整个社会绝对式的、自上而下的权力管制的色彩会逐渐削弱。最后,"私人权利与公共权力"的相对分离。它使人们对政党、国家及其权力观念不断发生变化,逐渐形成一种"公民赋权"的现代意识。在社会日益公私划界的基础上,人们私权意识增强,并逐渐意识到必须让渡一部分私权给国家(如安全权,私人行使既不经济也不可能),而国家则接受委托成为一种公权机构;同时,因为国家不再直接创造财富,但履行公务又需要经济支撑,因此,就产生公民纳税支撑其公务行动的需求,这就是公民纳税、国家服务的基本逻辑;由此,私人纳税与国家提供公共服务,私人授权与国家接受授权,将形成一种新的社会基本架构,公民纳税与授权观念将成为社会的基本共识。建立市场经济体制以来,这三种分离正在逐渐进行,且初见端倪。

这三种相对分离过程会产生一个显著的结果:社会结构会发生重大变化,即逐渐形成市场经济、公民社会和公共服务型政府相互制约、相辅相成的新型社会结构。1978年以前,中国的社会结构是经济领域、社会领域没有独立而依附于政治力量的政府管制型的传统社会结构。现代化的进程一定意义上就是领域分离的过程,其分离的结果就是形成一种新型的社会结构。由此可以说,现代化的过程也是结构转型的过程。至今,随着领域的逐渐分离,一种市场经济、公民社会和公共服务型政府构成的新型的社会结构正在形成:一个相对独立的市场经济领域正在形成,在经济领域,市场机制越来越发挥主导作用;一个相对独立的公民社会领域正在形成,公民意识已经觉醒,公民的独立性、自主性逐渐确立起来,公民的社会参与也日趋增强,社会组织也开始发挥应有的作用;市场经济和公民社会内在要求转变政府职能,由管制型政府逐渐转向公共服务型政府。当今中央提出的"政企分开"、"政社分开"与"加强社会建设"、"建设公共服务型政府",实际上就反映了我国正在发生的结构转型的现实和趋势。社会结构转型正在引起整个社会结构的转换或重组,即形成了"混合型结构"。

市场经济、公民社会的出现,改变了过去我国传统的社会结构:建立市场经济体制,就必然利用多种非公有制经济,因而在经济领域,就形成了以公有制为主体、多种所有制经济共同发展以及以按劳分配为主体、多种分配方式并存的混合性经济结构;公民社会的出现,必然使社会组织和公民参与在社会领域发挥日趋重要的作用,因而在社会领域,就形成了以政府组织为主导、社会组织为参与的政府与公民协商合作共同治理社会的关系结构、治理结构;市场经济、公民社会的出现,必然使思想文化领域出现多样化的社会思潮,因而在文化领域,就形成了弘扬主旋律与提倡多样化的意识形态结构。这些混合型结构之基本特征,就是包容,所以,"包容"就成了中国特色社会主义建设三十多年来的一种重要图景。这种图景对中国特色社会主义具有特殊意义和影响。①

---

① 在当代语境下,这种"混合型结构"的独特性在于:公民社会在私人诉求集结的基础上,在国家行动趋于层次清晰化的背景下,生成一种介于二者之间的一种新领域,即公共领域。这种公共领域因其地位(介于私域与国家之间)与属性(非官非商)的独特性,对私人领域和国家领域来说都具有特殊意义:一方面,公共领域可以集成私人诉求,通过私权的集体行动表达私人意愿,从而增强私权的影响力;另一方面,这一新领域也可以提取国家行动中的社会性因素,通过公共行为表达国家所担负的社会职责,从而强化公权的社会色彩,提高公民对国家的认同度。所以,从实践的角度看,公共领域充当了私人与国家之间的缓冲地带,扮演着非官非商的社会中间角色,本质上体现的是一种人类社会的公共性。这种公共性不同于国家的契约性和阶级性,而是对人类私人性的集成与社会性的提炼,因此,这种公共性相对于人类社会的阶级性、契约性和私人性来说,更具有持久的生命力和优越性。也因此,当代语境下的公民社会概念指向"经济/政治/文化"三分模式,体现了公共性成长的路径:在经济、政治分离的基础上(经济/政治二分模式),通过"社会交往"的公共性不断实现对私权的超越和对公权的覆盖。张健:《公民社会:概念的语言学分析及解释框架》,《文史哲》2009 年第 3 期。

（五）人民主体：中国特色社会主义建设的根本价值取向是注重民众
　　　参与、尊重合理诉求和关注民生

　　市场经济的发展逐渐培育出注重利益、能力、平等和自立的人，也逐渐使人民群众的独立意识、自主意识、平等意识和民主意识等主体意识日趋觉醒与增强，这就必然突出并确立起"人民的主体性"。这种"人民主体"集中体现为坚持以人为本及其人民立场，具体体现为"注重民众参与"、"尊重合理诉求"和"关注民生"。这种人民主体性对中国特色社会主义建设具有重要的推动作用。

　　我们曾经强调现在依然要强调的是，改革开放初期的主要历史使命，是力求把人民群众的一切积极因素和力量动员起来，参与到改革开放与发展中去，共创社会发展成果，因而在逻辑上，这是一个"动员参与期"。这一时期的基本特征，就是我们从制度和政策上采取了一系列重要措施，使民众做到各尽其能，使社会充满活力。以人为本在这里主要体现为民众参与且各尽其能。

　　在中国特色社会主义建设进程中，许多民众的积极因素和力量被动员起来了，我国社会也突出呈现为多样化的发展状态。当民众的积极因素和力量的作用越来越大且社会多样化的态势日趋发展的时候，就会向社会表达各种诉求。这意味着中国特色社会主义建设在逻辑上进入了"表达诉求期"。这一时期的基本特征，就是力求尊重人民群众所表达的各种合理诉求，努力使社会各阶层的社会成员能各得其所。以人为本在这里主要体现为充分尊重人民群众的合理诉求。

　　面对这些诉求，无非采取两种态度。一种是消极对待，这会使群众表达其诉求的渠道不畅，造成多种利益主体之间的矛盾冲突，不利于社会和谐，也不利于扩大党的群众基础和增强党的凝聚力（当今一些底层民众是改革与发展代价的承担者，但他们依然没有给社会带来不稳定，这实际上是对改革与发展的另一种形式的支持）；另一种态度就是必须积极对待，即不仅要建立一种积极整合民众合理诉求、凝聚民众一切积极力量、注重解决民生问题和化解各种民怨的制度化的权益表达机制和民主参与机制，而且要进一步对我国的改革和发展进行顶层设计，以形成改革和发展的新的整体秩序。这有利于形成一种各得其所而又和谐相处的局面，也有利于扩大党的群众基础和增强党的凝聚力。这意味着中国特色社会主义建设在逻辑上进入了"整合凝聚期"。其基本特征，就是积极保障和改善民生，这是这一时期坚持以人为本及其人民立场的集中体现。从人的存在性质来讲，人具有生存与发展两种基本需求,相应,民生也具有满足生存性需求的民生与满足发展性需求的民生。满足生存性需求的民生,主要指为人民群众的生存需要提供基本的生活资料,如住有所居,病有所医,学有所教,老有所养,等等;满足发展性需求的民生,主要指为人民群众的发展需要提供基本保障,如充分发挥民众的创新能力和创造个性,积极营造人们和谐交往的社会环境,尊重民众的政治参与和社会参与,丰富民众的精神世界。

"中国特色社会主义建设的逻辑"的上述五个方面具有内在联系:中国特色社会主义建设,首先是通过解放思想进而从客观实际出发重新认识中国国情开始的,在重新认识中国国情的进程中,提出了"三个基本判断"并由此把解放和发展生产力作为中国特色社会主义建设的首要根本任务,这其中蕴涵着"功能思维";解放和发展生产力首先需要政府主导来推动,在中国特色社会主义建设进程中,"政府主导"首先体现在"理论引领",即通过理论创新来引导中国特色社会主义建设的实践;"理论引领"包括理论创新,而理论创新的一个重要成果,就是在中国社会主义初级阶段确立了"市场经济"体制并形成"混合型结构";市场经济及"混合型结构"培育并发挥了"人民主体性"。以上五个方面构成一种结构,这种结构的最大功能,就是成就了中国特色社会主义建设,并构成中国特色社会主义建设的基本逻辑。其中政府主导和理论引领是最为重要的。尽管这种逻辑还处在进一步探索与发展之中,甚至某些方面会产生负面效应,但它是立足中国国情、解决中国问题、指导中国实践、促进中国成功的基本逻辑,也是从结构上对中国特色社会主义道路的一种学术上的初步总结和提炼,它会随着中国特色社会主义建设实践的发展不断得到丰富和完善。

三、中国特色社会主义实践的发展趋向: "执政为民"与"结构→体制→方式→秩序"的实践创新

中国特色社会主义正处在发展的路途中。那么,它在今后发展过程中需要解决的根本问题是什么?发展趋向是什么?中国共产党人在其中的责任与使命是什么?人民群众有什么新期待?在中国特色社会主义进一步发展的进程中,中国共产党人的重要责任和使命,是要进一步补充、丰富和完善中国特色社会主义道路和中国特色社会主义理论体系,是通过实践创新来真正深入贯彻落实中国特色社会主义建设所取得的理论成果;人民群众的新期待,就是由理论创新进一步走向实践创新,真正把中国特色社会主义

理论体系的最新成果切实付诸实践行动。要言之,就是更加注重执政为民方面的实践创新。基于这种实践创新,中国特色社会主义进一步发展的趋向就是:"调整结构"→"改革体制"→"转变方式"→"建构秩序"。

（一）整体结构的战略性调整

所谓"调整结构",指的是整体结构的战略性调整,既包括权力结构调整,也包括经济结构、政治结构、文化结构和社会结构的调整。结构调整影响着中国特色社会主义的发展趋向。

改革开放三十多年我国取得了巨大成就,但同时也存在大量问题。改革包括政治体制改革取得许多成果,但今天却遇到了"难啃的硬骨头";起初推行的改革,问题明晰,目标明确,标准具体,动力很足,而当今我们改革的动力显得不足,缺乏"顶层设计";当今我国的社会结构发生了很大变化,但人们对社会结构的变化缺乏全面深入的认识、分析和理解;中国共产党人提出了许多先进理念,但在实践中却阻力重重。由此,在对改革开放进行梳理总结中,下述一些根本问题就呈现在我们面前:中国存在的问题究竟是什么性质的问题,是怎样产生的? 体制改革包括政治体制改革的深层障碍究竟在哪里,应从哪里寻求改革的切实有效的突破口? 怎样全面深入解释并积极主动推动我国社会结构的转型? 中国共产党人提出的先进理念为什么在实践层面遇到了"肠梗阻"? 弄清这些问题,有利于回答中国特色社会主义建设"向何处去"的问题。

任何国家都有自己的问题,我们需要追问的是属于中国特有、普遍存在、根深蒂固、影响中国长远发展命运的根本性问题。人们常常认为,中国存在的问题是体制性问题,即是由体制产生的。这在一定意义上是正确的。但进一步追问就会看到:体制是由结构决定的,归根到底,许多问题是由结构产生的,是结构性问题,即是由传统的"社会层级结构"及其蕴涵的权力结构和权力运作方式产生的。所谓社会层级结构,本意是指在传统政治国家领域中依据权力至上与权力大小而形成的权力级别阶梯和权力层级结构,后被延伸为在经济、社会和文化领域根据人和人之间之权力大小、地位高低、身份有别而建立的层级关系结构。这种传统的社会层级结构之核心是权力层级结构。这种权力结构具体体现为:以权力为本且政治权力较大,经济权力、社会权力较小,因而总体上属于"金字塔式"的权力层级结构。这种传统的社会层级结构注重的是权力层级以及地位层级、身份层级和关系层级。考察一个社会,最基本的方法论,是从"结构—体制—文化"三维入手。马克思考察、理解社会的一个根本视角是社会结构。在马克思看来,资本主义社会的运作体制和机制是由资本主义的社会结构决定的。就是说,有什么样的社会结构,往往会有什么样的社会运作体制,有什么样的社会运作体制,往往会有什么样的文化。① 中国尤其如此。从根本上说,中国民众的文化取向中有一种"官本位",这种"官本位"与政府一元主导体制有关,而这种体制,说到底与政治权力至上而经济权力和社会权力较小的"金字塔形"的权力结构有关。由此,结构问题不解决,体制和文化问题也解决不了。

改革开放初期,我们十分注重文化观念变革;后来,进一步深入到体制层面,进行体制改革。当今我们的改革主要是在体制层面进行的,如经济体制、政治体制、文化体制和社会管理体制的改革。应当说这是一种进步。然而,目前的问题是:体制改革已出现难以深入下去的迹象;社会中存在的许多问题通过体制改革依然未能解决。这究竟为什么?我们认为,其根本原因在于人们未能认识到中国传统"社会层级结构"这一比体制更为深层、更为根本的问题,也未能自觉主动地推进结构性调整。实际上,当今中国存在的许多问题、包括体制问题的世俗基础和根源,主要是中国传统社会形成并作为残余遗留下来的权力至上、自上而下的、逐级管制的传统"社会层级结构"及其权力运作方式。由此,当今中国应把体制改革进一步引申到结构调整(一定意义上也可称之为结构改革)上来。

基于上述分析,所谓结构调整(改革)具有两个层面的内容:一是权力结构;二是经济结构、政治结构、文化结构和社会结构。就权力结构来说,就是从市场经济、公民社会、公共服务型政府三方面同步进行调整,并按照相互制约、相互协调、相辅相成的目标要求进行调整;经济体制改革的目标是建立社会主义市场经济体制,市场经济主要解决财富问题,市场经济体制建设,既为公民社会培育和公共服务型政府建设提出适合自身发展的要求,也为培育公民社会和建设公共服务型政府提供物质基础;社会建设的目标是培育成熟的公民社会,公民社会主要解决公民的民主参与问题,培育公民社会,既向市场经济体制建设和公共服务型政府建设提出有利于自身发展的要求,避免权力霸权和资本霸权,也为市场经济体制建设和公共服务型政府建设提供健全的人格基础;政府自身改革的目标是建立公共服务型政府,公共服务型政府主要解决如何公正运用公共权力为市场经济体制建设和公民

---

① 在马克思《〈政治经济学批判〉序言》中所得出的"物质生活的生产方式制约着整个社会生活、政治生活和精神生活的过程"结论中,蕴涵着社会结构是物质生活、政治生活和精神生活三者有机统一的思想。参见:《马克思恩格斯文集》第 2 卷,人民出版社2009 年版,第 591 页。

社会培育提供公共服务的问题,建设公共服务型政府,既向市场经济体制建设和公民社会建设提出有利于自身发展的要求,也为市场经济体制建设和公民社会建设提供良好的政治环境。显然,在今天,仅单方面进行经济体制改革、政治体制改革、文化体制改革和社会管理体制改革等体制性改革是不够的,应将体制改革进一步深入到结构性改革,既要改造传统的社会层级结构及其权力运作体制,又要从市场经济、公民社会和公共服务型政府三维制约、互相协调、相辅相成的视野来推进结构性改革。结构性改革不进行,单方面的改革难以深入,也难以取得实效。就经济结构、政治结构、文化结构和社会结构的调整而言,经济结构调整主要包括经济增长的要素结构、产业结构、投资结构、分配结构的调整;政治结构调整主要指权力结构的调整;文化结构调整主要指调整好主旋律与多样化的关系结构;社会结构调整主要指对政府组织与社会组织之关系结构的调整。

(二)推进政府行政体制改革

中国共产党人一贯倡导执政为民,问题的关键是执政为民的体制保障、尤其是政府行政体制保障不到位。为此,必须推进政府行政体制改革。

当今理论界围绕"政府与民众的关系"开出了一些大同小异的有价值的"药方",但都没有抓住问题的根本——体制背后的社会结构。按照马克思的社会结构理论,社会结构是由经济、政治和文化等因素构成的,社会结构状况影响着社会发展和人的发展状况,其中经济因素起最终决定作用。这反映的主要是近代欧洲的社会结构状况。受此启发,要从根本上解决政府行政体制改革问题,就需要有一种哲学分析框架:从体制走向社会结构。中国传统的社会结构与近代西欧的社会结构不同,如前所述,中国历史形成并遗留下来的传统社会结构是社会层级结构。这种社会层级结构使我国传统政府行政体制具有下述特征:政府主导、权力至上、自上而下、逐级管制。这种体制有其存在的历史必然性与合理性,政府不仅在推动我国经济社会发展中具有"火车头"的带动作用,而且如果决策正确,可举全国之力办大事,还可控制社会矛盾,所以不能完全否定,在我国现有条件下,它依然要发挥重要作用。辩证地看,这种体制也有一定历史局限性,它注重政府的主导作用而人民群众的主体作用未充分发挥出来;它注重权力而非能力;它自上而下有余而民众表达权益不足;它重行政权力管制而轻公共服务。

应根据我国社会结构变化的新趋势,着重在市场经济、公民社会、公共服务型政府相互制约、相互作用的框架内,逐步推进政府行政体制改革。其完整思路及逻辑是:(1)通过推进领域分开,解决政府的定位问题。在什么位谋什么政。要通过"政企分开"、"政社分开",来避免政府的越位、缺位、错位;(2)解决政府应干什么的问题,这就要转变政府职能。应在政府与市场经济、公民社会的互动关系中确定政府职能,由管制型政府逐渐转向公共服务型政府,政府为市场提供公平竞争环境并加强市场监管,为社会提供公共服务并加强社会管理,为自身配置和调节公共资源(产品)制定规则并教育群众;(3)解决政府自身怎样干的问题,这就要创新管理方式。就是由行政审批和行政命令走向依法行政、靠制度行政和凭能力行政;(4)因社会结构的变化,公民参与日趋增强,所以还要解决在政府与公民的关系中政府怎样干的问题,这就要鼓励公民参与。就是扩大公民有序政治参与,政府与民众协商合作共同管理国家事务和社会事务,民众通过社会组织等渠道向政府合理合法表达诉求,参与、监督;(5)解决如何保证政府顺利有效履行职责的问题,就是要加强行政问责,健全决策失误纠错机制和责任追究制度。政府责任是弥补制度缺位的最好良方。显然,这种行政体制既注重政府主导与民众参与相结合、政府权力管制与政府凭能力为民众提供公共服务相结合、自上而下与自下而上相结合,又注重政府与经济、社会的相互协调、相互推动。

（三）加快经济发展方式转变

加快经济发展方式转变是当今中国经济社会进一步升级发展的必然要求。改革开放初期,由于必须解决物质财富积累、物质生活水平提高的问题,所以不少地方主要通过"物"的路径来拉动经济增长:消耗自然资源;开办一些高投入、高消耗、高污染的生产性企业;注重物质资本投资;依靠廉价的劳动力"成本"。历史地看,这种路径功不可没,为我国今后经济社会升级发展提供了较为雄厚的"物质积累"和"物质基础"。但这种路径使我们面临两方面困局。在国内方面,从经济的角度可概括为"四高四低":投入高产出低;产值高科技低;排放高循环低;代价高效益低。在国际方面,我国在世界产业分工链条化新格局中处于不利地位:当今世界产业分为研发、制造和营销三大链条,世界经济发展呈现如下趋势,即"去工业化主导工业化"、"金融经济主导"、"美元杠杆性和霸权化",在上述三大趋势中,我们大多数现有路径都不占优势甚至处于绝对劣势。① 这就意味着,这种路径已经使我们的发

① 张健:《后危机时代的风险研究:后工业社会的格局、挑战及评估》,《社会科学战线》2011 年第 6 期。

展空间越来越小,付出的代价越来越大。由此,我们要利用全球都在进行产业调整的机遇,主动"加快"经济发展方式的根本转变,由"以增长促发展"走向"在转变中谋发展"。

从实践来看,转变经济发展方式具有很大难度。1995 年"九五"规划就提出转变我国经济增长方式的问题,但在今天,传统的经济增长方式依然没有从根本上转变过来。由此,十七届五中全会明确提出加快经济发展方式转变的"五大论断":"十二五"时期是加快转变经济发展方式的攻坚期;制定"十二五"规划,必须以加快转变经济发展方式为主线;加快转变经济发展方式是我国经济社会领域的一场深刻变革;必须把加快转变经济发展方式贯穿经济社会发展全过程和各领域;要在转变中谋发展。转变经济发展方式艰难的根本原因,在于从总体上我国还缺乏自主创新能力;而缺乏自主创新能力的深层原因,从哲学来看,就是我国传统社会总体上属于权力社会,而不是能力社会。权力社会过于注重对人的控制,使人们愿意做官,抑制人的自主创新能力的充分发挥,而能力社会注重解放人,鼓励人们学习知识、发明科学技术,有利于使民众各尽其能、社会焕发活力。

我国经济社会发展不平衡,因而转变经济发展方式要分类推进:欠发达地区可把着力点放在符合科学发展要求的项目选择上;发达地区可把着力点放在结构调整和产业升级上,核心是发展产业聚集区;国家应在战略层面把着力点放在提高自主创新能力、建设创新型国家上来,由物质驱动走向创新驱动。从哲学上分析经济发展方式的根本转变,本质上就是提高人的自主创新能力。过去我们用三十多年发展的高速度换来了较大的世界发展空间,今后我国应主要通过提高自主创新能力来抢占世界发展的制高点。

从哲学角度讲,提高自主创新能力的基本思路是,依据"力量转移"理论,由权力社会逐渐转向能力社会,大力加强能力建设。从过去看,中西方社会拉开差距的一个根本原因,是西方社会相对注重能力、尤其创新能力,而中国传统社会结构中相对注重权力,马克思称之为"行政权力支配社会"[1]。对中西文化了如指掌的严复、陈独秀、李大钊指出:中国之所以贫弱,西方之所以富强,主要原因之一是中国重天命,而西方重人力,西方知道万事全靠人力做成。[2] 从今天来看,国家之间的竞争在根本上是创新能力人才

---

[1] 《马克思恩格斯全集》第 8 卷,人民出版社 1961 年版,第 218 页。

[2] [美]本杰明·史华兹:《寻求富强:严复与西方》,叶凤美译,江苏人民出版社1995 年版,第 39—69 页。

的竞争;从社会力量转移趋势来看,具有影响力的未来学家托夫勒认为,有三大力量操纵着社会生活和人的生活——暴力、财富和知识,影响当今世界发展的力量正在向知识和创新能力转移。①

加强能力建设,可以采取以下基本路径:一是确立"和而不同、能力本位"的文化价值导向。从哲学上讲,文化主要包括价值取向、思维方式和人格类型,它既解决整个社会朝什么方向导向和努力,又解决文化认同和文化竞争力问题。马克思曾经指出,如果从观念上来考察,那么一定的意识形式的解体足以使整个时代覆灭。② 如果说过去的战争可以打败一个民族,那么当今的文化可以征服人心。由此看,文化软实力与硬实力同等重要。"和而不同"是在对待当今人和人的关系问题上需要倡导的价值取向,"能力本位"是在对待当今中国发展进程中人和事的关系问题上需要确立的价值取向。二是树立"提高自主创新能力、建设创新型国家"的核心发展战略,用这一战略支撑其他国家战略。德国哲学家黑格尔曾指出,一个民族若有一些仰望星空的人,这个民族就有希望,一个民族只关心脚下的事情,注定没有未来。对这里的"星空"予以引申,就是民族发展战略。只有从国家战略层面对提高自主创新能力予以高度重视,这个国家的未来才有希望。三是选择"使人能够充分发展其能力"的制度安排。主要在用人制度和分配制度里把"能力尤其创新能力及其贡献"设计进去。四是要营造"凭能绩立足"的琢磨事的工作环境,引导人们由琢磨人走向琢磨事,由注重权力逐渐走向在正确行使权力前提下更加注重能力。这是一种大世界观、战略观和文化观。尽管实现这些是艰难的,但对中国发展来说是具有根本性和战略性的。

(四)良性改革和发展新秩序

所谓秩序,指的是人们遵循一定的事物发展规律,制定公正的做事规则和制度,形成合理的结构,并且一定的组织自觉主动实现这样的规则、制度与结构,以使人们各司其职、各尽其能、各得其所、和谐相处,从而形成一种使人和社会得到全面发展、协调发展、持续发展的良性运转状态。"遵循规律"、"公正的规则和制度"、"合理结构"、"组织管理"、"各司其职、各尽其能、各得其所、和谐相处"和"协调发展",是理解秩序概念的核心要素。这

① [美]托夫勒:《力量转移——临近21世纪时的知识、财富和暴力》,刘炳章等译,新华出版社1991年版。
② 《马克思恩格斯文集》第8卷,人民出版社2009年版,第170页。

里,我们着重谈论中国改革、发展的秩序。因为新时期最鲜明的特点是改革开放,新时期最显著的成就是快速发展,而且中国特色社会主义的主题是发展。

经过三十多年的改革和发展,我国呈现出良好发展态势,但要形成一种良性的改革和发展新秩序还有相当的距离。形成一种良性的改革和发展新秩序,是中国特色社会主义建设的一种根本趋向。

要形成改革新秩序。这就是要在注重研究人类社会历史发展的一般规律、社会主义发展规律、党的执政规律和当代中国发展规律的前提下,基于公正的理念、规则和制度,有组织地、整体有序地推进各项改革:(1)首先在经济领域,使经济体制改革先行,建立社会主义市场经济体制,并且强调提高自主创新能力,使民众各尽其能、各得其所,聚精会神搞建设,一心一意谋发展,共同为创造社会财富做贡献,以解决社会活力(解放和发展生产力,解决好财富与效率问题)问题,使民众富裕起来且从中受益,进而为政治体制改革以及其他改革提供物质基础和群众基础。当今,要注重对不合理的经济结构进行战略性调整;(2)然后在文化领域进行文化体制改革,形成一种既解放思想又凝聚人心的共同思想基础与文化环境,形成价值取向上的"一和多"的合理关系结构,用解放思想以解决思想僵化问题,用共同价值观来凝聚人心以解决思想分化问题,进而力求为我国经济体制和政治体制改革提供团结奋斗的共同思想基础;(3)接着在社会领域进行社会管理体制改革,注重公民社会建设,加强公民意识教育,特别要注重民主参与和民众素质的统一,注重社会管理与公共服务的统一,注重形成一种政府与公民的良好关系结构,力求为我国政治体制建设提供人格基础;(4)当市场力量、文化力量和社会力量三者逐渐强大并形成合力的时候,我们就具有了改革传统政治体制的基础、动力和态势,也就会从外部逐步推动政治体制改革;而又当我们的经济建设、文化建设和社会建设为政治体制改革提供强有力的物质基础、思想基础和人格基础的时候,我们就具备了政治体制改革的基础;在这种情况下,我们的政府便不断觉悟,主动地逐步进行自我革命以达到自我完善,即更加有力地推进以权力结构调整和健全权力运行机制为核心内容的政治体制改革;在这种自我革命和自我完善中,我们的政府注重制度建设,转变职能,提高自己的执政能力,完善执政方式和领导方式,保持先进性,进而去领导好经济、文化和社会建设;并且在政治体制改革中,我们的政府靠控制与解放两手,来领导经济、文化和社会领域的改革,而对自身,它既防范改革中出现的风险,也注重自身的思想解放。

要形成发展新秩序。这里有一个前提,即对民众的需求进行理性分析,且针对民众的需求,确定我国实践发展变化的新要求和人民群众的新期待。当今我国民众的"生存性需求"即温饱问题已基本解决,今后面临的是更高层次的"发展性需求"。

"发展性需求"是一种多样化需求,涉及经济、政治、文化、社会等各个领域。"发展性需求"的多样化,要求当下社会的供给不能再是前一阶段的"生产性"模式,而应转向新的"分配性"模式;相应地,当前我国实践发展变化的新要求与人民群众的新期待也就体现为:从"生产性努力"转向"分配性急需"。在这里,"分配性急需"具有两个内容:一是物质层面的生产成果的分配;二是政治、社会和精神层面的资源分配。由此我们必须进一步解决两个相关的分配问题:如何在分配性问题中保证效率,以确保分配的可持续性;如何使"蛋糕"分得满意、秩序建得合理和规则定得公正,确保分配的正义性和道德性。前者是公平问题,后者是正义问题。这就对我们党在分配问题上基于公平正义的理念而建立一种合理的分配结构,提出了新的更高要求。

"发展性需求"是一种高层次需求,关涉到人的政治性、社会性、精神性内容。"发展性需求"的高层次化,要求当下社会的供给不能再停留于前一阶段的"基础性"层面,而应转向新的"发展性"层次;相应地,当前我国实践发展变化的新要求与人民群众的新期待也就体现为:从"基础性急需"转向"发展性急需"。这里,"发展性急需"指的是当前中国发展具有特殊的境遇:一方面,人民群众日益增长的物质文化需要与落后的社会生产的矛盾依然是当今我国社会的主要矛盾;另一方面,人民群众的自主性以及政治参与、社会参与诉求日益觉醒与增强。前者意味着,中国经济发展的"蛋糕"依然需要进一步做大,"生产决定消费"的运行逻辑依然是国内市场的主要方面,金钱的价值、商品的使用价值依然是国内人群消费的关注点,即现代性是主要方面;后者却意味着,"人民主体"的逻辑不可避免地出场。这就要求我们必须进一步解决这样的问题:一是如何依靠人民群众的创新能力充分发挥来把"蛋糕"做得更大? 二是如何鼓励与引导民众有序的社会参与和政治参与并为民众提供良好的公共服务? 这就对我们党积极自觉地建立好执政为民的体制,提出了新的更高要求。

"发展性需求"还是一种共时性需求,同时指向人本身发展的不同方面。"发展性需求"的共时性要求当下社会的供给不能再是前一阶段的"历时性积累"性质,而应转换为新的"共时性提升"之内涵;相应地,当前我国实践发展变化的新要求与人民群众的新期待也就体现为:从"摆脱经济增长历时性落后"转向"破解经济、政治、社会和文化发展共时性挤压"。后者指的是:中国自身特殊的市场化模式具有内在紧张性,有效解决实现"权力经济 = 权利经济"的问题需要社会综合配套改革,而其能否跟进和跟进多少,对中国发展形成内在压力;中国现有发展模式的局限性带来了诸多问题,发展中的"弱产权、低端口"体制性约束,使中国发展面临潜在风险。上述两个方面集中指向这样的问题,即我们的发展可持续性较弱,发展潜力不足,发展还需要外部制度的整体配套。如何转换我们的发展模式?如何创设可持续发展的机制?这就对我们党最终实现科学发展提出了新的更高要求。中国共产党基于上述"发展性需求",进而对当代中国发展新秩序进行理性建构并积极实践,直接关乎中国特色社会主义建设的成败。

(本题作者:韩庆祥　张　健)

第四题

中国特色社会主义道路是实现
社会主义现代化的必由之路

党的十七大报告在回顾我国改革开放历史进程的基础上,第一次对中国特色社会主义道路进行了概括和阐述。胡锦涛总书记《在庆祝中国共产党成立 90 周年大会上的讲话》中,再次对其进行了阐述,并明确指出,"中国特色社会主义道路,是实现社会主义现代化的必由之路"。中国特色社会主义道路是围绕社会主义现代化建设问题展开的,发展是这条道路鲜明的主题。加快改革开放和社会主义现代化建设,开创中国特色社会主义事业新局面,必须坚持和拓展中国特色社会主义道路。

一、中国社会主义建设道路的艰辛探索

社会主义改造基本完成后,我国进入了社会主义建设新时期。这个时候,我国的工业化已取得巨大进展,社会主义基本制度已确立,但是生产力水平还很低。应该怎样建设和发展社会主义,全党不仅没有实践经验,也没有充分的思想准备,更不可能有一套完整的理论。毛泽东历来主张独立探索,反对照抄照搬别国的经验。尽管在开始建设的时候曾经号召向苏联学习,但是不久就发现,苏联经验并不都是成功的,苏联成功的经验也不是都适合中国的情况。因此,毛泽东提出要以苏联为鉴戒,独立探索一条适合中国国情的社会主义建设道路,从此开始了中国社会主义建设道路的艰辛探

索。探索中提出了一系列具有重要价值的思想观点。这些思想观点，集中体现了以毛泽东为代表的中国共产党人对如何建设社会主义的初步认识，为中国特色社会主义道路的开辟奠定了基础。

关于建设社会主义必须根据本国情况走自己道路的思想。1956年上半年，毛泽东以苏联经验为鉴戒，根据中国的情况，围绕调动国内外一切积极因素、为社会主义事业服务的基本方针，提出了著名的"十大关系"。他强调："最近苏联方面暴露了他们在建设社会主义过程中的一些缺点和错误，他们走过的弯路，你还想走？过去我们就是鉴于他们的经验教训，少走了一些弯路，现在当然更要引以为戒。""我们要学的是属于普遍真理的东西，并且学习一定要与中国实际相结合。"①这清楚地反映了我们党关于建设社会主义必须根据本国情况走自己道路的基本指导思想。"十大关系"就是不同于苏联模式的十个方面，涉及生产力和生产关系、经济基础和上层建筑。毛泽东指出："这十种关系，都是矛盾。世界是由矛盾组成的。没有矛盾就没有世界。我们的任务，是要正确处理这些矛盾。"②但是，这十个方面并不是同等重要。毛泽东后来说："在十大关系中，工业和农业、沿海和内地，中央和地方，国家、集体和个人，国防建设和经济建设，这五条是主要的。"③这说明，在新的形势下党在分析我国社会矛盾全局的时候，已经把解决经济建设中的矛盾摆在中心的位置。毛泽东《论十大关系》的讲话，是中国共产党比较系统地探索中国自己的社会主义建设道路的开始。邓小平曾经对其作过这样的评价："这篇东西太重要了，对当前和以后，都有很大的针对性和理论指导意义。"④

关于社会主义社会矛盾问题的学说。马克思、恩格斯创立的历史唯物主义认为，任何社会都是通过生产力与生产关系、经济基础与上层建筑的矛盾运动向前发展的。1956年秋冬至1957年春，基于波匈事件和对国内外局势的深刻思考，毛泽东坚持马克思主义基本原理，在社会主义发展史上第一次系统阐述了社会主义社会的矛盾问题，形成一套系统的关于社会主义社会不同性质矛盾及其如何处理这些矛盾的思想。这些思想集中体现在《关于正确处理人民内部矛盾的问题》中，其主要观点是：第一，矛盾是普遍存在的，社会主义社会也存在着矛盾，正是这些矛盾推动着社会主义社会不断地

---

① 《毛泽东文集》第七卷，人民出版社1999年版，第23、42页。

② 《毛泽东文集》第七卷，人民出版社1999年版，第44页。

③ 《毛泽东文集》第七卷，人民出版社1999年版，第370页。

④ 《邓小平年谱（1975—1997）》上，中央文献出版社2004年版，第68页。

向前发展。第二,社会主义社会的基本矛盾仍然是生产力和生产关系、经济基础和上层建筑之间的矛盾。但是,它与旧社会的矛盾具有不同的性质和情况,它不是对抗性的矛盾,两者之间"又相适应又相矛盾","矛盾"可以经过社会主义制度自身的调节得到解决。第三,社会主义社会存在着敌我矛盾和人民内部矛盾这两类不同性质的矛盾。不同的矛盾用不同的方法去解决,决不能用解决敌我矛盾的方法去解决人民内部矛盾。在社会主义建设时期,社会上大量的矛盾属于人民内部矛盾,因此,要把正确处理人民内部矛盾作为国家政治生活的主题。毛泽东关于社会主义社会矛盾问题的学说,为后来的社会主义改革奠定了重要的理论基础。

关于社会主义社会的发展阶段。马克思在《哥达纲领批判》中把未来社会划分为"第一阶段"和"高级阶段",而这两个不同阶段之间是否还要划分为若干不同的阶段,马克思则没有论及。列宁在社会主义实践中,进一步完善了马克思关于未来社会两个阶段的思想,把第一阶段称为社会主义社会,而把高级阶段称为共产主义社会。斯大林虽然认同这些基本看法,但却过早地宣布苏联"已经基本上实现了共产主义第一阶段,即社会主义",强调今后要"把将来实现共产主义高级阶段作为自己的目的"。①受苏联模式影响,几乎所有社会主义国家都犯了超越社会主义阶段、急于向共产主义过渡的错误。毛泽东在反思社会主义建设中的一系列问题后,严厉批评了这种错误,提出社会主义社会是一个很长的历史阶段的思想。在读苏联《政治经济学教科书》的谈话中,毛泽东指出:"社会主义这个阶段,又可能分为两个阶段,第一个阶段是不发达的社会主义,第二个阶段是比较发达的社会主义。后一阶段可能比前一阶段需要更长的时间。"②这是对社会主义发展阶段的比较清醒的认识。

关于社会主义现代化的目标和步骤。1954 年周恩来在一届人大一次会议的《政府工作报告》中,首次明确提出建设工业、农业、交通运输业和国防的"四个现代化"目标。1964 年,周恩来在三届人大一次会议的《政府工作报告》中将其调整为全面实现农业、工业、国防和科学技术的"四个现代化"。实现"四个现代化"的宏伟目标,需要分两步进行。第一步,用 15 年时间,即在 1980 年以前,建成一个独立的比较完整的工业体系和国民经济体系;第二步,在 20 世纪内,全面实现农业、工业、国防和科学技术的现代化,使我国国

① 《斯大林文集(1934—1952)》,人民出版社 1985 年版,第 108 页。
② 《毛泽东文集》第八卷,人民出版社 1999 年版,第 116 页。

民经济走在世界的前列。

关于发展社会主义商品生产和商品交换。毛泽东在社会主义建设实践中,特别是在研读《苏联社会主义经济问题》和苏联《政治经济学教科书》时,提出了许多有重要价值的社会主义经济思想。他认为,社会主义社会也有商品生产,建设社会主义应遵循价值规律,大力发展商品生产和商品价换。在社会主义条件下,发展商品生产不会导致资本主义。"商品生产,要看它是同什么经济制度相联系,同资本主义制度相联系就是资本主义的商品生产,同社会主义制度相联系就是社会主义的商品生产。"①他还指出:价值法则"是一个伟大的学校,只有利用它,才有可能教会我们的几千万干部和几万万人民,才有可能建设我们的社会主义和共产主义。否则一切都不可能"②。

此外,以毛泽东为核心的第一代中央领导集体还提出了一系列具体的建设社会主义的方针政策。比如,统筹兼顾、适当安排的方针;优先发展重工业的条件下,坚持"两条腿"走路的方针;中国共产党同各民主党派长期共存、互相监督的方针;在文化领域实行"百花齐放、百家争鸣"、"古为今用、洋为中用"的方针和新时期的知识分子政策;独立自主的和平外交政策;坚持以自力更生为主、争取外援为辅的方针;等等。

以毛泽东为主要代表的中国共产党人在对社会主义建设道路的艰辛探索中,取得了巨大的成就。遗憾的是,由于受到"左"的思想干扰,这条建设道路没有一以贯之地走下去,以致付出了惨重的代价。尽管受当时认识的局限,这条道路只是在苏联模式的框架内做了一些较大的调整,并没有从根本上突破这一框架,如单一公有制、计划经济体制、封闭式发展等,但它的重大意义在于,这些探索开启了通向中国特色社会主义道路的伟大征程。改革开放之初,邓小平就指出:"三中全会以后,我们就是恢复毛泽东同志的那些正确的东西","从许多方面来说,现在我们还是把毛泽东同志已经提出、但是没有做的事情做起来,把他反对错了的改正过来,把他没有做好的事情做好。今后相当长的时期,还是做这件事。当然,我们也有发展,而且还要继续发展"③。

---

① 《毛泽东文集》第七卷,人民出版社1999年版,第439页。

② 《毛泽东文集》第八卷,人民出版社1999年版,第34页。

③ 《邓小平文选》第二卷,人民出版社1994年版,第300页。

二、中国特色社会主义道路的形成和发展

以毛泽东为代表的中国共产党人初步探索形成的中国社会主义建设道路,既然没有完全突破苏联模式,没有完全搞清楚什么是社会主义、怎样建设社会主义,就要集中全党和全国各族人民的智慧继续探索,努力找寻一条完全适合中国国情的道路,即中国特色社会主义道路。这条道路的历史起点就是党的十一届三中全会。

从十一届三中全会开始,中国特色社会主义道路的形成和发展经历了如下三个阶段。

(一)第一阶段:开辟阶段(从十一届三中全会到党的十四大)

从粉碎"四人帮"到党的十一届三中全会的两年间,中国今后走什么道路的问题存在着继续走老路、改走资本主义的路和探索新路的不同主张。在邓小平的领导和其他老一辈革命家的支持下,十一届三中全会开始全面认真纠正"文化大革命"及其以前的"左"倾错误,确定了解放思想、开动脑筋、实事求是、团结一致向前看的方针,果断停止使用"以阶级斗争为纲"的口号,作出了把党和国家工作中心转移到经济建设上来、实行改革开放的历史性决策。这次全会结束了党的工作在徘徊中前进的局面,开启了改革开放新时期,标志着中国特色社会主义道路的开端。经过几年的探索,邓小平在党的十二大开幕词中首次明确提出"建设有中国特色的社会主义"的著名论断。他说:"我们的现代化建设,必须从中国的实际出发。无论是革命还是建设,都要注意学习和借鉴外国经验。但是,照抄照搬别国经验、别国模式,从来不能得到成功。这方面我们有过不少教训。把马克思主义的普遍真理同我国的具体实际结合起来,走自己的道路,建设有中国特色的社会主义,这就是我们总结长期历史经验得出的基本结论。"①这一改革开放和社会主义现代化建设新时期的指导思想表明,探索中国特色社会主义道路,必须以马克思主义为指导,但是马克思主义必须同中国实际相结合;必须学习借鉴外国经验,但是必须从中国实际出发,不能搞简单的"拿来主义"。从此,中国特色社会主义道路的开辟开始迈出坚实的步伐。

---

① 《邓小平文选》第三卷,人民出版社 1993 年版,第 2—3 页。

这一阶段,对中国特色社会主义道路的探索实现了以下几个重要突破:一是确定了中国特色社会主义道路的核心内容,即以经济建设为中心、坚持改革开放、坚持四项基本原则,从而根本上摆脱了苏联模式,也明显区别于新中国成立以来以毛泽东为代表的党中央领导集体探索的中国社会主义建设道路。二是作出了我国还处于并将长期处于社会主义初级阶段的重要判断。三是系统阐述了社会主义初级阶段理论和党在社会主义初级阶段的基本路线。四是提出和平与发展是当代世界的两大主题。五是深化了对计划与市场的认识,确立了经济体制改革的目标,即建立社会主义市场经济体制。六是阐述了社会主义本质理论和"三个有利于"标准。

从十一届三中全会到党的十四大,我们党经过14年的不懈探索,逐步形成了中国特色社会主义理论的基本框架。党的十四大对邓小平建设有中国特色社会主义理论从九个方面作了系统阐述,认为这一理论第一次比较系统地初步回答了中国这样的经济文化比较落后的国家如何建设社会主义、如何巩固和发展社会主义的一系列基本问题,用新的思想、观点,继承和发展了马克思主义。以此为标志,建设有中国特色社会主义理论开始形成科学体系,中国特色社会主义道路得以成功开辟。

(二)第二阶段:拓展阶段(从党的十四大到党的十六大)

党的十四大以后,以江泽民为主要代表的中国共产党人,坚持以邓小平理论为指导,有效应对各种风险和考验,成功地把中国特色社会主义事业推向21世纪,进一步拓展了中国特色社会主义道路,主要表现在以下几个方面:

第一,党的十四大以后,围绕经济体制改革的目标,抓紧制定了建立社会主义市场体制的总体规划和部署。党的十四届三中全会审议通过的《中共中央关于建立社会主义市场体制若干问题的决议》,对如何建立社会主义市场体制提出了比较完整的设想和具体规划。第二,对社会主义现代化建设中的十二个重大关系进行了深入阐述,即改革、发展、稳定的关系;速度和效益的关系;经济建设和人口、资源、环境的关系;第一、二、三产业的关系;东部地区和中西部的关系;市场机制和宏观调控的关系;公有制经济和其他经济成分的关系;收入分配中国家、企业和个人的关系;扩大开放和坚持自力更生的关系;中央和地方的关系;国防建设和经济建设的关系;物质文明和精神文明建设的关系,深化了对社会主义现代化建设规律的认识。第三,进一步阐述了社会主义初级阶段理论,提出了社会主义初级阶段的基本纲领,明确了中国特色社会主义经济、政治、文化建设的基本目标和基本政策。

这是对中国特色社会主义道路探索经验的深入总结。第四,提出了实现社会主义现代化新"三步走"的战略。第五,提出了全面建设小康社会的奋斗目标。第六,顺应经济全球化趋势,做出积极参与经济全球化,同时又坚持独立自主,在扩大开放中努力维护国家经济安全的战略决策。

以江泽民为主要代表的中国共产党人在拓展中国特色社会主义道路的过程中,积累了十分宝贵的经验,党的十六大将其概括为十条基本经验。这些经验归结起来就是,我们党必须始终代表中国先进生产力的发展要求,代表中国先进文化的前进方向,代表中国最广大人民的根本利益。这是坚持和发展社会主义的必然要求,是我们党艰辛探索和伟大实践的必然结论。"三个代表"重要思想进一步回答了"什么是社会主义、怎样建设社会主义",创造性地回答了"建设什么样的党、怎样建设党",是对马克思列宁主义、毛泽东思想和邓小平理论的继承和发展,反映了当代世界和中国的发展变化对党和国家工作的新要求,为拓展中国特色社会主义道路提供了强大的理论武器,使中国特色社会主义道路的前景更加广阔、更加光明。

(三)第三阶段:深化阶段(党的十六大以来)

党的十六大以后,以胡锦涛为总书记的党中央,高举中国特色社会主义伟大旗帜,坚持以邓小平理论和"三个代表"重要思想为指导,面对新的机遇和挑战,从我国经济社会发展的阶段性特征出发,大力推进实践基础上的理论创新,坚定不移地沿着中国特色社会主义道路前进,使中国特色社会主义道路的内容不断深化。这一阶段对中国特色社会主义道路的丰富和拓展主要有以下几点:

其一,逐步形成并系统阐述了科学发展观。科学发展观,第一要义是发展,核心是以人为本,基本要求是全面协调可持续,根本方法是统筹兼顾。其二,提出了构建社会主义和谐社会的任务,强调要按照民主法治、公平正义、诚信友爱、充满活力、安定有序、人与自然和谐相处的总要求,来构建社会主义和谐社会。其三,形成了中国特色社会主义经济建设、政治建设、文化建设、社会建设四位一体的总体布局,强调要把生态文明建设的理念、原则、目标等融入和全面贯穿到我国经济、政治、文化、社会建设的各方面和全过程。其四,在十六大确立的全面建设小康社会目标的基础上,对我国的进一步改革和发展提出了新的更高要求。其五,强调中国将始终不渝地走和平发展道路,坚持在和平共处五项原则的基础上同所有国家发展友好合作。其六,明确阐述了中国特色社会主义道路的科学内涵。

科学发展观,是对党的三代中央领导集体关于发展的重要思想的继承和发展,是马克思主义关于发展的世界观和方法论的集中体现,是同马克思列宁主义、毛泽东思想、邓小平理论和"三个代表"重要思想既一脉相承又与时俱进的科学理论,是我国经济社会发展的重要指导方针,是发展中国特色社会主义必须坚持和贯彻的重大战略思想。它进一步回答了"什么是社会主义、怎样建设社会主义","建设什么样的党、怎样建设党",创造性地回答了"实现什么样的发展,怎样发展",深刻揭示了我国社会主义现代化建设的发展战略、发展道路、发展模式、发展手段和发展目标等,为中国特色社会主义道路的全面推进指明了方向。

三、中国特色社会主义道路的科学内涵

党的十七大报告对中国特色社会主义道路的科学内涵做了如下阐述:"中国特色社会主义道路,就是在中国共产党领导下,立足基本国情,以经济建设为中心,坚持四项基本原则,坚持改革开放,解放和发展社会生产力,巩固和完善社会主义制度,建设社会主义市场经济、社会主义民主政治、社会主义先进文化、社会主义和谐社会,建设富强民主文明和谐的社会主义现代化国家。"这一概括揭示了中国特色社会主义道路的领导力量、实现途径、主要任务、总体布局、发展目标等一系列坚持和发展中国特色社会主义的基本要求,可以从以下六个方面加以把握:

第一,"一个领导核心",即中国共产党的领导。中国共产党的领导是中国特色社会主义道路能够形成、发展并越走越宽广的前提和保证。改革开放之初,邓小平就强调:"中国由共产党领导,中国的社会主义现代化建设事业由共产党领导,这个原则是不能动摇的;动摇了中国就要倒退到分裂和混乱,就不可能实现现代化。"①中国共产党的领导地位是在中国革命、建设和改革的实践中逐步确立并不断巩固的,是人民的选择,历史的选择。没有中国共产党的领导,就不会走上中国特色社会主义道路。同样,没有中国共产党的领导,也不会在这条道路上取得令世人瞩目的巨大成就。胡锦涛指出:"事实充分证明,中国共产党不愧为伟大、光荣、正确的马克思主义政党,不愧为领导中国人民不断开创事业发展新局面的核心力量。"

第二,"一个根本原则",即立足基本国情。毛泽东在论述中国革命时早

①　《邓小平文选》第二卷,人民出版社 1994 年版,第 267 页。

就指出："认清中国的国情，乃是认清一切革命问题的基本的根据。"①革命是如此，建设和改革也是如此，离开了基本国情，就不能制定出正确的路线、方针、政策。我国是在生产力很不发达的基础上建设社会主义的，又有其特殊的历史文化传统，这决定她必须走不同于其他国家的发展道路。"在中国这样落后的东方大国中建设社会主义，是马克思主义发展史上的新课题。我们面对的情况，既不是马克思主义创始人设想的在资本主义高度发展的基础上建设社会主义，也不完全相同于其他社会主义国家。照搬书本不行，照搬外国也不行，必须从国情出发，把马克思主义基本原理同中国实际结合起来，在实践中开辟有中国特色的社会主义道路。"②实践表明，正是立足国情，不懈探索，我们才成功开辟了中国特色社会主义道路。

第三，"一条基本路线"，即以经济建设为中心，坚持四项基本原则，坚持改革开放。"一个中心、两个基本点"的基本路线是中国特色社会主义道路的核心内容。它是党在深刻认识社会主义初级阶段基本国情，准确把握我国社会主义建设的根本任务的基础上确定的，集中体现了我国各族人民的根本利益，反映了我国社会主义现代化建设的本质要求。以经济建设为中心是兴国之要，是由社会主义初级阶段的主要矛盾决定的，党和国家的各项工作都要服务于这个中心，而不能离开、更不能干扰这个中心；四项基本原则是立国之本，是党和国家生存和发展的基石，是实现社会主义现代化的政治前提；改革开放是强国之路，是党和国家发展进步的活力源泉，是发展中国特色社会主义的强大动力。"一个中心、两个基本点"相互依存，不可分割，统一于中国特色社会主义的伟大实践中，贯穿于社会主义现代化建设的全过程。邓小平在南方谈话中指出："要坚持党的十一届三中全会以来的路线、方针、政策，关键是坚持'一个中心、两个基本点'。不坚持社会主义，不改革开放，不发展经济，不改善人民生活，只能是死路一条。基本路线要管一百年，动摇不得。只有坚持这条路线，人民才会相信你，拥护你。"③社会主义事业才能经受住各种风险考验，才能不断向前发展。

第四，"两个根本任务"，即解放和发展社会生产力，巩固和完善社会主义制度。生产力是社会发展的最根本的决定性因素。邓小平高度重视发展生产力，认为"社会主义阶段的最根本任务就是发展生产力"④，并从社会主

---

① 《毛泽东选集》第二卷，人民出版社 1991 年版，第 633 页。

② 《十三大以来重要文献选编》上，人民出版社 1991 年版，第 11 页。

③ 《邓小平文选》第三卷，人民出版社 1993 年版，第 370—371 页。

④ 《邓小平文选》第三卷，人民出版社 1993 年版，第 63 页。

义本质的高度来认识解放和发展生产力,强调社会主义的本质,就是解放生产力,发展生产力,消灭剥削,消除两极分化,最终达到共同富裕。社会主义制度体现了中国的性质和特点,但社会主义制度的巩固和发展不可能一蹴而就。这是因为制度归根结底源于实践,实践无止境,制度也必须随实践发展而不断完善。解放和发展社会生产力,巩固和完善社会主义制度这两个根本任务有着密切的联系:首先,发达的生产力,是巩固和完善社会主义制度的基础。因此,社会主义制度建立后,首要任务就是解放和发展生产力。其次,解放和发展生产力,必须从根本上改变束缚生产力发展的旧体制,建立充满生机和活力的各项新体制。所以,解放和发展生产力的过程,也是社会主义制度不断巩固和完善的过程,这两个过程都是永无止境的。最后,完善的社会主义制度是解放和发展生产力的可靠保障。社会主义制度的完善要通过改革来实现。中国的改革是全面的,不仅包括经济体制改革,而且包括政治体制改革,还有相应的其他领域的改革。十一届三中全会以来,通过实行改革开放政策,努力推进这两项任务,使社会主义显示出强大的生命力和资本主义无法比拟的优越性。正如党的十七大报告所指出的:"改革开放是党在新的时代条件下带领人民进行的新的伟大革命,目的就是要解放和发展社会生产力,实现国家现代化,让中国人民富裕起来,振兴伟大的中华民族;就是要推动我国社会主义制度自我完善和发展,赋予社会主义新的生机活力,建设和发展中国特色社会主义。"

第五,"一个总体布局",即中国特色社会主义经济建设、政治建设、文化建设、社会建设"四位一体"的总体布局。这个总体布局的形成经历了从"两个文明"建设到社会主义经济建设、政治建设、文化建设"三位一体",再到"四位一体"的发展过程,体现了我们党对中国特色社会主义建设和发展规律认识的逐步深化。在经济建设方面,发展社会主义市场经济,最重要的就是坚持和完善以公有制为主体、多种所有制经济共同发展的基本经济制度和按劳分配为主体、多种分配方式并存的分配制度。在政治建设方面,建设社会主义民主政治,最重要的就是坚持党的领导、人民当家做主、依法治国的有机统一,坚持和完善人民代表大会制度、中国共产党领导的多党合作和政治协商制度、民族区域自治制度以及基层群众自治制度。在文化建设方面,建设社会主义先进文化,最重要的就是坚持社会主义先进文化前进方向,大力推进社会主义核心价值体系建设,抓好公益性文化事业和经营性文化产业,提高文化软实力,使人民基本文化权益得到更好保障,使社会文化生活更加丰富多彩,使人民精神风貌更加昂扬向上。在社会建设方面,建设社会主义和谐社会,最重要的就是以保障和改善民生为重点,加快推进社会体制改革,扩大公共服务,完善社会管理,促进社会公平正义,努力使全体人民学有所教、劳有所得、病有所医、老有所养、住有所居。由此可见,"中国特色社会主义事业,是经济建设、政治建设、文化建设、社会建设有机统一、互为条件、不可分割的整体"①。

第六,"一个宏伟目标",即建设富强民主文明和谐的社会主义现代化国家。这个宏伟目标是我们党经过长期探索而确立的,是一个全面的社会主义现代化目标,涵盖经济、政治、文化、社会各个领域。在改革开放实践中,邓小平对我国的社会主义现代化目标进行了深入思考,提出了社会主义现代化分"三步走"的战略思想。党的十三大根据这一思想,制定了"三步走"的发展战略,党的十五大在实现前两步发展战略的基础上,又将第三步发展战略具体化,明确提出了新"三步走"发展目标。党的十六大根据十五大提出的发展目标,进一步提出了全面建设小康社会的目标,强调要在本世纪头二十年,集中力量,全面建设惠及十几亿人口的更高水平的小康社会,使经济更加发展、民主更加健全、科教更加进步、文化更加繁荣、社会更加和谐、人民生活更加殷实,认为这是实现现代化建设第三步战略目标必经的承上启下的发展阶段。在党的十六大提出全面建设小康社会目标的基础上,党的十七大又进一步提出了实现全面建设小康社会奋斗目标的新要求,即增强发展协调性,努力实现经济又好又快发展;扩大社会主义民主,更好保障人民权益和社会公平正义;加强文化建设,明显提高全民族文明素质;加快发展社会事业,全面改善人民生活;建设生态文明,基本形成节约能源资源和保护生态环境的产业结构、增长方式、消费模式。这些新要求集中体现了科学发展观在全面建设小康社会、加快推进社会主义现代化进程中的指导地位。

四、中国特色社会主义道路与理论体系、制度的关系

胡锦涛总书记在纪念中国共产党成立 90 周年的大会上指出:经过 90 年的奋斗、创造、积累,党和人民必须倍加珍惜、长期坚持、不断发展的成就是:开辟了中国特色社会主义道路,形成了中国特色社会主义理论体系,确立了中国特色社会主义制度。他在 2012 年的"7·23"讲话中再次强调了中国特

---

① 《十六大以来重要文献选编》中,中央文献出版社 2006 年版,第 1102 页。

色社会主义道路、理论体系和制度是我们党坚持和发展中国特色社会主义取得的重大理论和实践成果,从不同角度对中国特色社会主义进行了全面概括和描述。

(一)中国特色社会主义道路、理论体系、制度是一个相互联系、不可分割的有机整体

中国特色社会主义理论体系是包括邓小平理论、"三个代表"重要思想以及科学发展观等重大战略思想在内的科学理论体系,是中国特色社会主义的理论形态,是建设和发展中国特色社会主义的指导思想。中国特色社会主义制度是由人民代表大会制度这一根本政治制度,中国共产党领导的多党合作和政治协商制度、民族区域自治制度以及基层群众自治制度等基本政治制度,中国特色社会主义法律体系,公有制为主体、多种所有制经济共同发展的基本经济制度,以及建立在根本政治制度、基本政治制度、基本经济制度基础上的经济体制、政治体制、文化体制、社会体制等各项具体制度构成的一整套相互衔接、相互联系的制度体系,是中国特色社会主义的制度形态,是建设和发展中国特色社会主义的根本制度保障。中国特色社会主义道路是中国特色社会主义的实践形态,是建设和发展中国特色社会主义的基本途径。中国特色社会主义道路、理论体系、制度具有共同的历史起点、共同的主题、共同的时代背景、共同的价值指向,它们相互联系、相互促进、不可分割,共同构成中国特色社会主义旗帜的实质内容,是中国特色社会主义旗帜在实践、理论、制度层面的具体体现。没有这样一条道路、一个理论体系、一套制度,这面旗帜就成为一个空洞的口号。在当代中国,高举中国特色社会主义伟大旗帜,就要坚持和拓展中国特色社会主义道路,坚持和丰富中国特色社会主义理论体系,坚持和完善中国特色社会主义制度。

(二)中国特色社会主义道路和理论体系的关系

中国特色社会主义道路和理论体系的关系在本质上是实践和理论的关系。理论来源于实践又对实践有指导作用,同时在实践中接受检验,并在实践中不断发展完善,进而指导新的实践。脱离实践的理论是空洞的理论,没有理论指导的实践是盲目的实践,都不符合马克思主义。一方面,中国特色社会主义道路的开辟、拓展和深化,推动中国特色社会主义理论体系的形成、发展和完善。中国特色社会主义道路的开辟、拓展和深化,促使着我们党不断探索和回答什么是马克思主义、怎样对待马克思主义,什么是社会主义、怎样建设社会主义,建设什么样的党、怎样建设党,实现什么样的发展、

怎样发展这四大基本问题。这四大基本问题既是理论问题,也是实践问题。因此,对它们的探索和回答是对理论和实践的双重探索和回答。我们党在三十多年的改革开放历程中,坚持解放思想、实事求是、与时俱进,不断探索和回答这四大基本问题,深化了对人类社会发展规律、社会主义建设规律、共产党执政规律的认识,先后创立了邓小平理论、"三个代表"重要思想以及科学发展观等重大战略思想,实现了马克思主义中国化的第二次历史性飞跃,进一步丰富发展了马克思列宁主义和毛泽东思想。可以说,没有中国特色社会主义道路,就没有中国特色社会主义理论体系。另一方面,中国特色社会主义理论体系,为中国特色社会主义道路的拓展和深化提供了科学的理论指导和坚实的理论支撑。中国特色社会主义理论体系是由社会主义本质论、社会主义初级阶段论、社会主义改革开放论、社会主义科学发展论、社会主义市场经济论、社会主义民主政治论、社会主义先进文化论、社会主义和谐社会论、社会主义和平统一论、社会主义国防论、社会主义国际战略论、社会主义依靠力量论、社会主义领导核心论等基本理论构成的完整的理论体系。这个理论体系是马克思主义中国化最新成果,是党最可宝贵的政治和精神财富,是全国各族人民团结奋斗的共同思想基础。它涵盖中国特色社会主义道路的各个方面,是我们沿着中国特色社会主义道路前进的根本指导思想。事实证明,只有这个理论而没有别的理论能够解决我国前进中的各种问题,也可以说,没有这个理论体系,中国特色社会主义道路就不能保持正确的方向。

(三)中国特色社会主义道路和制度的关系

中国特色社会主义道路和制度有共同的理论指导,都立足于基本国情,都与改革开放紧密地联系在一起,两者相互联系、相互促进。第一,坚持和完善社会主义制度是中国特色社会主义道路的重要内容。坚持和完善社会主义制度是中国特色社会主义道路的"两大根本任务"之一。在解放和发展生产力的基础上,坚持并不断完善社会主义制度,是推动中国特色社会主义道路不断拓展和深化的客观要求。第二,始终坚持中国特色社会主义道路不动摇,是坚持和完善中国特色社会主义制度的根本保证。坚持中国特色社会主义道路不动摇,就要坚持以经济建设为中心不动摇、坚持四项基本原则不动摇、坚持改革开放不动摇。也只有如此,才能为坚持和完善中国特色社会主义制度提供丰厚的物质基础、政治保障和活力源泉。第三,中国特色社会主义制度为坚持走中国特色社会主义道路提供了根本制度保障。中国特色社会主义制度是涵盖经济、政治、文化、社会等各个领域的一整套相互衔接、相互联系的制度体系,集中体现了中国特色社会主义的特点和优势,反映了中国最广大人民群众的利益,有利于正确、有效地应对前进中的各种问题。

五、坚定不移地走中国特色社会主义道路

中国特色社会主义道路既坚持了科学社会主义的基本原则,又根据我国实际和时代特征赋予其鲜明的中国特色,因而是在中国实现社会主义现代化的必由之路,是创造人民美好生活的必由之路。在当代中国,坚持中国特色社会主义道路,就是真正坚持社会主义。

(一)走上社会主义道路是历史的必然

实现现代化,是亿万中国人的百年梦想。鸦片战争后,中国沦为半殖民地半封建国家。在民族危机和社会危机的双重压力下,要实现现代化必须解决中华民族面临的两大历史任务:一个是民族独立和人民解放;一个是国家富强和人民富裕。在这种情况下,哪条道路能解决这两大任务,哪条道路就会成为中国人民的选择。为此,无数仁人志士进行了艰难的探索,但由于没有先进的理论,没有先进的社会力量,没能充分发动广大群众,太平天国运动、戊戌变法、洋务运动、辛亥革命等都以失败告终。历史以其血的代价昭示人们:在封建社会内部找不到强国富民的道路,资本主义道路在中国走不通。

正在中国人民不知向何处去的时候,十月革命一声炮响,给我们送来了马克思列宁主义。"十月革命帮助了全世界的也帮助了中国的先进分子,用无产阶级的宇宙观作为观察国家命运的工具,重新考虑自己的问题。走俄国人的路——这就是结论。"①走俄国人的路,就是走社会主义道路。马克思主义传入中国,孕育产生了中国共产党,中国共产党把马克思主义基本原理同中国实际相结合,形成了毛泽东思想。在毛泽东思想指导下,取得了新民主主义革命的胜利,实现了民族独立、人民解放,从而在现代化的道路上,迈出了坚实的一步。新中国成立后,在中国共产党领导下,中国人民成功走向社会主义,建立了社会主义制度,实现了中国历史上最广泛最深刻的社会变

---

① 《毛泽东选集》第四卷,人民出版社 1991 年版,第 1471 页。

革,使中国发生了天翻地覆的变化。事实充分证明,中国走上社会主义道路是历史的选择、人民的选择。

（二）中国特色社会主义道路来之不易

为实现国家富强和人民富裕,进而实现现代化和中华民族伟大复兴,从社会主义制度建立之日起,我们党就开始思考和探索社会主义建设道路。在探索的过程中,取得了巨大成就,也出现了曲折和失误,丧失了不少发展机遇,并为此付出了很大代价,延缓了社会主义现代化的进程。虽然当时并没有找到真正适合中国国情的社会主义建设道路,但为以后的探索打下了坚实的基础。

改革开放之后,中国共产党人继续探索,终于找到了适合我国国情的中国特色社会主义道路,并坚定地沿着这条道路前进,不断向富强民主文明和谐的社会主义现代化目标靠近。在此期间也决非一帆风顺,我们既有姓资姓社问题的困惑,也遇到了自由主义、民主社会主义等各种思潮的干扰。正是先后形成的邓小平理论、"三个代表"重要思想和科学发展观等重要战略思想,为我们廓清了模糊认识,回应了各种挑战,指明了前进方向,使中国特色社会主义道路不断得到拓展和深化。

从中国特色社会主义道路的科学内涵、主要特征、探索和发展历程不难看出,中国特色社会主义道路既超越了僵化的苏联模式,又超越了西方发达国家以及其他发展中国家的发展模式,是一条既立足于中国国情,又具有世界意义的发展道路。胡锦涛总书记在纪念辛亥革命100周年大会上的讲话中强调:"中国人民付出艰辛努力、作出巨大牺牲,终于找到了实现中华民族伟大复兴的正确道路和核心力量。这条正确道路就是中国特色社会主义道路,这个核心力量就是中国共产党。中国特色社会主义道路,深刻总结近代中国一切救亡图存、振兴中华的经验教训,深刻总结在中国推进社会主义建设的正反两方面经验,深刻总结世界各国实现发展进步的历史启示,符合我国实际和时代要求,符合中国最广大人民根本利益,符合中华民族根本利益。在实现中华民族伟大复兴的征程上,我们一定要牢牢坚持中国共产党的领导,坚持和拓展中国特色社会主义道路"[1]。

---

[1]　胡锦涛:《在纪念辛亥革命100周年大会上的讲话》,人民出版社2011年版,第6页。

（三）坚定不移地走中国特色社会主义道路是总结三十多年改革开放
　　宝贵经验得出的基本结论

　　新时期最鲜明的特点是改革开放。中国特色社会主义道路与改革开放
紧密地联系在一起。改革开放推动着中国特色社会主义道路不断拓展和深
化,中国特色社会主义道路为改革开放明确了前进方向。改革开放以来我
们取得一切成绩和进步的根本原因之一,就是开辟了中国特色社会主义
道路。

　　党的十七大对我国改革开放的伟大历程进行了总结,把我们摆脱贫困、
加快实现现代化、巩固和发展社会主义的宝贵经验概括为"十个结合"。胡
锦涛总书记在纪念党的十一届三中全会召开 30 周年大会上的讲话,对这些
经验又进行了充分的阐述。这些经验,一是必须把坚持马克思主义基本原
理同推进马克思主义中国化结合起来,解放思想、实事求是、与时俱进,以实
践基础上的理论创新为改革开放提供理论指导。二是必须把坚持四项基本
原则同坚持改革开放结合起来,牢牢扭住经济建设这个中心,始终保持改革
开放的正确方向。三是必须把尊重人民首创精神同加强和改善党的领导结
合起来,坚持执政为民、紧紧依靠人民、切实造福人民,在充分发挥人民创造
历史的作用中体现党的领导核心作用。四是必须把坚持社会主义基本制度
同发展市场经济结合起来,发挥社会主义制度的优越性和市场配置资源的
有效性,使全社会充满改革发展的创造活力。五是必须把推动经济基础变
革同推动上层建筑改革结合起来,不断推进政治体制改革,为改革开放和社
会主义现代化建设提供制度保证和法制保障。六是必须把发展社会生产力
同提高全民族文明素质结合起来,推动物质文明和精神文明协调发展,更加
自觉、更加主动地推动文化大发展大繁荣。七是必须把提高效率同促进社
会公平结合起来,实现在经济发展的基础上由广大人民共享改革发展成果,
推动社会主义和谐社会建设。八是必须把坚持独立自主同参与经济全球化
结合起来,统筹好国内国际两个大局,为促进人类和平与发展的崇高事业作
出贡献。九是必须把促进改革发展同保持社会稳定结合起来,坚持改革力
度、发展速度和社会可承受程度的统一,确保社会安定团结、和谐稳定。十
是必须把推进中国特色社会主义伟大事业同推进党的建设新的伟大工程结
合起来,加强党的执政能力建设和先进性建设,提高党的领导水平和执政水
平、拒腐防变和抵御风险能力。胡锦涛指出:这些经验"归结到一点,就是把
马克思主义基本原理同中国具体实际相结合,走自己的路,建设中国特色社
会主义",中国"决不走封闭僵化的老路,也决不走改旗易帜的邪路,而是坚

定不移地走中国特色社会主义道路"。①

　　事实雄辩地证明,中国特色社会主义道路是当代中国实现社会主义现代化和中华民族伟大复兴的唯一正确的道路。在新的历史条件下,我们要坚定不移沿着中国特色社会主义道路前进,努力使中国特色社会主义道路越走越宽广,让当代中国马克思主义放射出更加灿烂的光芒。

（本题作者:王　勇）

---

① 《人民日报》2008 年 12 月 19 日。

第五题

中国特色社会主义制度是当代
中国发展进步的根本制度保障

胡锦涛总书记在庆祝建党90周年大会上的讲话中指出：经过90年的奋斗、创造、积累，党和人民有三大成就必须倍加珍惜、长期坚持、不断发展，这就是：开辟了中国特色社会主义道路，形成了中国特色社会主义理论体系，确立了中国特色社会主义制度。党的十七大对坚持和发展中国特色社会主义取得的三大成就的前两项曾作过高度概括和精辟阐述，但对于中国特色社会主义制度的概括和阐述，这还是第一次。提出并概括和阐述"中国特色社会主义制度"，对于我国改革开放和现代化事业的进一步发展，无疑具有重大的理论、现实意义和深远的历史意义。

一、中国特色社会主义制度的科学内涵

所谓制度，是指人类在组织社会生活时制定的一系列要求社会成员共同遵守的、按一定程序办事的规则和规程。作为一套稳定组合在一起的规则或规程，制度广泛存在于社会生活的各个领域和各个方面。在传统的社会中，由于社会成员相对少，社会分工单一，社会事务简单，通过种族、宗教、风俗习惯等较为简单的制度规则就可以约束人们的行为。但在复杂的现代社会里，单纯的种族、宗教、风俗习惯和其他社会自然因素已经不足以使人们在一个社会共同体中和平共处，这就需要订立一整套规则和规程来维持

社会共同体的存在,即通过各种规范和规定,使不同的个人和利益团体按照既定规则行事,避免社会陷入无序状态。此外,社会事务日益繁杂,也需要职业化的管理来满足专业分工的要求。正因为如此,人们通常把制度化视为社会稳定的基本条件,认为制度是规范人们行为的机制,也是组织社会共同体、实现社会稳定的力量;制度化与社会稳定成正比,制度化水平越高,社会稳定的程度就越高。于是,制度化成了社会公共管理的必然要求。

衡量一种社会制度的优劣,可以从不同的角度、按照不同的标准进行。在多数情况下,人们通常是从制度的合法性与有效性两个方面来认识制度的优与劣的。

就合法性而言,一些人主要从制度实施目的的公共性视角,将制度区分为正义制度与非正义制度。现代社会契约论者强调,正义的制度应该是社会契约(同意)的结果和公共意志的体现,换言之,未经公共"同意"的制度充其量是"待合法化"的制度。马克思从历史唯物主义角度出发,揭示了以往各种社会制度不过是居于统治地位的阶级(或集团)制定的凌驾于社会之上的强制性制度,并预示新的公平正义的制度最终将取而代之。当代政治学研究则在此基础上进一步强调:第一,一种合法的制度应该是得到广泛认同的制度,即使是统治阶级强加的制度,也应尽可能实现合法化;第二,不论其合法性如何,一种运行中的制度实际上是共同体内不同意志和社会力量均衡妥协的产物;第三,共同体内新生意志和新生力量的产生将打破原有的均衡,构成制度变迁的内因。

就有效性而言,人们普遍认为: 种好的制度应该是有效促进经济发展的制度,应该是有效促进国家竞争力提升的制度,应该是有效保障人权实现的制度,应当是有效促进普遍社会福利的制度,应该是有效制约公权的制度,应该是依法实施的制度,应该是有效促进信任合作的制度,应该是满足适应性、复杂性、自主性和内聚力的制度,等等。

从制度设计的角度看,一种社会制度至少涉及三个层面的问题:第一层面为公共治理最基本的制度安排,如宪政制度、产权制度等。第二层面为公共治理的一般规则和程序,如政党制度、选举制度、责任制度等。第三层面为公共治理的具体政策和行为,如社会政策、就业政策、维稳措施等。无论是第一、第二层面还是第三层面的问题,都与制度设计有着密切的联系,都需要将制度根基建立在普遍人性的基础上,把能否有效防止社会中任何强者(个人、有组织的集团或机构)公器私用作为制度设计最起码的要求。其中,第二层面的制度犹如建筑的框架结构,可根据现实需求、社会特点和历史传统等特征进行差异性设计,必要时进行功能或式样的改变。在这个层面上,不同的国家在不同的时期为了满足不同的功能而采用不同的制度设计是完全可能的。所谓的"中国特色"恐怕更多的是从这个层面的意义上讲的。

中国特色社会主义制度,就其基本内涵而言,它是"社会主义"与"中国特色"二者的有机统一。

首先,中国特色社会主义制度必须体现社会主义的基本原则。早在改革开放初期邓小平就指出:社会主义有两条根本原则,一是公有制占主体,二是共同富裕。为此,我们党把"公有制为主体、多种所有制经济共同发展"确立为我国社会主义初级阶段的基本经济制度。这是中国特色社会主义制度最坚实的基础。在这一基本经济制度基础上,我们追求全体人民的共同富裕。当然,共同富裕不是同步富裕,更不是平均主义,而是鼓励一部分人一部分地区先富起来,提倡先富帮后富。所以,我们强调在发展经济的同时,注重社会公平正义,强调以扩大就业、健全社会保障体系、理顺分配关系为着力点,大力发展社会事业,使全体人民共享改革发展成果。

其次,中国特色社会主义制度必须立足于中国国情,符合当代中国的实际。在坚持社会主义基本原则的基础上,我们党在经济上根据初级阶段生产力水平,打破单一公有制,摈弃平均主义"大锅饭";改革高度集中的计划管理体制,建立社会主义市场经济体制;破除封闭半封闭状态,建立开放型经济体系。在政治上完善人民代表大会制度,扩大民众政治参与,完善共产党领导的多党合作和政治协商制度,建立基层群众自治制度。同时,卓有成效地推进文化体制和社会体制改革。总之,中国特色社会主义制度是在科学社会主义理论指导下、在改革开放具体实践中形成和发展起来的,既体现了社会主义的基本原则又具有鲜明的中国特色,反映了中国最广大人民群众的利益、愿望和要求。这是中国特色社会主义制度的最基本的内涵。

二、中国特色社会主义制度的基本特征

中国特色社会主义制度的建立和发展,不仅有利于解放、发展生产力,保持党和国家活力,调动广大人民群众和社会各方面的积极性、主动性、创造性,而且有利于维护和促进社会公平正义,推动经济社会全面发展,实现全体人民共同富裕,更有利于集中力量办大事,有效应对前进道路上的各种风险挑战,维护民族团结、社会稳定和国家统一,具有鲜明的时代性和实践性。

（一）中国特色社会主义制度既坚持社会主义原则又充分吸收和借鉴资本主义制度的进步因素

社会主义的发展应该建立在资本主义的文明成果之上。资本主义在几百年的发展中形成的经济、政治、文化和社会制度，包含有许多科学合理的成分，我们应该大胆地吸收和借鉴。更重要的是，中国特色社会主义制度是面向世界、面向未来、面向现代化的先进的社会制度体系，建立中国特色社会主义制度，不是要搞僵化、搞自我封闭，而是为了在更高起点上推进更大发展。邓小平曾指出："我们的制度将一天天完善起来，它将吸收我们可以从世界各国吸收的进步因素，成为世界上最好的制度。"①事实上，中国特色社会主义制度的确立，是吸收借鉴包括资本主义在内的世界各国制度中的进步因素的结果，包括经济上的混合所有制与市场发展的运行机制，政治上的民主法制与制约有效的权力运行机制，等等。毫无疑问，只有吸收借鉴世界各国制度的进步因素，社会主义制度才能成为世界上最好的制度，才能在经济上赶上发达的资本主义，在政治上创造比资本主义国家的民主更高更切实的民主，在文化上创造出更先进的文化。

（二）中国特色社会主义制度是政治上集中统一与经济上放开搞活的有机结合

中国是一个人口众多、幅员辽阔的国家。为了国家的统一和发展，我们在改革开放过程中一直强调政治上的"稳定压倒一切"。邓小平指出，中国正处在特别需要集中注意力发展经济的进程中，不能追求那些形式上的民主，如果追求形式上的民主，只会出现国家混乱、人心涣散的局面。"中国的最高利益就是稳定。只要有利于中国稳定的就是好事"，"凡是妨碍稳定的就要对付，不能让步，不能迁就"。② 为了保持稳定，中国需要一个有权威、有效能的中央政府。事实证明，一个统一的、有权威的政府，能够举全国之力，集中优势资源，实现跨越式、突破性、高效率的发展，能够将很多问题和困难迅速地加以解决。因此，中国现行的政治体制具有明显的集权特征。在政治上实行高度统一的同时，在经济上中国则一再主张解放思想，"胆子要大一些、步子要快一点"，毫不动摇地鼓励、支持、引导非公有制经济发展，营造

---

① 《邓小平文选》第二卷，人民出版社 1994 年版，第 337 页。
② 《邓小平文选》第三卷，人民出版社 1993 年版，第 313、286 页。

鼓励人们干事业、支持人们干成事业的社会氛围,放手让一切劳动、知识、技术、管理和资本的活力竞相迸发,让一切创造社会财富的源泉充分涌流,从而把政治上的"稳定压倒一切"与经济上的"放开搞活"巧妙地结合在了一起。

(三)中国特色社会主义制度体现市场对资源配置起基础性作用与国家对经济生活有效干预的相辅相成

中国在改革开放过程中重新认识市场经济问题,强调社会主义与市场经济不存在根本矛盾,提出了建立社会主义市场经济体制的改革目标。建立社会主义市场经济体制,就是要让市场在经济运行中对资源配置起基础性作用,充分调动人们的积极性、主动性和创造性,使经济发展始终保持生机和活力。然而,中国选择市场经济并非由于市场经济完美无缺。恰恰相反,无论是过去还是现在,市场经济的缺陷都是显而易见的。为了克服市场经济自身的缺陷,中国加强政府的宏观调控能力,实施国家对经济生活的强有力干预,形成了在国家宏观调控下充分发挥市场作用的经济运行机制。这种一手抓市场经济、一手抓国家调控的制度安排,既能激发经济活力、提高经济效率,又能弥补市场的缺陷、解决市场失灵的问题,从而把社会主义制度的优越性与市场配置资源的有效性结合起来,保证了中国经济的健康、稳定、快速发展。

(四)中国特色社会主义制度既强调共产党的领导又高度重视和发挥人民群众的首创精神

坚持共产党领导是中国特色社会主义制度在政治上的显著特征。中国共产党是凝聚全国各族人民的核心力量,没有共产党的坚强领导,中国就会成为一盘散沙,不仅实现不了现代化,而且国家的统一和社会的稳定也没有保证,这是近代以来中国历史发展的基本经验总结。因此,坚持共产党的领导是一项丝毫不能动摇的原则。在强调坚持共产党领导的同时,中国在改革发展过程中又高度重视人民群众的历史作用,充分尊重和发挥人民群众的首创精神。邓小平在谈到改革开放的成就时曾指出:改革开放中的许许多多东西,都是由群众在实践中提出来的,是群众的智慧、集体的智慧,他本人的功劳是把这些新事物、新创造概括起来,形成政策,加以提倡。正是人民群众的这种首创精神,以及党和国家领导人对这种首创精神的高度重视和充分尊重,才得以将人民群众的愿望和要求、智慧和经验,概括提升为党的路线、方针、政策,从而进一步推动改革开放的伟大实践。

三、中国特色社会主义制度的主要内容

中国特色社会主义制度,是中国共产党和中国人民在建设中国特色社会主义实践中形成的为全体人民所共同遵守的办事规程或行为准则。它既包括正式的、成文的、受国家法律保护的经济、政治、文化、社会制度,也包括非正式的、不成文的、没有上升为国家意志的各种习俗、惯例和规约等。

在中国特色社会主义制度体系中,既有根本政治制度,又有基本政治制度和基本经济制度。其中,人民代表大会制度是根本政治制度,中国共产党领导的多党合作和政治协商制度、民族区域自治制度、基层群众自治制度是基本政治制度;公有制为主体、多种所有制经济共同发展是基本经济制度;中国特色社会主义法律体系是中国特色社会主义制度的重要内容;建立在根本政治制度、基本政治制度、基本经济制度基础上的经济体制、政治体制、文化体制和社会体制等,是中国特色社会主义制度的具体内容。

（一）中国特色社会主义经济制度

我国宪法明确规定:"国家在社会主义初级阶段,坚持公有制为主体、多种所有制经济共同发展的基本经济制度,坚持按劳分配为主体、多种分配方式并存的分配制度。""国家实行社会主义市场经济。""国家加强经济立法,完善宏观调控。"这些规定从总体上明确了中国特色社会主义经济制度的基本内容。

1. 公有制为主体、多种所有制经济共同发展的基本经济制度

公有制为主体主要体现在:公有资产在社会总资产中占优势;国有经济控制国民经济命脉,对经济发展起主导作用。公有资产占优势,既有量的方面更有质的方面要求,质的方面要求主要包括产业的属性和在国民经济中的地位、技术构成和科技含量、经济的整体素质、经济的规模、资本的增值能力和市场的竞争力,等等。公有制为主体还突出表现在国有经济在国民经济中的主导作用。这种主导作用主要是指控制力,一是对起决定作用的稀缺资源和生产要素的控制力,二是对经济运行态势的控制力,三是对经济发展趋势的控制力。公有制为主体还意味着集体经济的发展壮大。集体经济可以体现共同致富原则,可以广泛吸收社会分散资金,缓解就业压力,增加公共积累和国家税收,对坚持公有经济的主体地位意义重大。

在坚持公有制为主体的情况下,国家鼓励、支持、引导多种所有制经济共同发展。改革开放以来,我们党多次强调,多种所有制经济或非公有制经济,是我国社会主义市场经济的重要组成部分,它有利于调动各方面积极性,促进社会生产力更快发展,符合社会主义经济建设的基本要求。担心发展非公有制经济会对公有经济造成损害,担心公有制经济比重减少一些会损害我国的社会主义性质,是没有必要的;把发展非公有制经济说成是走私有化道路,更是极大的误解。因此,鼓励、支持和引导非公有制经济共同发展,是我国必须长期坚持的方针。

2. 按劳分配为主体、多种分配方式并存的分配制度

按劳分配的基本要求是:以劳动为尺度进行个人收入分配,劳动者以一定形式向社会和集体提供一定量的劳动,经过必要的扣除后,从社会和集体取得含有等量劳动的个人收入,多劳多得,少劳少得,不劳不得。实行按劳分配,劳动成为个人收入分配的主要依据,可以最大限度地消除剥削制度产生的基础条件,体现社会主义的原则。当然,坚持按劳分配为主体不意味着搞平均主义或平均分配,因为人们的劳动能力(智能、技能)不同,劳动态度和工作认真负责的精神不同,其为企业和社会的贡献也不同。承认劳动能力差别和企业经营管理差别引起的不同职工之间的利益分配差别,是社会主义市场经济条件下按劳分配的重要特征。

在市场经济条件下,个体、私营等非公有制经济的存在和发展,决定了在社会主义分配关系上必然存在按劳分配以外的多种分配方式。据此,我们党提出了"把按劳分配和按生产要素分配结合起来"的方针,允许和鼓励资本、技术等生产要素参与收益分配。按生产要素分配,是资本、技术、土地、劳动力等生产要素的所有者按其直接或间接投入生产经营活动的数量、质量和贡献率获取收益的分配方式。按生产要素分配,可以有效地把生产要素所有者权益与提高资源配置效率统一起来。

按劳分配与按生产要素分配并非是对立的。按劳分配是社会主义公有经济的分配原则,按生产要素分配是市场经济通行的分配规则,二者在社会主义市场经济条件下并行不悖,二者的有机结合,构成了市场经济条件下社会主义的分配制度。因此,在社会主义市场经济条件下,不能以按劳分配排斥按生产要素分配,也不能以按生产要素分配否定按劳分配及其在分配中的主体地位。

3. 市场在资源配置中起基础性作用的市场经济体制

改革开放之后,邓小平多次强调:"社会主义也可以搞市场经济","社会主义和市场经济之间不存在根本矛盾","社会主义与资本主义的区分不在于是计划还是市场这样的问题"。"计划经济不等于社会主义,资本主义也有计划;市场经济不等于资本主义,社会主义也有市场。"根据邓小平这一思想,1984 年党的十二届三中全会通过的《中共中央关于经济体制改革的决定》,突破了把计划经济同商品经济对立起来的传统观念,确认了社会主义经济是"公有制基础上的有计划的商品经济"。1992 年召开的党的十四大,明确了我国经济体制改革的目标是建立社会主义市场经济体制,强调社会主义市场经济体制是中国特色社会主义经济制度的重要组成部分。十四届三中全会通过的《关于建立社会主义市场经济体制若干问题的决定》,进一步强调建立市场经济体制就是要使市场在国家宏观调控下对资源配置起基础性作用,并提出了社会主义市场经济体制的基本框架和主要内容。

社会主义市场经济体制的基本框架和主要内容包括:所有制基础是公有制为主体、多种经济成分共同发展;分配关系是按劳分配为主体、多种分配方式并存;企业经营机制是实行产权清晰、权责明确、政企分开、管理科学的现代企业制度;市场机制是建立城乡市场紧密结合、国内市场与国际市场相衔接的全国统一开放的市场体系和以间接手段为主的宏观调控体系;社会机制是建立和发展为城乡居民提供同我国国情相适应的多层次的社会保障体系等。

4. 财政、金融、货币等政策相互配套的国家宏观调控体系

建立健全财政、金融、货币等政策相互配套的国家宏观调控体系,是社会主义市场经济发展的必然要求。市场经济条件下国家宏观调控的主要任务是:保持经济总量的基本平衡,促进经济结构优化,引导国民经济持续、快速、健康发展,推动社会全面进步。国家宏观调控需要综合运用经济的、法律的和必要的行政手段等。这就要求对以往的财政体制、金融体制、计划体制、投资体制进行改革,切实转变政府职能,建立起财政、金融、货币等政策之间相互配合和制约、能够综合协调宏观经济政策和正确运用经济杠杆的机制。

（二）中国特色社会主义政治制度

中国特色社会主义政治制度由根本政治制度、基本政治制度和具体政

治制度组成。

1. 根本政治制度

中国特色社会主义根本政治制度是人民代表大会制度。中国人民通过人民代表大会行使国家权力,保障自己当家做主的地位。人民代表大会不仅是立法机关,而且是权力机关;不仅制定法律、决定重大问题,而且产生行政、司法机关。在人民代表大会统一行使国家权力的前提下,各国家机关包括行政、审判、检察机关,各司其职、各尽其责,对人民代表大会负责,受人民代表大会监督。人民代表大会制度是中国共产党长期进行人民政权建设的经验总结,是中国社会主义政治制度的一大特色和优势。多年实践证明,人民代表大会制度体现了我国的社会主义国家性质,符合中国国情,既能保障全体人民统一行使国家权力,充分调动人民群众当家做主的积极性和主动性,又有利于国家政权机关分工合作协调一致地组织社会主义建设。

2. 基本政治制度

中国特色社会主义基本政治制度包括:中国共产党领导的多党合作和政治协商制度、民族区域自治制度以及基层群众自治制度。(1)共产党领导的多党合作和政治协商制度。这一制度一方面坚持共产党的领导,另一方面实行多党派合作。各民主党派是在共产党领导下与共产党通力合作的政党,是我国的参政党,不是在野党,更不是反对党。共产党与各民主党派合作的基本方针是"长期共存、互相监督、肝胆相照、荣辱与共"。人民政治协商会议是多党合作和政治协商的重要机构。坚持和完善共产党领导的多党合作和政治协商制度,有利于更好地加强和改善共产党的领导,更广泛地联系和团结各阶层群众,对于保持国家的长治久安,完成祖国统一大业,实现社会主义现代化建设任务,有着重大的现实意义和深远的历史意义。(2)民族区域自治制度。这是解决我国民族问题的基本制度。按照宪法和民族区域自治法规定,自治区、自治州、自治县的人民代表大会和人民政府是民族自治地方的自治机关,它们在行使本级国家机关职权的同时,拥有自治权,主要包括:一是自主管理本民族本地区的内部事务;二是享有制定自治条例和单行条例的权力;三是使用和发展本民族语言文字;四是尊重和保护少数民族宗教信仰自由以及保留民族风俗习惯;五是国家和全国各地支持民族自治地方的发展。民族区域自治制度既能发挥各少数民族和民族地区的积极性,又能保证中央必要的集中和祖国的统一,具有强大的生命力。(3)基层群众自治制度。这是我国城乡居民在基层党组织领导下,依托基层群众自治组织,直接行使民主选举、民主决策、民主管理、民主监督权利的政治制度,是中国特色社会主义政治发展的基础性制度。

3. 具体政治制度

中国特色社会主义具体政治制度,主要是指政治体制及其运行机制。它包括共产党的领导方式和执政方式,国家公务人员的选举制度,权力运行的制约和监督制度,各级党政干部的管理制度,以及基层群众自治的各项具体制度。党的领导方式和执政方式的要求是:坚持党总揽全局、协调各方原则,健全党的领导体制,规范党委与人大、政府、政协和审判、检察机关及人民团体的关系,实现科学执政、民主执政、依法执政。国家公务人员的选举制度,包括人大代表和各级政府领导干部的选举,必须实现制度化、规范化和程序化。权力运行的制约和监督制度,包括对国家公务人员的质询制、问责制、罢免制。干部管理制度,包括领导干部个人重大事项报告制度、述职述廉制度、民主评议制度、谈话诫勉制度和经济责任审计制度等。基层群众自治的具体制度,包括城乡社区组织的自我管理制度、以职工代表大会为基本形式的企事业单位民主管理制度、村民自治制度以及各种社会组织的民主管理制度等。

(三)中国特色社会主义文化制度

党的十五大报告在谈到中国特色社会主义文化时指出:建设中国特色社会主义文化,就是以马克思主义为指导,以培养有理想、有道德、有文化、有纪律的公民为目标,发展面向现代化、面向世界、面向未来的民族的科学的大众的社会主义文化。经过多年探索,党的十六大明确了我国文化体制改革的方向和目标,并要求"抓紧制定文化体制改革的总体方案"。党的十六届三中全会和四中全会又连续研究了文化体制改革问题。所有这一切,都为建立中国特色社会主义文化新制度奠定了基础。

在此基础上,党的十七大进一步强调:推动社会主义文化大发展大繁荣,必须坚持先进文化前进方向,建设社会主义核心价值体系,弘扬中华文化,建设和谐文化,推动文化创新,使人民基本文化权益得到更好保障,使社会文化生活更加丰富多彩,使人民精神风貌更加昂扬向上。党的十七届六中全会第一次以党的中央委员会全体会议的形式研究部署文化建设和发展问题。全会站在历史和时代的高度,全面部署了深化文化体制改革、推动社会主义文化大发展大繁荣的各项工作。党的十七届六中全会精神的全面贯彻落实,必将有力推动中国特色社会主义文化制度的发展和完善,从而在坚持和发展中国特色社会主义进程中开创社会主义文化建设新局面。

1. 社会主义核心价值体系

党的十六届六中全会指出："马克思主义指导思想,中国特色社会主义共同理想,以爱国主义为核心的民族精神和以改革创新为核心的时代精神,社会主义荣辱观,构成了社会主义核心价值体系的基本内容。"据此,建设社会主义核心价值体系,首先,必须始终坚持马克思主义在意识形态领域中的指导地位,推动马克思主义中国化、时代化、大众化,用发展着的马克思主义指导新的实践。其次,必须坚持不懈地用中国特色社会主义共同理想凝聚力量,广泛开展理想信念教育、国情教育和形势政策教育,引导广大干部群众深刻认识高举中国特色社会主义伟大旗帜的重大意义。再次,必须坚持不懈地用以爱国主义为核心的民族精神和以改革创新为核心的时代精神鼓舞斗志,大力弘扬爱国主义、集体主义、社会主义思想,增强全社会改革创新意识。最后,必须坚持不懈地用以"八荣八耻"为主要内容的社会主义荣辱观引领社会风尚,广泛开展世界观、人生观、价值观宣传教育,引导干部群众自觉遵守社会道德规范,形成知荣辱、讲正气的良好社会风气。

2. 弘扬中华文化,建设和谐文化

中华文化是中华民族生生不息、团结奋进的不竭动力。要全面认识中华传统文化,取其精华,去其糟粕。要十分珍惜和爱护中华民族历史上形成的优秀文化成果,加强优秀文化传统教育,开发利用民族文化丰富资源,重视文物和非文物遗产保护。同时要继往开来、与时俱进,使中华传统文化与当代社会相适应、与现代文明相协调,以适应人民群众精神文化生活需求的深刻变化,建设当代中华民族的共有精神家园;要加强对外文化交流,吸收各国优秀文明成果,增强中华文化的国际影响力。

和谐文化是一种提倡和奉行和谐理念的文化,是全体人民团结进步的重要精神纽带。加强和谐文化建设,反映了我们党对社会主义文化的新认识。建设和谐文化,要继续贯彻"二为"(为人民服务、为社会主义服务)方向和"双百"(百花齐放、百家争鸣)方针,着眼于增强公民、企业、各种组织的社会责任,把和谐社区、和谐家庭等创建活动同群众性精神文明创建活动结合起来,广泛吸引群众参与,推动形成我为人人、人人为我的社会氛围。要以相互关爱、服务社会为主题,深入开展城乡社会志愿服务活动,建立与政府服务、市场服务相衔接的社会志愿服务体系。要重视人们的精神文化生活,加强人文关怀和心理疏导,引导人们正确对待自己、他人和社会,正确对待

困难、挫折和荣誉。要加强心理健康教育和保健,健全心理咨询网络,塑造自尊自信、理性平和、积极向上的社会心态。

3. 推进文化创新,增强文化发展活力

以激发全民族文化创造力为目标,大力推进文化创新,对于社会主义文化大发展大繁荣具有十分重要的意义。推进文化创新,一是推进文化观念创新,观念不更新,就不会有创新的精神、创新的自觉、创新的行动。二是推进文化体制机制创新,通过体制机制创新,解放和发展文化生产力。三是推进文化内容创新,使文化产品更具实践性、时代性和民族性。四是推进文化形式创新,使文化内容通过群众喜闻乐见的多种形式,满足不同群体、不同层次人们的文化需求。五是推进文化业态创新。创新文化业态是文化发展的必然要求,要不断完善文化产业政策,加强文化市场建设和管理,注重培育新的文化产业生长点,形成特色鲜明的文化创新集聚区,促进文化产业大发展,使文化事业与文化产业相得益彰,把中国特色社会主义文化建设提高到新水平。

(四)中国特色社会主义社会制度

社会制度有广义和狭义之分。广义的社会制度,是指包括经济、政治、文化制度在内的一种总体性的社会形态或社会类型,如资本主义制度、社会主义制度等。狭义的社会制度,则是除了经济、政治、文化等制度之外同经济、政治、文化制度相并列的社会建设中各种制度的总称,是国家为扩大公共服务、促进社会公平正义、保障和改善民生以及为维护社会秩序而完善社会管理的一系列制度安排。我们这里所说的"中国特色社会主义社会制度",主要是从这个意义上讲的。

1. 保障与改善民生的社会体制

党的十七大从建设和谐社会、解决人民群众最关心、最直接、最现实的利益问题这一高度出发,强调要"在经济发展的基础上,更加注重社会建设,着力保障和改善民生,推进社会体制改革",努力使全体人民学有所教、劳有所得、病有所医、老有所养、住有所居。胡锦涛总书记在"7·23"重要讲话中对这"五有"再次进行了强调,指出:我们必须继续加强工作,多谋民生之利,多解民生之忧,解决好人民最关心最直接最现实的利益问题,在学有所教、劳有所得、病有所医、老有所养、住有所居上持续取得新进展,使改革发展成果更多更公平惠及全体人民,保证人民过上更好生活。

"学有所教",就是优先发展教育,促进教育公平,坚持教育公益性质,加大财政对教育的投入;优化教育结构,发展职业教育,鼓励和规范社会力量办教育;健全学生资助制度,保障经济困难家庭、进城务工人员子女平等接受义务教育;提高教育现代化水平,建设全民学习、终身学习的学习型社会。"劳有所得",就是坚持实施扩大就业战略,千方百计为劳动者创造就业机会、提供就业岗位,尤其是帮助就业困难群众解决就业问题,使所有有劳动能力和就业愿望的劳动者都能实现就业;逐步提高最低工资标准,建立企业职工工资正常增长机制和支付保障机制,提高劳动报酬在初次分配中所占的比重。"病有所医",就是建立基本医疗卫生制度,加快建设覆盖城乡居民的公共卫生体系、医疗保障体系和药品供应保障体系,为广大人民群众提供安全、有效、方便、价廉的医疗卫生服务。"老有所养",就是以社会保险、社会救助、社会福利为基础,以基本养老、基本医疗、最低生活保障制度为重点,促进企业、机关、事业单位基本养老制度改革,探索建立农村养老保险制度,加强老龄人服务工作,使所有老年人都能够分享经济社会发展的成果。"住有所居",就是把解决低收入家庭住房困难问题作为政府公共服务的重要职能,不断改善住房困难群众的居住条件;同时,把改善群众居住条件作为住房制度改革和房地产业发展的根本目的,多渠道筹集资金,健全廉租住房制度,加快中低价位普通居民的住宅建设。

2. 维护和谐稳定的社会管理体系

中国特色社会主义的社会管理体系,首先是健全和完善"党委领导、政府负责、社会协同、公众参与"的社会管理格局,通过建立综合管理部门,整合社会管理资源。其次是建立和完善社会"调解"工作体系,拓宽调解领域,创新调解机制,把人民调解、行政调解、司法调解、仲裁调解有机结合起来,提高调解工作的效率、效力和公信力。第三是推进户籍管理制度改革,建立城乡统一的户籍管理制度,保障农民迁徙和居住自由,把农村人口的社会流动纳入国家整体的社会流动,为根本解决农民工问题和统筹城乡发展创造有利条件。第四是建立社会治安动态防控机制和排查整治机制,完善社会治安形势的分析和预警工作,提高社会治安整体防控效能,实现社会治安的常态化管理。第五是建立群体性事件预防和应急机制,做好重大突发事件苗头隐患的排查、研判、报送和预警工作,提高应对和处置突发事件的能力和水平。第六是建立和完善重点人群的服务管理机制,包括加强和改进流动人口的服务管理,归正人员的安置帮教和社区矫正,加强高危人员的分类和动态管理,全面提升对重点人群的服务管理水平。最后是培育和发展包

括社团、行业组织、社区自治组织、社会中介组织和志愿者团体等在内的各
类社会组织,调动它们的积极性和创造性,发挥它们在社会管理中的作用。

3. 化解矛盾的社会利益协调机制

社会利益协调机制主要包括四个机制:第一,利益诉求表达机制。党和
政府要为各利益主体提供表达利益诉求的制度性平台。如推行领导干部接
待群众制度,完善党政领导和党的代表、人大代表、政协委员联系群众制度,
健全信访工作责任制,使各个利益主体的利益诉求能够通过正当的、规范的
渠道进入公共决策过程。同时,进一步完善和充分利用民意调查制度、信息
公开制度、听证会制度、协商谈判制度、公民投票制度等,把公众的利益诉求
纳入制度化、规范化、法制化轨道。第二,利益分配调节机制。政府调节收
入再分配的基本做法主要是:"提低"即提高低收入者的收入;"扩中"即扩大
中等收入者在人口中的比例;"调高"即调节过高收入者的收入;"取非",即
取缔各种非法收入。政府调节收入再分配的手段主要有两种:一种是通过
税收调节过高收入,另一种是通过建立社会保障体系,确保广大劳动群众特
别是困难群众的基本生活。第三,利益矛盾调处机制。利益矛盾调处机制
包括矛盾纠纷的排查和调处机制、矛盾突发事件应急管理机制和利益约束
机制。第四,基本权益保障机制。基本权益保障机制的建立,重点是解决困
难群众的基本生活保障问题,切实执行最低工资保障制度,提高城镇居民最
低生活保障标准,建立和实行农村居民最低生活保障制度。同时,不断完善
公共财政制度,调整财政收支结构,把更多的财政资金投向公共服务领域,
加大对教育、卫生、文化、就业再就业服务、社会保障、生态环境、公共基础设
施等方面的投入,逐步实现基本公共服务均等化。

4. 覆盖城乡居民的社会保障制度

中国特色社会主义的社会保障制度,是以社会保险、社会救助、社会福
利为基础,以基本养老、基本医疗、最低生活保障为重点的覆盖城乡居民的
社会保障制度。它包括企业、机关、事业单位和农村的基本养老保险制度,
城镇职工和居民的基本医疗保险制度,新型农村合作医疗制度,城乡居民最
低生活保障制度,失业、工伤、生育保险制度,困难群众救助制度,以扶老、助
残、救孤、济困为重点的社会福利制度以及农村"五保"供养制度等。

中国特色社会主义经济、政治、文化、社会制度,是中国特色社会主义道
路和中国特色社会主义理论体系的制度化、具体化,是党和人民长期奋斗、
逐步积累的实践成果,为当代中国的不断发展进步提供了根本制度保障。

四、中国特色社会主义制度建设面临的困难和挑战

高度重视制度建设是中国共产党在长期执政过程中获得的一条宝贵经验。十一届三中全会以来，我们党从理论与实践的结合上开展了大规模的对中国特色社会主义制度建设的探索，初步形成了一整套相互衔接、相互联系的制度体系。这套制度体系，顺应时代潮流，符合我国国情，解放和发展了生产力，调动了广大人民的积极性与创造性，维护了民族团结、社会稳定和国家统一。

然而，众所周知，我国目前还处在社会主义初级阶段，我国的社会主义制度还是初级阶段的社会主义制度。所谓"初级阶段"的社会主义制度，最主要的含义是，由于历史的原因，这种制度不是脱胎于马克思、恩格斯所构想的生产力高度发展的资本主义社会，而是脱胎于资本主义充分发展以前的社会——半殖民地半封建社会，是在生产力很不发达、经济基础十分薄弱的东方大国里建立起来的。虽然经过六十多年的发展，尤其是改革开放三十多年的发展，我们的经济建设取得了举世瞩目的辉煌成就，社会生产力、综合国力、人民生活水平、国际地位都有了大幅提升。但是，人口多、底子薄、城乡发展和地区发展不平衡的状况没有根本改变，人民日益增长的物质文化需要同落后的社会生产之间的矛盾仍然是我国现阶段社会的主要矛盾。因此，必须毫不动摇地坚持以经济建设为中心，继续聚精会神搞建设、一心一意谋发展，不断夯实社会主义制度的物质基础。生产力发展了，基础雄厚了，社会主义的制度才能更加牢固，其优势才能更好地发挥出来。

所谓"初级阶段"的社会主义制度，还意味着就其发展程度而言还很不成熟、很不完善。任何一种社会制度的建立和发展，都需要有一个从不成熟、不完善到逐步成熟、逐步完善的过程。初级阶段的社会主义制度，尤其是具体的制度、体制、机制，还存在种种缺陷和弊端，需要不断地进行改革。我们党在社会主义实践中经历过失误和挫折，对此有着深刻、清醒的认识。邓小平曾指出，旧中国留给我们的，封建专制传统比较多，民主法制传统比较少。"解放以后，我们也没有自觉地、系统地建立保障人民民主权利的各项制度，法制很不完备，也很不受重视"①。苏联发生过斯大林严重破坏社会

---

① 《邓小平文选》第二卷，人民出版社 1994 年版，第 332 页。

主义法制的事件,像这样的事件在英、法、美等西方国家不可能发生。为此,党的十三大提出了"通过改革和探索,建立和发展充满活力的社会主义经济、政治、文化体制"的任务。通过改革,目前我国的社会主义制度体系框架已经基本形成。但是,影响发展的体制机制障碍仍然存在,权力过于集中、监督不力、社会不公、贪污腐败等现象依然十分严重。这就说明,中国特色社会主义制度虽然已经基本确立,但还很不健全,更非尽善尽美、毫无缺陷,而是需要在不断改革中进一步发展和完善。

发展和完善中国特色社会主义制度是一项长期历史任务。邓小平曾指出:"我们搞社会主义才几十年,还处在初级阶段。巩固和发展社会主义制度,还需要一个很长的历史阶段,需要我们几代人、十几代人,甚至几十代人坚持不懈地努力奋斗,决不能掉以轻心。""恐怕再有三十年的时间,我们才会在各方面形成一整套更加成熟、更加定型的制度。"①所以,发展和完善中国特色社会主义制度仍然任重道远。

目前,中国特色社会主义制度还存在诸多问题,还面临一系列困难和挑战。这些问题和困难,首先表现为某些制度的缺失,制度体系不完备,制度运行机制不健全、不规范。中国特色社会主义事业涵盖经济建设、政治建设、文化建设、社会建设等各个领域,与此相对应,制度的设计也应体现在上述各个领域。但目前在我国,根本政治制度、基本政治制度和基本经济制度的轮廓和内容已较为清晰,而基本的文化制度和社会制度的框架和结构,却还缺乏必要的概括和总结。

除了制度体系不完备、运行机制不健全之外,现阶段我国制度建设存在的最大问题还在于:有制度但制度不落实,人们对于已有的制度不遵守、不按制度办事的现象在一定范围内存在。

造成这种状况的原因是多方面的。一是在思想观念上,严格遵守制度、自觉维护制度的科学理念在人们头脑中还没有牢固地树立起来,凭关系、靠人情办事的思想意识根深蒂固,导致一些人的行为失范,使得很多已经建立起来的制度形同虚设。

二是对于不遵守制度的种种行为,缺乏经常性的有效监督和遏制手段。久而久之,造成"托关系"、"走后门"的不良风气,出现一些把制度束之高阁、热衷于制度外活动的不正常现象,致使按制度办不成事、不按制度靠关系反而能办成事的"潜规则"现象时有发生。

---

① 《邓小平文选》第三卷,人民出版社1993年版,第379—380、372页。

三是各种违反制度的行为,有一些往往没有受到应有的惩罚。在现实生活中,之所以出现"有制度不落实"、"处处高压电、处处不带电"、"不靠制度靠关系"的现象,根源在于对各种违反制度的行为,缺乏强有力的惩治手段,违制行为成本过低。试想,如果对于违反制度的人和事,可以不了了之,不给予严厉的制裁,那么,即便是再好的制度也势必难以发挥作用。

五、创新和完善中国特色社会主义制度的思考

中国特色社会主义制度在实践中形成和发展,也必然要求它在新的实践中不断完善和创新。制度的创新,对于一个民族、一个国家、一个政党具有头等重要的意义,失去了创新精神的民族、国家和政党,就会失去前进的动力。胡锦涛总书记在"7·23"重要讲话中强调,我们要坚持把改革创新精神贯彻到治国理政各个环节,不断在制度建设和创新方面迈出新步伐。改革开放三十多年的实践证明,中国特色社会主义制度只有在实践的基础上不断创新,才能保持其继续发展的生机与活力。

(一)强化制度理念,营造按制度办事、"用制度管权管事管人"的良好
　　 社会氛围

党的十七大报告在谈到制度建设时提出了一个响亮的口号:"要坚持用制度管权、管事、管人"。在庆祝建党90周年大会上的讲话中,胡锦涛总书记再次重申了这一口号。对于制度建设的重要性,邓小平早在1980年就指出:我们过去发生的各种错误,固然与某些领导人的思想、作风有关,但是组织制度、工作制度方面的问题更重要。这些方面的制度好可以使坏人无法任意横行,制度不好可以使好人无法充分做好事,甚至会走向反面。因此,领导制度、组织制度问题更带有根本性、全局性、稳定性和长期性。这种制度问题,关系到党和国家是否改变颜色,必须引起全党的高度重视。[1] 过去了三十年之后,党的总书记再次强调这个问题,不仅表明制度问题的重要性,而且表明我们党对制度建设的重要性、操作性的认识,达到了一个新的水平。

要真正做到"用制度管权管事管人",就需要在我们头脑中牢固地树立

---

[1] 《邓小平文选》第二卷,人民出版社1994年版,第333页。

制度立国、制度理国、制度兴国的理念，在实践中坚决维护制度的权威性，形成以遵纪守法为荣、违法违规为耻的良好社会氛围，切实做到使我们的制度不因领导人的改变而改变，不因领导人的注意力的改变而改变。只有这样，才能使中国特色社会主义制度始终保持强大的生命力。

（二）推进党的制度建设，以党的制度建设带动和促进全社会的制度建设与创新

创新和完善中国特色社会主义制度，必须正确认识和处理好党的制度建设与全社会的制度建设之间的关系。

十一届三中全会以来，我们党一直高度重视党的制度建设。邓小平在总结我国民主法制建设的经验教训时指出，共产党要有党规党法，"没有党规党法，国法也就很难保障"。十七大之后，党中央多次强调，要把制度建设贯穿于党的思想建设、组织建设、作风建设和反腐倡廉建设之中，逐步实现党的制度建设的科学化、民主化、规范化。

推进党的制度建设对于推进中国特色社会主义制度建设具有极其重要的意义。这是因为我们党是执政党，而"共产党执政就是领导和支持人民掌握和管理国家权力，实行民主选举、民主决策、民主管理和民主监督"。党的十六大在阐述党内民主与人民民主的关系时指出，党内民主是党的生命，对人民民主具有重要的示范和带动作用。同样的道理，党的制度建设对于全社会的制度建设也具有重要的示范和带动作用。党的制度建设的好坏，直接关系到全社会制度建设的好坏。

推进党的制度建设，关键是要改革和完善党的领导制度，不断创新党的领导方式和执政方式，把创新党的领导方式和执政方式与党的制度建设有机结合起来。要按照科学执政、民主执政、依法执政的要求，建立科学高效的领导机制和工作机制，把各级领导班子建设成为坚定贯彻党的理论和路线方针政策、善于领导科学发展的坚强领导集体，以加强领导班子执政能力建设影响和带动全党，使党的全部工作始终符合时代要求和人民期待。

推进党的制度建设，要扩大党内民主，改革党内选举制度，强化党的代表大会的选举功能，实行党的代表大会代表任期制，保障党员的主体地位和民主权利；要完善党内民主决策机制，健全集体领导与个人分工负责相结合的制度，坚决克服违反民主集中制原则的个人独断专行现象；要加强党内民主监督，真正做到"制度面前没有特权、制度约束没有例外"。

（三）切实完善人民代表大会制度,确保人民代表大会拥有宪法赋予的最高权力

人民代表大会制度是我国的根本政治制度,是我国人民掌握国家政权、行使国家权力的根本途径。人民代表大会制度是否完善,是衡量中国特色社会主义政治制度是否完善的试金石。因此,完善中国特色社会主义制度,最重要的是完善人民代表大会制度。

我国宪法规定,人民代表大会是国家的权力机关,由民主选举产生,对人民负责,受人民监督。作为国家权力机关,人民代表大会负责选举产生国家行政机关、审判机关、检察机关,并监督它们执行人民代表大会决议的情况。中央人民政府,作为最高行政机关,与地方各级人民政府是领导关系;最高人民法院与地方各级人民法院是审判监督关系;最高人民检察院与地方各级人民检察院是领导关系。我国疆域辽阔,各地经济、文化、社会发展很不平衡,这种制度安排,有利于发挥中央和地方两个积极性。

不断完善人民代表大会制度,是发展中国特色社会主义民主政治的重要内容。从总体上看,改革开放以来我国人民代表大会制度得到了进一步的完善,人民代表大会积极履行宪法和法律赋予的权力与职能,人民代表大会的工作取得了丰硕的成果。但是,在人民代表大会的工作制度和运行机制上仍有许多方面需要完善。

完善人民代表大会制度,首先是要充分认识人民代表大会在国家政治生活中的地位和作用,确保人民代表大会拥有宪法赋予的国家最高权力。为此,要处理好党的领导与人民代表大会的关系,保证人民代表大会依法履行职能,善于使党的主张通过法定程序成为国家意志。同时,要密切人大代表与人民的联系,人大代表要倾听人民呼声、反映人民意愿、接受人民监督;要完善人民代表的选举制度,调整人大代表结构,实行城乡按相同人口比例选举人大代表,保证人大代表的广泛性;要加强人大常委会制度建设,优化组成人员的知识结构和年龄结构,加强立法和监督工作,使立法和决策更好地体现人民意志。

总之,要通过采取一系列措施,使我国的人民代表大会制度不断得到完善,保证其发挥国家最高权力机关的职能和作用。

（四）创新制度设计,调整权力结构,建立健全制度执行的制约监督机制

现阶段我国的制度运行中,之所以会大量出现有规不依、有章不循现象,很重要一个原因,就是由于我们缺乏一整套对违规违制现象进行有效监

督和制约的体制和机制,其根源在于我们在制度设计时,权力制衡意识不强,缺乏对制度执行的制约机制的整体谋划。因此,我国现行的制度设计要创新。对于那些破坏制度、不按制度办事的人和事,应该怎么办? 由谁来监督、怎么监督? 由谁来惩治、如何惩治? 等等,都需要在制度设计中将这些因素考虑在内。党的十七大报告在论述如何用制度管权管事管人时,提出了指导性的意见,这就是:建立健全决策权、执行权、监督权三权既相互制约又相互协调的权力结构和运行机制。决策权、执行权、监督权三权相互制约和协调的制度安排与运行方式,无疑是中国特色社会主义制度建设的一大创新。

（本题作者:叶庆丰　王　勇）

第六题

中国特色社会主义经济理论创新

中国特色社会主义经济理论就是社会主义市场经济理论。在社会主义条件下发展市场经济,是一个前无古人的伟大创举;在社会主义市场经济实践中逐步创立的社会主义市场经济理论,是马克思主义经济理论中国化和时代化的一个全新的理论成果。经过中国人民三十多年的不懈努力,以经济改革、市场经济、经济制度、分配方式、科学发展和对外开放为主要内容的社会主义市场经济基本理论框架已经初步形成。在新的形势下能否坚持用中国特色社会主义经济理论这一马克思主义中国化的最新成果指导实践,能否及时回答实践提出的新课题,在新的实践基础上作出新的理论概括并不断丰富和发展它,关系着中国特色社会主义伟大事业的发展,关系着中国的前途命运。

一、社会主义市场经济理论的提出是对马克思主义经济学的重大创新

马克思和恩格斯在批判资本主义,揭示其发展趋势时,曾对未来的新社会提出过一些原则性的设想。恩格斯曾明确说过,当资本主义消亡以后,"一旦社会占有了生产资料,商品生产就将被消除,而产品对生产者的统治

也将随之消除。社会生产内部的无政府状态将为有计划的自觉的组织所代替"①。列宁也明确指出:"只要还存在着市场经济,只要还保持着货币权力和资本力量,世界上任何法律都无法消灭不平等和剥削。只有建立起大规模的社会化的计划经济,一切土地、工厂、工具都转归工人阶级所有,才可能消灭一切剥削。"②

需要指出的是,第一,马克思主义经典作家所设想的未来的社会是在资本主义社会生产力高度发展的基础上产生的,而现实的社会主义国家却是在资本主义并没有高度发展,甚至没有什么发展的基础上建立起来的。因此,当社会主义还处在生产力没有高度发展的历史阶段时,是否一定要消灭商品经济,马克思和恩格斯并没有也不可能作出明确的回答。相反,他们却明白无误地指出:"我们是不断发展论者,我们不打算把什么最终规律强加给人类。"③第二,马克思在《资本论》中已经给我们提供了探索公有制社会商品货币问题的思路。例如,马克思认为,最早的商品交换发生在私有制出现之前,"商品交换是在共同体的尽头,在它们与别的共同体或其成员接触的地方开始的。但是物一旦对外成为商品,由于反作用,它们在共同体内部也成为商品"④。第三,随着实践的发展,即使马克思主义经典作家自己也会根据新的实践对自己原有的理论进行修改和补充。例如,列宁在1921年实行"新经济政策"时,就提出在社会主义的过渡时期要保留商品货币关系,要采取市场经济形式等。

列宁的"新经济政策"虽然是一个更贴近生产力落后国家社会主义建设实际的新思路,但到了20世纪20年代末期苏联第一个五年计划开始实施时,实际上就已经结束。相反,正是在这个时期开始形成了高度集中的计划经济模式。这种模式的主要特点是:通过国家计划用行政命令的办法自上而下地配置资源;在生产领域排斥价值规律和市场的作用;在分配领域搞平均主义。对这一模式进行的理论概括主要体现在1952年斯大林发表的《苏联社会主义经济问题》一书中。其理论观点是:第一,全民所有制企业生产的生产资料不是商品;第二,价值规律对生产不起调节作用;第三,逐步缩小商品流通的范围,扩大产品交换。斯大林认为,从社会主义向共产主义过渡,是排斥任何商品交换的,"为了把集体农庄所有制提高到全民所有制的

① 《马克思恩格斯文集》第3卷,人民出版社2009年版,第564页。
② 《列宁全集》第13卷,人民出版社1987年版,第124页。
③ 《马克思恩格斯文集》第4卷,人民出版社2009年版,第561页。
④ 《马克思恩格斯文集》第5卷,人民出版社2009年版,第107页。

水平,必须将集体农庄生产的剩余品从商品流通系统中排除出去",要创造条件"毫不犹豫地"把"集体农庄生产的产品纳入全民计划的总系统中"。①

根据斯大林的上述观点和苏联社会主义模式,我国在 20 世纪 50 年代形成了高度集中的计划经济。它在当时国民经济发展水平较低、经济结构较为简单的特定条件下,对于集中人力、物力和财力,保证国家重点项目建设,初步奠定社会主义的物质基础;对于解决当时财政困难,制止通货膨胀,使广大劳动群众迅速摆脱极端贫困状态等,曾经起过积极作用。然而,随着经济规模不断扩大,经济联系日益复杂,这种经济的弊端就不断地暴露出来。其主要表现是:(1)忽视商品生产和价值规律的作用。计划体制排斥商品经济的发展和价值规律的作用,政府主要通过行政指令的办法,自上而下地配置资源。借助于行政手段来组织和管理经济,易于造成经济计划与实际经济的脱节。(2)政企不分。由政府决定企业生产什么、生产多少、怎样生产,企业没有生产经营自主权,不能根据市场需要进行决策,缺乏提高劳动生产率的积极性。(3)条块分割。企业分别隶属于不同的行政部门,人为地割断了国民经济内在的横向分工协作关系,造成大量的低水平重复建设等资源浪费现象,阻碍了技术进步和劳动生产率的提高。(4)平均主义。国家统收统支、大包大揽,割断了国家与企业、企业与劳动者的贡献和收入之间的物质利益联系,造成企业吃国家的"大锅饭",职工吃企业的"大锅饭"状况,企业和劳动者缺乏生产的积极性、主动性和创造性。这些弊端在计划经济建立的初期就存在,但表现得并不明显。随着时间的推移和客观经济条件的变化,这一模式固有的压抑微观经济主体积极性和创造精神,严重束缚生产力发展的弊端就日益暴露出来。

传统计划经济的要害是否认物质利益原则,束缚了社会生产力的发展。邓小平作为中国改革开放的总设计师,作为社会主义市场经济理论的开创者,对这一弊端有着深刻的认识,并在此基础上提出了对其进行根本性变革的历史性任务。他在 1978 年 12 月 13 日中央工作会议闭幕会上就指出:"不讲多劳多得,不重视物质利益,对少数先进分子可以,对广大群众不行,一段时间可以,长期不行。革命精神是非常宝贵的,没有革命精神就没有革命行动。但是,革命是在物质利益的基础上产生的,如果只讲牺牲精神,不讲物质利益,那就是唯心论。"②因此,根据我国的实际情况,改变传统计划经济,

---

① 《斯大林文集》,人民出版社 1985 年版,第 671、672 页。

② 《邓小平文选》第二卷,人民出版社 1994 年版,第 146 页。

提出新的经济发展理论,建立适合社会生产力发展要求的新的经济模式,就成为进行社会主义现代化建设的必然要求。

邓小平在 1979 年 11 月 26 日会见美国不列颠百科全书出版公司编委会副主席吉布尼等人时说:"说市场经济只存在于资本主义社会,只有资本主义的市场经济,这肯定是不正确的。社会主义为什么不可以搞市场经济……""市场经济不能说只是资本主义的。市场经济,在封建社会时期就有了萌芽。社会主义也可以搞市场经济。"①1985 年 10 月,他更明确地提出:"社会主义和市场经济之间不存在根本矛盾。问题是用什么方法才能更有力地发展社会生产力。我们过去一直搞计划经济,但多年的实践证明,在某种意义上说,只搞计划经济会束缚生产力的发展。把计划经济和市场经济结合起来,就更能解放生产力,加速经济发展。"②1987 年 2 月,他在与几位中央负责同志的谈话中进一步指出:"为什么一谈市场就说是资本主义,只有计划才是社会主义呢? 计划和市场都是方法嘛。只要对发展生产力有好处,就可以利用。它为社会主义服务,就是社会主义的;为资本主义服务,就是资本主义的。"③1990 年 12 月,邓小平非常明确地指出:"我们必须从理论上搞懂,资本主义与社会主义的区分不在于是计划还是市场这样的问题。社会主义也有市场经济,资本主义也有计划控制。不要以为搞点市场经济就是资本主义道路,没有那么回事。连世界上的信息都不知道,是自甘落后。"④1992 年初,为了验证自己的论断,88 岁高龄的邓小平视察中国南方,通过总结这些地区搞市场经济快速发展的实践经验,他更加坚定地指出:"计划多一点还是市场多一点,不是社会主义与资本主义的本质区别。计划经济不等于社会主义,资本主义也有计划;市场经济不等于资本主义,社会主义也有市场。计划和市场都是经济手段。"⑤这就从根本上解除了把计划经济和市场经济看做是社会制度属性的传统思想束缚,解决了社会主义可以搞市场经济这个长期争论不休、阻碍我们前进的重大理论问题,为马克思主义经济学的创新作出了历史性的重大贡献。

1992 年 6 月 9 日,江泽民在中共中央党校省部级干部进修班上作了题为《深刻领会和全面贯彻落实邓小平同志的重要讲话精神,把经济建设和改

---

① 《邓小平文选》第二卷,人民出版社 1994 年版,第 236 页。
② 《邓小平文选》第三卷,人民出版社 1993 年版,第 148—149 页。
③ 《邓小平文选》第三卷,人民出版社 1993 年版,第 203 页。
④ 《邓小平文选》第三卷,人民出版社 1993 年版,第 364 页。
⑤ 《邓小平文选》第三卷,人民出版社 1993 年版,第 373 页。

革开放搞得更快更好》的重要讲话。这篇讲话,以邓小平社会主义市场经济理论为指导,首次提出:"改革的一个核心问题,就是要从根本上改变束缚生产力发展的原有经济体制,建立充满生机与活力的新经济体制。"①江泽民进一步指出:"经过十多年的摸索和总结国内外经验,我们对建立社会主义的新经济体制在理论上、实践上的认识,已经比较成熟了……我觉得使用'社会主义市场经济体制'是可以为大多数干部和群众所接受的。"②江泽民在党的十四大报告中指出:改革是一次伟大的革命。它"不是原有经济体制的细枝末节的修补,而是经济体制的根本性变革"。并正式宣告:我国"经济体制改革的目标,是在坚持公有制和按劳分配为主体、其他经济成分和分配方式为补充的基础上,建立和完善社会主义市场经济体制","我们要建立的社会主义市场经济体制,就是要使市场在社会主义国家宏观调控下对资源配置起基础性作用"。③ 从此,我国经济改革沿着建立社会主义市场经济的目标不断向前推进。

党的十五大对社会主义市场经济基本经济制度、国有企业改革和分配制度改革提出一系列新的理论观点,进一步丰富了社会主义市场经济理论。党的十五大报告指出:"建设有中国特色社会主义的经济,就是在社会主义条件下发展市场经济,不断解放和发展生产力。这就要坚持和完善社会主义公有制为主体、多种所有制经济共同发展的基本经济制度;坚持和完善社会主义市场经济体制,使市场在国家宏观调控下对资源配置起基础性作用;坚持和完善按劳分配为主体的多种分配方式,允许一部分地区一部分人先富起来,带动和帮助后富,逐步走向共同富裕;坚持和完善对外开放,积极参与国际经济合作和竞争。保证国民经济持续快速健康发展,人民共享经济繁荣成果。"④党的十六大提出了发展社会主义市场经济必须做到"两个毫不动摇"和"一个统一于"的新论断,提出了"完善保护私人财产的法律制度",提出了健全现代市场体系和转变政府职能的新要求,提出了要"确立劳动、资本、技术和管理等生产要素按贡献参与分配"的新原则。党的十六届三中全会讨论通过了《中共中央关于完善社会主义市场经济体制若干问题的决定》。《决定》总结了二十多年改革开放的历史经验,在理论与实践的结合上又对社会主义市场经济理论有重大的突破和创新。

---

① 《十三大以来重要文献选编》下,人民出版社 1993 年版,第 2064 页。

② 《江泽民文选》第一卷,人民出版社 2006 年版,第 202 页。

③ 《江泽民文选》第一卷,人民出版社 2006 年版,第 212、219、226 页。

④ 《江泽民文选》第二卷,人民出版社 2006 年版,第 17 页。

党的十七大是在我国发展的新的历史起点上召开的一次具有重大而深远意义的大会。在胡锦涛总书记代表新一届党中央所作的《高举中国特色社会主义伟大旗帜，为夺取全面建设小康社会新胜利而奋斗》的报告中，对我国在新的历史起点上发展社会主义市场经济提出了一系列的新思想和新观点，为社会主义市场经济理论增添了新内容：第一，提出要把坚持社会主义基本制度同发展市场经济结合起来，促进国民经济又好又快发展的关键是加快转变经济发展方式的新论断；第二，提出要把发展社会主义市场经济与建设生态文明结合起来，坚持全面协调可持续发展，坚持生产发展、生活富裕、生态良好的文明发展的新道路；第三，提出要统筹城乡发展、区域发展、经济社会发展、人与自然和谐发展、国内发展和对外开放，统筹中央和地方关系，统筹个人利益和集体利益、局部利益和整体利益、当前利益和长远利益，充分调动各方面积极性的新要求；第四，提出要把"引进来"和"走出去"更好结合起来，扩大开放领域，优化开放结构，提高开放质量，完善安全高效的开放型经济体系的新战略。

总之，改革开放三十多年的伟大实践呼唤着经济理论的创新，而社会主义市场经济理论的提出和完善又推动着改革开放的不断深化，在改革实践和理论创新的相互交映下形成和发展着中国特色社会主义经济学的理论创新。

二、社会主义制度与市场经济的有机结合

社会主义制度与市场经济能不能结合，在中外经济学界是一个长期争论而不得其解的基本问题。问题发生在 20 世纪 20 至 30 年代西方学界关于社会主义与市场经济的大讨论。奥地利经济学家米塞斯 1920 年春发表了一篇题为《社会主义制度下的经济计算》的文章，针对一些社会主义者关于社会主义可以利用市场解决计算问题的看法，他强调这些人没有看到要把市场和它的价格形成的功能同以生产资料私有制为基础的社会分离开来是不可能的。他认为，市场是资本主义制度的核心，是资本主义的本质，而在社会主义条件下，市场是不可能人为仿制的。社会主义国家只能由国家或从事国家事务的人支配资本。社会主义就是要消灭市场，它与市场经济是水火不相容的。他在这篇文章的最后指出：问题仍然是二者必居其一，要么是社会主义，要么是市场经济。在这场争论中，虽然有一些不同观点，但长期以来统治人们思想认识的则是米塞斯的结论。

要将社会主义制度与市场经济结合起来,就必须打破这一思维定式。而邓小平在创立社会主义市场经济理论过程中的最主要贡献之一,就在于打破了这一禁锢人们思想长达半个多世纪的传统观念。根据邓小平的有关论述,我们认为,市场经济作为资源配置方式与社会主义作为人们追求的先进的社会制度是完全可以结合起来的。

市场是配置社会资源的最有效方式。在社会经济发展的一定阶段,相对于人们的需求而言,资源总是表现出相对的稀缺性。这就要求人们对有限的、相对稀缺的社会资源进行合理配置,以最少的资源耗费生产出最多的产品和劳务。在社会化大生产条件下,资源配置主要有计划和市场两种方式。计划配置方式是指由政府制定国民经济发展计划,以计划配额、行政命令来统管资源和分配资源。以计划方式配置资源,在一定条件下,有可能从整体上协调经济发展,集中力量完成重点建设项目。但是,配额排斥选择,统管排斥竞争,从而容易出现资源闲置或浪费、经济僵滞的现象。在经济结构简单、人们需求单一的情况下,计划配置有其简便和直接的功效。例如,在我国第一个五年计划时期,这种方式就比较成功。但是,随着经济规模的扩大,经济结构、产业结构、产品结构的复杂化,人们需求的多样化,这种主要以国家计划配置资源的方式,就越来越不利于资源的优化配置了,必须采取市场配置的方式。

市场配置资源是通过市场机制的作用能动地实现的。市场机制是指市场各主要因素,即市场供求、价格、竞争之间相互联系、相互制约、相互作用的过程和机理。市场供求指的是能够提供给市场的商品及劳务和人们对商品及劳务的有支付能力的需求两个方面。供求是随着社会分工的发展出现了生产的单一性与需要的多样性之间的矛盾而出现的。供求双方既相互对立又相互依赖,构成市场机制的基础要素。市场价格是市场价值的货币表现。供求变化在市场上引起价格的波动,价格的波动又会引起供求的变化,价格作为联结供求双方利益的纽带成为市场机制的核心要素。市场竞争是市场主体之间围绕商品质量和价格等方面进行的经济较量。在发达的市场经济中,竞争渗透在生产和流通的各个环节,涉及生产的各种要素,其中最重要的是科技和人才的竞争。只有竞争,才能使价格随供求的变化而波动;只有竞争,才能使价值规律得以贯彻;只有竞争,才能使经济充满活力。所以,竞争是市场机制的灵魂。市场机制配置资源的作用正是在供求、价格和竞争三大要素的相互依赖、相互作用的过程中实现的。市场主体的内部动力和竞争压力形成一种客观的强制,迫使他们去改进技术,改善经营管理,节约社会资源或劳动消耗,在优胜劣汰中促进技术不断进步,生产力不断提高。

市场经济能够不断推动生产向新的领域和新的层次发展。为交换而生产是市场经济的本质特征,交换范围的不断扩大是它生存和发展的条件。为此,它不仅要积极开拓国内市场,而且要扩展国际市场。马克思、恩格斯在《共产党宣言》中,详细地论述了由于美洲新大陆的发现,绕过非洲的新航道的开辟,如何为新兴资产阶级开辟了新的活动空间。而交换的扩大,需求的增加又如何推动了产业革命的发展。市场不仅可以从外延上扩大交换的范围,还可以从内涵上不断增加生产的容量。马克思在《〈政治经济学批判〉导言》中阐述的生产和消费辩证关系的原理告诉我们,生产不仅依赖于消费,它还可以通过市场转化为消费。一种新产品问世以前,人们并没有对这种产品的直接需求,可是一旦它进入市场,就会引发人们产生新的消费需求。比如,买西装就会引起对皮鞋和领带的需求等。市场成为创造需求进而开辟生产新领域的先导,通过市场配置社会资源的市场经济推动着生产向深度和广度不断发展。

市场经济在配置资源方面有其自身的优势,但也存在着它固有的缺陷。市场本身无力解决社会化大生产所要求的社会总供给和社会总需求的平衡和产业结构合理化的问题;市场调节的分配功能在于促进提高效率,但完全由市场自发地进行分配又会造成收入高低悬殊,甚至出现两极分化;市场无法解决公共产品的生产问题,例如国民经济正常发展所必需的公共基础设施、生态平衡、环境保护等一些不以盈利为目的的投资项目,这些问题靠市场机制是难以解决的。虽然当代资本主义国家对市场机制的自身缺陷也力图通过国家的干预措施加以解决,但由于其制度本性,第一,它不可能从根本上解决宏观平衡与微观效益之间的矛盾,因而难以避免经济发展中的剧烈波动;第二,它不可能从根本上解决社会的两极分化问题,难以实现共同富裕。而作为建立在公有制基础上的崭新的社会制度,社会主义能够有效地解决以上这些问题。

能够辩证地处理市场机制与宏观调控的关系,是社会主义制度优越性的一个重要特征。我国坚持公有制为主体的社会经济制度,在关系国民经济命脉的重要行业和关键领域,公有制经济占据绝对的统治地位。国家有足够的力量通过确定国民经济发展的战略目标和对经济发展趋势做出的预测,调节总量平衡和调整重大产业结构,保持生态平衡和矫正经济运行中出现的重大失误,保护公平竞争和调节社会分配不公等。因而,社会主义制度易于从反映社会总体经济利益关系和长期发展要求出发,调节国民经济中社会总供给和社会总需求之间的总量平衡和结构平衡,并对整个国民经济活动进行预测、规划和指导,引导社会经济运行的方向,保障社会经济持续健康发展。邓小平也曾指出,"我们是社会主义国家,社会主义制度优越性的根本表现,就是能够允许社会生产力以旧社会所没有的速度迅速发展"①。他又说:"要坚持社会主义制度,最根本的是要发展社会生产力,这个问题长期以来我们并没有解决好。社会主义优越性最终要体现在生产力能够更好地发展上。"②

在生产力发展的基础上逐步实现共同富裕是社会主义制度优越性的又一重要特征。市场经济要求在公平竞争的基础上实现资源配置的高效率,但在现实的经济活动中却很难做到公平与效率的统一。社会主义制度为实现二者的统一提供了最有效的手段。它为劳动者提供了公平的竞争机会;它能够在保证经济效率的基础上通过有力的手段对人们的收入状况进行调节;它能够在更广的范围内实现社会帮助。为了实现共同富裕,我们鼓励一部分地区、一部分人先富起来,通过先富帮后富,最终走上共同富裕的道路。为了在保证效率的前提下,实现社会公平,国家可以运用各种经济手段来调节社会收入分配,防止贫富两极分化;对于经济落后地区和贫困地区,国家可以采取财政转移支付和税收优惠政策来加以扶持;等等。

能够在比较落后的大国通过最大限度地集中人力、物力和财力优先发展一批重点骨干企业带动一批重点产业,最终带动整个国民经济快速发展,这是社会主义制度优越性的再一个重要特征。在日趋激烈的国际经济竞争和综合国力较量中,我国面临发达国家在经济、军事和科技上占有优势的巨大压力。在这种情况下,我们既要加快工业化和现代化的进程,又要保持国家经济安全和社会稳定。这就要求我们必须在一些关键领域和关键技术上有所突破。集中力量办大事,是社会主义制度优越性的突出特点,是实现我国经济和社会长期稳定发展的重要条件。

因此,社会主义市场经济是市场机制与社会主义基本制度相结合的市场经济。我们可以将社会主义市场经济的含义概括为:社会主义市场经济是社会主义条件下市场对资源配置起基础性作用的经济,是市场经济的运行机制与社会主义制度相结合的经济。

---

① 《邓小平文选》第二卷,人民出版社 1994 年版,第 128 页。

② 《邓小平文选》第三卷,人民出版社 1993 年版,第 149 页。

三、公有制与市场经济的相互兼容

社会主义制度与市场经济相结合的关键是公有制能否与市场经济相兼容。传统的大一统的公有制超越了我国现实生产力水平,与市场经济是无法兼容的。因此,探讨公有制与市场经济相兼容的核心在于对传统公有制的改革。这种改革包括两个方面的内容,一是打破公有制的一统天下,形成在公有制为主体条件下的所有制结构的多元化,实现在宏观层面公有制与市场经济的兼容;二是打破公有制单一的实现形式,形成股份制为主要形式的公有制实现形式的多样化,实现在微观层面公有制与市场经济的兼容。

我国所有制结构和公有制实现形式的改革过程可以大致分为四个阶段:第一阶段,从十一届三中全会到十三大,突破了单一的公有制结构,以公有制为主体、国有经济为主导的前提下,确认劳动者的个体经济是社会主义经济必要和有益的补充。第二阶段,从十三大到十四大,先是将社会主义经济的补充成分由个体经济扩大到私营经济和外资经济,然后明确多种经济成分长期共同发展,不同经济成分可以实行联合经营,接着提出建立产权清晰、权责明确、政企分开、管理科学的现代企业制度。第三阶段,从十四大到十六大,尤其是十五大报告在所有制问题上实现了一系列的理论突破。包括:第一,认为继续调整和完善所有制结构是经济体制改革的重大任务;第二,指出一切符合"三个有利于"的所有制形式都可以而且应该用来为社会主义服务,公有制实现形式可以而且应当多样化;第三,提出股份制是国有经济的主要实现形式;第四,提出公有制为主体、多种所有制经济共同发展是我国社会主义初级阶段的一项基本经济制度;第五,对公有制经济的内涵作了新的界定,指出公有制经济不仅包括国有经济和集体经济,还包括混合所有制经济中的国有成分和集体成分;第六,对公有制为主体作了进一步的说明,公有制为主体主要是指公有资产在社会总资产中占优势,主要体现在国有经济对国民经济的控制力上。第四阶段,十六大以后在所有制问题上的新发展。第一,"两个毫不动摇"和一个"统一于",即毫不动摇地巩固和发展公有制经济,毫不动摇地鼓励、支持和引导非公有制经济发展;坚持公有制为主体、促进非公有制经济发展要统一于社会主义现代化建设的进程中。第二,继续调整国有经济布局和结构,改革国有资产管理体制,建立中央政府和地方政府分别代表国家履行出资人职责,享有所有者权益,权利义务和责任相统一,管资产和管人、管事相结合的三级国有资产管理体制。第三,积极推行公有制的多种有效实现形式,大力发展国有资本、集体资本和非公有制资本等相互参股的混合所有制经济,实现投资主体的多元化,使股份制成为公有制的主要实现形式。第四,提出建立健全归属清晰、权责明确、保护严格、流转顺畅的现代产权制度等。通过以上改革,我国的所有制结构和公有制实现形式逐渐实现了多元化,以公有制为主体、多种所有制经济共同发展的新格局基本形成。公有制与市场经济的相互兼容,无论是从宏观上还是从微观上都基本上得到了体现。

发展社会主义市场经济,必须毫不动摇地巩固和发展公有制经济。因为,公有制经济的存在和发展是社会主义市场经济的一个重要特征,以公有制为主体,是社会主义初级阶段基本经济制度的基本内容。虽然从市场经济发展和市场交换的角度看,不同所有制经济之间的关系是平等竞争关系,它们之间没有高低主次之分,但从生产关系的角度看,不同所有制经济在社会主义市场经济体制中的地位和作用是有明显区别的。公有制为主体,是社会主义经济制度的基础,也是多种所有制经济发展的基础。坚持公有制为主体,毫不动摇地巩固和发展公有制经济,有利于消灭剥削,消除两极分化,实现共同富裕;有利于长期利益与短期利益的协调和统一;有利于推动基础产业和高科技产业的发展,走以信息化带动工业化的新型道路。对我国这样一个发展中的社会主义大国来说,毫不动摇地巩固和发展公有制经济,是实现经济社会稳定持续和自主发展的重要条件。

发展社会主义市场经济,必须毫不动摇地鼓励、支持和引导非公有制经济发展。因为,作为非公有制的个体、私营经济,具有明晰的产权关系、自主的经营决策、灵活的运行机制。这些特点与市场经济的要求是天然吻合的。非公有制经济的存在与发展,不仅有利于促进资源的优化配置和利用,而且有助于市场交易秩序和市场竞争体制的形成。作为非公有制的外资经济,是我国全面参与经济全球化,实现与世界市场经济接轨的一个重要的经济载体,在国际竞争大舞台上将发挥日益重要的作用。在经济全球化的大背景下,世界范围内的信息和技术的快速流动,各国资本的相互融合,资源在全球范围内的优化配置和共享,是各国经济发展不可阻挡的大趋势。国外资本和技术与国内资本和技术的融合,是我国市场经济融入世界经济大市场实现加速发展的一个必要条件。

非公有制经济不但为我国市场经济的正常运行和发展提供了必要条件,还为公有制经济的改革和发展提供了有力的支持。它适应市场经济发展的内在经营机制,为公有制经济的改革提供了借鉴;它的发展为吸收国有经济下岗职工和社会大量的剩余劳动力开辟了广阔的就业领域;它为国民经济的发展提供了资金支持和新的发展动力。从这些方面看,非公有制经济的存在和发展是我国社会主义市场经济发展不可缺少的一个重要组成部分,甚至可以说,没有多种多样的所有制经济的共存和发展,就没有我们今天的国民经济的繁荣。

发展社会主义市场经济,必须坚持在社会主义现代化建设进程中实现公有制经济与非公有制经济共同发展。我国改革开放的实践充分证明,公有制经济与非公有制经济在社会主义市场经济发展过程中,是完全可以结合和统一起来的。实现这种结合和统一,关键是在投资主体多元化基础上的公有制实现形式的多样化。从宏观层面上看,它要求改变现行的国有资产管理体制,实行政资分开,建立专司其职的国有资产管理机构,实现所有权与经营权的彻底分离;在微观层面上则要求形成多元投资主体,即国家、企业法人、私人、职工个人、外商等,在多元投资主体形成的混合所有制经济中,各种所有制经济相互取长补短。因此,在整个国民经济中,公有制为主体体现在国有经济控制国民经济命脉上,在混合所有制企业中,公有资产占优势体现在公有资本在股权结构中的支配力和控股地位。所以,坚持公有制为主体,促进非公有制经济发展,是完全可以统一起来的。

发展社会主义市场经济,必须着力形成各种所有制经济平等竞争、相互促进的新格局。要坚持平等保护物权,保护一切市场主体的平等法律地位和发展权利。国家、集体、私人的物权和其他权利人的物权受到法律保护,任何单位和个人不得侵犯。

四、在经济发展过程中实现效率与公平的有机统一

所有制度决定分配制度,分配制度是所有制度的实现形式。在社会主义市场经济中,我们建立了公有制为主体、多种所有制经济共同发展的基本经济制度,这一制度必然要求建立以按劳分配为主体、多种分配方式并存的分配制度。按劳分配为主体包括两层含义:在整个社会分配方式中,按劳分配为主体,决定社会主义初级阶段分配的基本性质;在公有制经济中,劳动者的按劳分配收入在个人收入总额中占主体,决定着劳动者平等的主人翁地位。多种分配方式并存,主要是指在坚持按劳分配为主体的同时,允许按照资本、知识、技术、信息、管理、土地和其他自然资源等生产要素所有权分配,它们与按劳分配一起共同存在于社会主义市场经济中。

在社会主义市场经济中,各个市场主体在产权上的独立性和排他性,决

定了生产成果分配上的确定性,即凡是市场经济的参与者,无论其生产资料的所有制性质有何不同,他们在市场经济中的地位都是相同的,他们都是平等的市场主体,都有权根据自己生产要素的贡献获取回报。而且,包括资本、土地、技术和管理等生产要素是商品生产不可缺少的重要条件,但这些生产要素是相对有限的,将有限的稀缺的资源通过市场进行合理配置,以充分发挥它们的效用,就必须让其所有者在经济利益上得到应有的回报。在社会主义市场经济中,掌握了科学技术、拥有知识的劳动者是高级复杂劳动者,他们的劳动在相同的时间内可以创造更多的价值,相应也应该得到更多的劳动报酬,这样才能不断提高物质资源和人力资源的使用效率,最大限度地增加社会财富。

分配制度的最终决定因素是社会生产力水平。我国社会主义初级阶段的生产力水平的多层次和不平衡是分配方式呈现多样性的深层次原因。实行按劳分配为主体、多种分配方式并存的分配制度,适应社会主义初级阶段生产力发展水平,有利于调动各个社会阶层的积极性,有利于高效配置各种经济资源进行现代化建设。

实行按劳分配为主体、多种分配方式并存的分配制度,必然会引起收入的差别,产生公平与效率的矛盾。因此,在社会主义市场经济中就要注意分配领域(包括初次分配和再分配)的效率与公平相统一原则。市场经济中的效率指的是在资源有效配置的前提下经济效益的较快增长,它是人与自然之间实现物质变换快慢的重要标志,是遵循价值规律要求的重要体现。效率实质上体现的是生产力发展的要求。社会主义的首要任务是发展社会生产力,因而必须把效率放在经济活动的中心位置上。公平不是平均,实现共同富裕是公平的最终体现。公平以效率为前提,只有在高效率的基础上,才有可能实现真正的公平。邓小平指出:"我们提倡按劳分配,对有特别贡献的个人和单位给予精神奖励和物质奖励;也提倡一部分人和一部分地方由于多劳多得,先富裕起来。这是坚定不移的。但是也要看到一种倾向,就是有的人、有的单位只顾多得,不但不照顾左邻右舍,甚至不顾及整个国家的利益和纪律。……这就造成不合理的苦乐不均,造成新的社会问题。"①逐步实现共同富裕是发展社会主义市场经济的目标。鼓励一部分人通过诚实劳动和合法经营先富起来,可以形成示范效应,并带动和帮助后富。在不同发展阶段,共同富裕应有不同的标准。但无论在哪个阶段,国家都要通过收入

---

① 《邓小平文选》第二卷,人民出版社 1994 年版,第 258 页。

分配政策和税收政策等调节过高收入,保障低收入居民的基本生活,防止贫富悬殊和两极分化,保持社会稳定。

发展社会主义市场经济,必须体现公平与效率相统一的原则。所谓"公平与效率的统一",主要含义是:(1)既不过分强调效率,适当追求较高的效率,也不过分强调公平,要保证相对的社会公平。这样的公平与效率是相互结合而不是相互排斥的。(2)效率是实现公平的条件,而不以牺牲公平为前提;同样,公平也是保持和提高效率的条件,而不以损失效率为前提。这样的公平与效率是互为条件和前提的。(3)进一步说,公平水平的提高会带来和促进效率水平的提高;同样,效率水平的提高也会带来和促进公平水平的提高。二者不但不相互抵消,而且相互促进、共同提高。

市场经济有利于提高效率,从而有利于经济公平的实现,但它自身不但不能缩小收入差距,自发地实现经济公平,反而会自发地造成两极分化。因为,第一,市场经济的分配原则是按要素贡献分配,由于我国现实经济中资本、技术等生产要素的供给短缺和低价的劳动力相对充裕,生产过程中资本和技术等要素的边际产出大于一般劳动的边际产出,使得资本、技术等要素的收益大大高于一般劳动的收入。因此,不论是按要素贡献率分配,还是按要素拥有多少分配,都必然带来收入差距的扩大。第二,市场经济通行的竞争规律,一方面会提高劳动效率,另一方面在低价劳动力趋于"无限供给"的情况下,又必然带来劳动者之间激烈的就业竞争,必然产生大量的下岗失业,从而导致收入差距的不断扩大。第三,市场化带来的要素流动和资金积累的"马太效应",使收入差距呈现逐步扩大的趋势。因为,随着市场机制作用的强化,资金、技术、人才等生产要素不断向效率较高的东部地区和大中城市集聚,生产要素的不断流入又进一步促进了其经济增长;而落后地区和农村地区则相反,生产要素流入少而流出多,经济发展受阻。从人群来看,收入越高,积蓄就越多;积蓄越多,投资方式就越多;投资方式越多,收益也就越多。市场化带来的"马太效应"客观上促使"贫者越贫、富者越富"。因此,单靠市场的力量,不仅无法解决而且还会进一步扩大我国的经济不公平现象。

在不影响人们创造财富积极性的前提下,加强政府对收入分配差距的调节,不仅是政府的职责,而且是社会主义的本质要求。公平与效率是经济社会发展的两大基石。按照马克思的设想,在社会主义条件下,公平与效率从根本上是没有矛盾的。公平实质上是一种社会秩序,效率是在社会秩序中实现的。公平与效率的统一正是社会主义市场经济优越于资本主义市场经济的重要特点之一。虽然在我们国家,由于种种原因,公平与效率还会出现矛盾,而且,一定的收入差距还往往是追求效率的必要代价,因而是难以避免的。但是,我们是社会主义国家,发展市场经济只是一种手段,虽然这种手段是极端重要的,但目的是实现广大劳动者的根本利益,最终实现共同富裕。从这种意义上说,追求社会公平,才是我们真正的目标所在。因此,在社会主义条件下发展市场经济,必须把包括收入差距在内的社会不公平加以必要的限制,最大限度地实现全体社会成员之间的社会公平。我们在发展市场经济的过程中,既要坚持鼓励一部分地区和一部分人通过诚实劳动和合法经营先富起来,同时,也要在经济发展的基础上,通过改革税收制度、增加公共支出、加大财政转移支付力度、完善社会保障制度等措施,合理调整国民收入分配格局,逐步解决不同人群之间、不同地区之间、不同行业之间收入差距过大问题,使全体人民尤其是弱势群体最大限度地享受到改革开放和社会主义建设的成果。对于靠占有的某种特殊条件先富起来的,可以运用收入分配政策以及税收政策等加以调节;对于不顾国家的利益和纪律先富起来的,可以运用法律手段和经济手段进行治理。总之,在收入分配上,我们既要拉开收入差距,同时又不能造成两极分化。

五、在经济增长基础上的经济发展方式的根本转变

经济增长主要指经济活动的投入与产出效率。投入的是生产要素。古典经济学认为的生产要素主要是土地、资本和劳动,新古典经济学又加上组织与管理,新制度经济学在此基础上又加上制度。产出的是国民生产总值、国内生产总值、国民收入的总量或人均量。产出大于投入即表现为经济增长。经济增长方式主要是指经济活动中生产要素投入产生经济效益的具体方式,分为粗放型和集约型,粗放型是指主要靠增加生产要素的数量实现产出量的增长;集约型是指主要靠生产要素活动效率实现产出量的增长。转变经济增长方式主要是指由粗放型向集约型的转变。虽然没有经济增长就没有经济发展,但是,经济发展的含义比经济增长更为丰富和深刻。经济发展不仅包括经济活动产出量的增加,而且包括经济结构的优化和经济质量的提高。经济发展方式主要是指经济活动中生产要素投入引起的经济数量、经济结构、生态环境、生活质量等变化的方式。转变经济发展方式,主要是指由经济发展在集约型经济增长的基础上,逐步实现经济结构优化、生态环境改善、生活质量提高和社会福利增加等。

转变经济发展方式,是以胡锦涛为总书记的党中央在探索和把握我国

社会主义市场经济发展规律基础上作出的重大理论创新和战略决策。我国经济建设从低水平起步,基础差、底子薄,长期处于相对封闭状态。受经济发展所处阶段及整体技术水平的限制,我国经济增长在相当长的时期内,主要依靠增加要素投入和物质消耗,主要靠简单劳动支撑和推动。在经济建设中,长期存在重速度轻效益,重外延扩张轻内涵提高,重铺新摊子轻原有企业技术改造,重产品数量增长轻产品质量提高的现象,由此使我国经济发展呈现出高投入、高增长、低效益的状况,带有明显的粗放特征。

改革开放以来,我国国民经济快速增长,经济实力显著增强,人民生活实现了两步历史性跨越,即从贫困到温饱、又从温饱到小康。在全面建设小康社会的新阶段,城乡居民消费结构不断升级,对改善人居环境和生活质量提出了新要求。工业化、城镇化加速发展,带动了基础产业、城市基础设施和公用事业等领域的投资显著增加。但是,我们也应当清醒地看到,这种经济增长方式带来了日益增多的严重问题。突出地表现在:一是重化工业和城镇化的快速发展,对土地、淡水、矿产和能源等战略资源的保障和生态环境产生持续压力;二是高附加值、高技术含量和低消耗、低排放的先进制造业发展滞后,现代服务业发展严重不足,经济结构性矛盾凸显;三是农业基础仍很脆弱,城乡居民收入差距扩大的趋势还没有得到遏制,城乡二元结构矛盾日益突出;四是区域经济差距继续拉大,区域产业特色不突出,区域协调发展的任务依然艰巨;五是外部经济环境的不确定和不稳定因素有增无减,经济全球化向纵深发展对我国粗放型经济增长方式带来了新的压力和挑战。这些问题和矛盾反映了当前我国经济发展中存在一个突出弱点,就是经济增长由粗放型向集约型转变还没有整体性突破,经济发展的质量和效益还没有实质性提高。进入 21 世纪以来,随着我国经济增长速度加快,资金投入、资源消耗和环境污染大幅度增加,这种粗放型发展方式与实现经济社会全面协调可持续发展的要求不相适应,与不断改善民生、促进和谐的要求不相适应,与全面建设小康社会的要求不相适应。党的十六大以来,我们党对我国经济社会发展的阶段性特征和经济发展规律的认识取得了新的重大进展,形成了科学发展观。按照科学发展观的要求,必须从最广大人民的根本利益出发,努力实现经济社会自然全面协调可持续发展。在此基础上,党的十七大提出了转变经济发展方式的重要方针。这是贯彻落实科学发展观的必然要求,是我们党对我国社会主义市场经济发展规律认识进一步深化的一个重要标志,也是从当前我国经济发展实际出发提出的重大战略。

党的十七大报告指出,加快转变经济发展方式要坚持走中国特色新型工业化道路,坚持扩大国内需求特别是消费需求的方针,促进经济增长由主要依靠投资、出口拉动向依靠消费、投资、出口协调拉动转变,由主要依靠第二产业带动向依靠第一、第二、第三产业协同带动转变,由主要依靠增加物质资源消耗向主要依靠科技进步、劳动者素质提高、管理创新转变。这"三个转变",从需求结构、产业结构、要素结构等方面,对经济发展提出了新的更高的要求,是当前和今后一个时期转变经济发展方式的重点任务和基本途径。

第一,促进经济增长由主要依靠投资、出口拉动向依靠消费、投资、出口协调拉动转变,关键是提高居民收入,突出消费在促进经济增长中的地位。

消费、投资、出口,是促进经济增长的"三驾马车"。消费和投资即内需应当是拉动经济增长的主要力量,其中消费是推动一国经济增长最稳定、最持久的动力。对一个大国来说尤其如此。世界上一些经济发达、开放度高的国家,无论是美国、日本还是欧洲的几个大国,推动经济增长的第一要素都是消费。但目前我国需求结构中却出现了投资率偏高、消费率较低的情况。由于消费率低,居民生活没有随着经济快速增长而同步提高,导致国内市场规模受限,生产能力相对过剩,使得经济增长对出口的依赖程度不断提高。结果拉动经济增长主要依靠投资和出口。而扩大出口带来的外贸顺差过大和国际收支盈余过多,还会造成国内资金流动性过剩,银行手里有着大量资金需要贷出,反过来又助长了投资的高增长。不管从中长期趋势看,还是从年度水平看,我国的消费率均明显偏低。国际上大体在80%左右,我国在1952年到2000年的49年中,平均消费率为65%,从2002年到2008年居民收入在国民收入中的比重呈持续下降的趋势,从2002年的62.1%下降到2008年的51.3%,到2010年又下降到49.3%左右,成为历史上的最低点。在工业化发展过程中,在经济起飞时期,作为一个发展中的大国,因为需要加速发展,增加财力,投资与出口成为推动经济增长的主要因素,是完全可以理解的。但是经济发展到一定阶段以后,特别是作为一个大国,消费在经济增长中的作用滞后,这就不能不成为需要认真注意的问题。无论是着眼于改善民生,还是着眼于产业结构调整和国际收支平衡,都要坚持扩大国内需求,鼓励合理消费,把经济发展建立在开拓国内市场的基础上,形成消费、投资、出口协调拉动经济增长的局面。只有实现这种转变,才能促进国民经济良性循环和人民生活水平不断提高,才能为中国经济的持续增长提供更稳定的基础。

导致我国消费率偏低的原因,一是因为收入增长速度明显低于GDP增长速度。二是因为收入差距的扩大。提高消费率,增强消费对经济增长的拉动作用,除了在分配方面要注意解决好积累和消费的关系外,还要完善收入分配政策,持续增加城乡居民收入,逐步提高居民收入尤其是低收入群体在国民收入分配中的比重。特别需要解决下面三个问题:一是重视"三农",多渠道增加农民收入,大力开拓农村市场特别是农村消费市场;二是扩大就业,提高低收入群体的购买力,提高劳动报酬在初次分配中的比重;三是理顺分配关系,缩小收入差距。

第二,促进经济增长由主要依靠第二产业带动向依靠第一、第二、第三产业协同带动转变,关键是转变产业结构,巩固第一产业,做大第三产业,提升第二产业,发展现代产业体系。

经济结构不合理是当前我国经济整体素质和效益不高、经济社会发展存在诸多矛盾的重要原因。产业结构是经济结构最重要的组成部分。改革开放以来我国的经济增长主要是依靠工业即第二产业带动的。在工业化发展的起始阶段,第二产业一马当先有其必然性,它为上亿人口摆脱贫困创造了物质基础。但与此同时也必须看到,传统工业化发展模式不仅给社会带来了诸如资源的极度浪费、环境的严重污染等问题,而且也导致一二三产业比例不协调,重工业比重较大、农业相对落后、第三产业发展不足等一些不能不予以注意的问题。党的十六大以来,我国第一、第二、第三产业都有了很大发展,但仍存在农业基础薄弱、工业素质不高、服务业发展滞后等问题。三次产业间的不协调,已经到了不仅影响整个社会经济健康发展,也影响第二产业本身持续发展的地步。因此三次产业间的协调发展,已经迫在眉睫。实现经济增长由主要依靠第二产业带动向依靠第一、第二、第三产业协同带动转变,必须坚持走中国特色新型工业化道路,促进信息化与工业化融合,巩固第一产业,做大第三产业,提升第二产业,发展现代产业体系。

巩固第一产业特别是要加快发展现代农业,扎扎实实地推进社会主义新农村建设。虽然我国粮食实现了八连增,2010年总产量超过11000亿斤,但农业生产的技术基础和科技运用水平并不稳固,农民的素质也比较低。要长期保证我国粮食安全,就必须逐步做到用现代物质条件装备农业,用现代科学技术改造农业,用现代经营形式推进农业,用培养新型农民发展农业,提高农业水利化、机械化和信息化水平,提高土地产出率、资源利用率和农业劳动生产率,提高农业效益和竞争力,走中国特色农业现代化道路。

做大第三产业就是要大力发展服务业。服务业是国民经济的重要组成部分,服务业的发展水平是衡量现代社会经济发达程度的重要标志,是现代产业体系中最重要的组成部分。加快发展服务业,是推进经济结构调整、加快转变经济发展方式的必由之路,是有效缓解能源资源短缺的瓶颈制约、提高资源利用效率的迫切需要。因此,我们要着力提高服务业在三次产业结构中的比重,既要大力发展主要面向生产者的服务业,也要适应居民消费结构升级趋势,继续发展主要面向消费者的服务业,要扩大短缺服务产品供给,满足多样化的服务需求,尽快使服务业成为国民经济的主导产业。特别要大力发展金融、保险、物流、信息和法律服务等现代服务业,积极发展文化、旅游、社区服务等需求潜力大的产业,运用现代经营方式和信息技术改造提升传统服务业,提高服务业的比重和水平,尽快把服务业发展成为国民经济的主导产业。

提升第二产业要大力推进信息化与工业化融合,促进工业由大变强,大力发展先进制造业。重点体现在三个方面:第一,加快发展高新技术产业,积极发展信息、生物、新材料、现代能源、航空航天、海洋工程、环保产业等高新技术产业。第二,振兴装备制造业,广泛应用先进技术来改造和提升传统产业。第三,加强基础产业基础设施建设,包括发展能源产业,如煤炭、水电、核电、石油、天然气和发展风能、太阳能、生物质能等可再生能源。发展交通运输,形成便捷、通畅、高效、安全的综合交通运输体系。与此同时,要加快淘汰钢铁、有色、化工、建材、煤炭、电力等行业的落后生产能力,用高新技术改造提升传统产业,促进工业由大变强。

第三,促进经济增长由主要依靠增加物质资源消耗向主要依靠科技进步、劳动者素质提高、管理创新转变,关键是全面提高自主创新能力,促进科技成果向现实生产力转化。

改革开放以来我国经济增长,是靠拼原材料消耗和消耗大批廉价劳动力实现的。在基础薄弱、科学技术水平低、劳动者文化水平不高的条件下发展工业化,最初只能依靠粗放型经济增长方式。经过三十多年的发展,现在提出由主要依靠增加物质资源消耗转变为主要依靠科技进步、依靠提高劳动者的素质与管理创新,这是发展方式的一种巨大转变与提高。

之所以必须提出由主要依靠增加物质资源消耗向主要依靠科技进步、劳动者素质提高、管理创新转变,是因为进入新世纪以后,我国的土地、淡水、能源、矿产资源和环境状况对经济发展已构成严重制约,过去那种粗放型的经济增长已经难以为继。实现这一转变,关键是全面提高自主创新能力,促进科技成果向现实生产力转化。经过多年努力,我国科技创新取得明显成效。但从总体上看,自主创新不足,转化水平不高,劳动生产率和经济效益与国际先进水平相比还有较大差距。不论是从国际科技竞争加剧的趋势看,还是从国内低成本竞争优势减弱的现实看,都到了必须更多地依靠科技进步、劳动者素质提高和管理创新带动经济发展的历史阶段。

促进经济增长由主要依靠增加物质资源消耗向主要依靠科技进步、劳动者素质提高、管理创新转变,还要求把节约资源作为基本国策,发展循环经济,保护生态环境,加快建设资源节约型、环境友好型社会,促进经济发展与人口资源环境相协调。推进国民经济和社会信息化,切实走新型城市化道路,坚持节约发展、清洁发展、安全发展,实现可持续发展。

总之,通过加快推进"三个转变",逐步形成速度质量效益相协调、消费投资出口相协调、人口资源环境相协调,以及城乡之间和区域之间发展相协调的经济发展新格局,促进经济发展切实转入全面协调可持续发展的轨道,实现又好又快发展的目标。

六、独具特色的宏观调控体系

社会主义市场经济是有宏观调控的经济。加强社会主义条件下的宏观调控,不仅是发展市场经济的要求,而且也是巩固和发展社会主义制度的要求。这是因为,市场在资源配置过程中产生的负面效应,必须由国家的宏观调控加以校正。国家实行宏观调控的过程,实际上就是依据市场经济规律,运用各种政策手段,通过影响市场把企业的微观活动纳入宏观经济发展轨道,保证社会主义市场经济的正常运行过程。在市场经济条件下,政府一般不能直接插手经营企业。但是,这并不意味着政府和企业毫无关系。实际上,在市场经济运行中,一个个企业组成了整个宏观经济的微观基础,它们既在市场机制作用下平等竞争、优胜劣汰,又要接受政府各种宏观政策的引导和公共服务。因此,我们所说的政府在宏观调控中的服务职能,一方面是指为整个社会和广大群众服务,另一方面也是指为企业的运营和发展服务。这包括为企业提供基础设施、社会保障以及信息、科技等服务,为企业的运营和发展创造良好的外部环境。可以说,没有政府的政策引导和公共服务,企业很难成长和发展。

在市场经济中政府宏观调控的主要目标包括:经济增长、充分就业、物价稳定、国际收支平衡。从社会化大生产和市场经济发展的一般要求来说,上述四项目标作为宏观调控的主要目标有其内在必然性和合理性。但从实质上说,它也有一定的局限性。我国宏观调控目标的确定,既要考虑社会化大生产和市场经济的一般要求,也应该考虑社会主义市场经济的特点和社会主义生产目的。为此,从中国的社会主义制度、市场机制和国情出发,宏观调控目标应在上述四大目标的基础上具体分解为经济稳定目标(包括经济总量平衡、国际收支平衡、物价稳定)、经济发展目标(包括发展速度、产业结构、科技进步、资源配置)、宏观效益目标(包括社会效益、生态效益)和生活水平目标(充分就业、公平分配、教育、文化、卫生、体育、事业发展)四个层次。此外,政府通过宏观调控,建立包括社会保险、社会福利、社会救济、社会公益等方面内容的社会保障制度,在广大人民群众面临生、老、病、死、伤、残、丧失劳动能力或因自然灾害、失业等困难情况下,保障其基本生活所需,也是社会主义市场经济发展中的一项不可缺少的内容。

科学发展观的提出,为我国的宏观调控提供了科学的指导思想和新的方法论,开阔了我们的视野和思路,使得我们不必局限于总量调节,不必局限于需求管理,不必局限于财政、货币政策,从而使我们可以突破传统宏观经济理论的结论或西方发达国家的经验范式和条条框框,探索发展出更加符合发展中、转轨中国家现实的宏观调控模式,使得我们具有了更加长远的视角和统筹兼顾方法,可以跳出经济增长看增长,把最优经济增长建立在资源环境可承受范围内,将经济增长放到经济社会发展的大背景和大系统之中,从超宏观的视角来观察、思考宏观经济管理问题,将短期的经济增长与长远的经济发展统一起来,将与短期增长和稳定相关的宏观调控与长期发展相关的体制改革、对外开放、技术进步、制度变迁、文化传承等结合起来。针对一个时期以来经济运行中出现的新问题、新矛盾,以及围绕经济是否过热和宏观调控的争论,我们不是简单地从经济目标尤其是经济增长目标方面来判断"过热"与否,而是按照科学发展观的要求,从经济发展与社会事业发展、社会进步等的不协调以及牺牲资源环境、单纯依靠高投入来拉动的粗放式经济增长方式的不可持续性等方面来认识,把宏观调控放在落实科学发展观、走新型工业化道路以及建设和谐社会等战略目标框架下来把握,提高全国上下落实科学发展观、进行宏观调控的认识。

在总结国内外经济发展经验教训的基础上,我们既积累了应对通货膨胀的经验,又积累了应对通货紧缩的经验,初步形成了独具中国特色的宏观调控体系,包括加强形势研究分析和预测,完善宏观调控的决策机制,努力提高宏观调控的及时性、前瞻性和科学性。

科学预测,及早动手,在调控时机选择上注意把握提前量,使宏观调控越来越体现出应有的前瞻性。近年来,我们用科学发展观统揽宏观调控全过程,提高宏观调控的预见性和前瞻性,密切跟踪观察并分析宏观经济形势的最新情况,科学预测月度、季度和年度经济发展趋势和变化趋势,及时发现经济运行中的苗头性、局部性问题并及早加以防控。这几年的宏观调控由于发现问题早、动手比较快,宏观调控的前瞻性、准确性和及时性明显改进,使得经济运行中的矛盾和问题没有全面蔓延和扩大,防止了经济增长由偏快向过热的转化,使上升期经济繁荣的时间得以延长。

完善宏观调控决策机制,努力提高宏观调控的科学性。近年来,我国的宏观经济决策机制及其支持体系趋于完善,也是宏观调控科学性有所提高的重要保证。虽然我们还没有形成类似于国外总统经济顾问委员会和相关专业的专家咨询委员会制度,但近几年高层决策实际上形成了不成文的专家咨询制度。中央政治局通过集体学习制度为确定具有全局和长远意义的重大宏观决策提供专业知识的支持,国务院通过召开专家座谈会为专门研究和准确判断当前形势并在此基础上及时制定近期的宏观调控决策提供支持。参加集体学习讲课和形势座谈的有党外人士、工商界领导和知名专家。在采用这种学习和咨询方式的同时,广泛利用实地调研和网络媒体了解市场最新信息和吸取各界意见建议,可以使宏观调控获得必要的专业知识和信息的支持,提高决策的科学化水平,避免出现大的决策失误。

科学把握宏观调控的目标排序和政策重心,注意最终目标与中间目标兼顾,需求管理与供给管理并重,做到总量调节与结构调整相结合,短期措施与中长期措施相搭配。近年来,在科学发展观的指导下,宏观调控既注重经济发展,又注重经济、社会协调发展与社会和谐,既注重内部均衡,又注重对外均衡。尤其是适应我国加入世界贸易组织过渡期结束、对外开放程度进一步提高的大背景,越来越重视国际收支失衡以及与此相关的贸易顺差、人民币汇率升值压力以及国内流动性过剩等问题,采取人民币汇率改革、外汇管理体制改革、出口退税调整等必要的措施,努力促进国内外经济均衡;在宏观调控的着力点上,注意最终目标与中间目标的协调兼顾,既注重总量调节,又注重结构优化。近年来,我们在科学发展观的指导下,努力探索符合中国现阶段具体国情的宏观调控体系,将总量目标视为宏观调控的基本目标和最终目标,将结构调整和体制改革视为宏观调控的中间或辅助目标,在着力进行总量调节的同时不搞"一刀切",进行"区别情况、分类指导、有保有压"的结构性调节,及时出台了一系列旨在进行结构调整的产业发展政策等。同时,加快了相关领域的体制改革步伐,通过优化结构、深化改革来促进总量矛盾的解决;在宏观调控的重点上,注意需求管理与供给管理相结合,短期措施和中长期措施并重,标本兼治。我们在加强需求管理的同时,探索尝试适应社会主义市场经济体制需要的供给政策,如结构性的出口退税政策、房地产市场调节中的土地供给政策、环境政策等。通过需求政策与供给政策的结合、短期政策和中长期政策的配合,取得了比较明显的效果,提高了宏观调控的有效性。

积极探索行之有效的调控工具和手段组合,在充分运用财政、货币政策等常规经济手段的同时,注意适当运用行政和法律等必要的辅助手段,并注意宏观调控与微观规制、深化改革相结合。在继续协调搭配运用财政、货币政策的同时,注意财政、货币政策与产业政策、贸易政策相结合,充分发挥经济手段的应有作用。财政、货币政策是宏观调控的基本手段和主要工具,各自在不同的领域和实现不同的政策目标方面具有不同的作用,为了发挥宏观政策的整体作用,二者的协调配合十分重要。为了进一步提高宏观调控的有效性,我们在继续协调搭配运用财政、货币政策的同时,积极运用产业政策和贸易政策,注意财政、货币政策与产业政策、贸易政策相结合,充分发挥经济手段的应有作用。

宏观调控与微观管制相结合,注意发挥行政、法律等手段的辅助作用和协同效应。为了实现可持续发展,实现经济又好又快发展的目标,按照科学发展观的要求,配合宏观调控的需要,我们在继续放松传统管制的基础上,建立健全适应市场经济发展需要的经济性和社会性管理制度。这些管理制度虽然顺应宏观调控而建立,并配合了宏观调控,但它是制度性的,而不能将其视同一般的宏观调控措施,也不能随着宏观经济形势的变化而时时改变,应该持之以恒地坚持下去,这是微观管制和宏观调控的重要区别。在建立健全微观管制的同时,我们也相继运用了一系列行政和法律手段,不仅克服了传统或常规的宏观经济政策手段作用的盲区和死角,也极大地促进了常规宏观经济政策工具作用的充分发挥。

宏观调控与深化改革相结合,探索实现二者的良性互动。近年来,我们在加强和改进宏观调控的同时,积极推进宏观经济领域的体制改革,努力推动形成有利于经济增长方式转变的体制机制。一是深化财政税收体制改革;二是深化金融体制改革;三是深化资源性产品价格和资源税收改革;四是深化教育、卫生领域改革。宏观调控的需要为所有这些与宏观调控密切相关领域的改革提供了动力,这些领域的改革也为宏观调控创造了良好的体制环境,有利于宏观调控政策作用的有效发挥。

不断改进调控方式,在保持政策稳定性、连续性的同时,适时适度地进行渐进式的"微调"、"预调",提高调控政策的灵活性、应变性,保持宏观调控的有效性和宏观经济运行的稳定性、持续性。按照科学发展观的要求,我国不断探索改进宏观调控方式,实行"预调控、点调节、稳节奏、重实效",一方面注意预调,打提前量,防微杜渐,努力将矛盾和问题解决在萌芽状态之中,注意政策的灵活性和应变性。另一方面又注意"双向微调",向下调整和向上调整均采用小步渐进方式,用多次"点刹"取代"急刹车",在动态中注意保持政策的连续性和稳定性,避免政策频繁变化对宏观经济运行的不利影响。

为了提高政策的灵活性、应变性,针对形势变化,及时灵活调整政策。在调控和政策使用过程中,注意操作力度和方式,采取"渐进方式",以保持政策连续性和稳定性。我国改善宏观调控方式的另一条重要经验是适时适度进行微调预调,财政货币政策措施操作不是一步到位,而是分步实施,小步多调,用小调整取代大调整,以小波动代替大震荡。在经济运行已经出现失衡趋势但失衡程度还不很严重时进行多次微调,小步渐进,既有利于政策在调整中保持前后继起性,又可以让市场主体在慢慢改变预期和行为惯性中适应新的政策变化,减缓政策急剧变化带来的冲击和震荡,避免了以往经济发展大起之后的大落现象,各种政策手段有效组合,调控力度和节奏把握比较好,有利于保持宏观经济运行的平稳性。

七、迈入经济全球化过程中的对外开放

经济全球化既是市场经济发展的必然结果,又是社会化大生产发展的必然趋势。市场经济是开放经济,市场的内在活力客观上要求冲破地域和国家的限制,在最大范围内促进生产要素的流动与优化配置。早在 1848 年,马克思和恩格斯就在《共产党宣言》中生动描绘了当时社会生产在全球扩张的情景:"不断扩大产品销路的需要,驱使资产阶级奔走于全球各地。它必须到处落户,到处开发,到处建立联系",使得"过去那种地方的和民族的自给自足和闭关自守状态,被各民族的各方面的互相往来和各方面的互相依赖所代替了",从而"使一切国家的生产和消费都成为世界性的了"。①

18 世纪 60 年代以蒸汽机为代表的第一次产业革命以来,尤其是 19 世纪 60 年代以后以电气化为代表的第二次产业革命以来,国际分工不断细化,国际贸易不断扩展,世界市场体系逐步形成。20 世纪 80 年代后,以电子信息为代表的新兴科技成果不断被应用于生产领域,迅猛发展的互联网技术将世界各地的经济活动空前广泛和深刻地联系在一起,推动了贸易全球化、生产全球化和金融全球化,使全球范围内资源配置的效率大幅度提高,各种创造财富的源泉充分涌流,经济获得快速发展。经济全球化是社会化大生产发展的必然要求,是不以人们的意志为转移的客观趋势。但是,必须清楚,经济全球化是在西方发达国家主导下推进的,不合理不公正的国际政治

---

① 《马克思恩格斯文集》第 2 卷,人民出版社 2009 年版,第 35 页。

经济秩序又反过来制约着发展中国家的发展。对于中国这样的发展中国家,要自觉参与经济全球化。当今世界,任何国家关起门来搞建设都无法成功。世界市场经济的发展离不开中国,中国市场经济的发展也离不开世界。我们一定要把坚持独立自主同积极参与经济全球化结合起来,统筹好国内国际两个大局,利用好国内国际两个市场,把握好经济全球化带来的机遇,趋利避害,在更大范围、更广领域和更高层次上参与国际经济合作和竞争,不断增强我国抵御国际经济金融风险的能力,不断提高我国在重大国际经济问题上的话语权和影响力,推动经济全球化和世界市场经济朝着均衡、普惠、共赢方向发展。

经过三十多年的对外开放,中国成功实现了从封闭半封闭到全方位开放的伟大转折,利用国内国际两个市场、两种资源的水平显著提高,积累了应对国内外巨大自然灾害和经济金融风波进行有效宏观调控,保持国民经济和社会相对稳定快速发展的成功经验。这些经验主要包括:第一,坚持独立自主同积极参与经济全球化相结合。独立自主、自力更生是建设和发展社会主义市场经济的基础,是全面参与经济全球化不可或缺的基本保障。必须维护国家的经济发展主权和经济金融安全,始终保持对关键行业和重点领域的控制力,才能有效降低国际经济金融波动对中国可能产生的冲击和危害,使对外开放更有利于社会主义市场经济的健康发展。第二,坚持统筹国内发展和对外开放。将二者统筹起来,有助于从国际国内形势的相互联系中把握中国经济发展的正确方向,从国际国内条件的相互转化中抓住经济发展的历史机遇,从国际国内资源的优势互补中创造经济发展的有利条件,从国际国内因素的综合作用中协调经济发展的全局结构,转变对内对外经济发展方式。在对外开放中求发展,在不断发展中扩大对外开放。第三,坚持开放经济的有步骤分阶段推进。在对外开放的实践过程中,中国根据自身的实际,遵循从特区到沿海地区,再到沿江、沿边地区,进而辐射到中西部内陆地区的梯度开放,积极稳妥地推进货物和服务的对外贸易,有阶段、有控制地开放国内金融市场,有效降低经济金融全球化带来的风险,这是经济全球化条件下谋求国民经济稳定发展的重要条件。第四,坚持互利共赢的开放战略。只有让经济全球化惠及所有参与者,才能不断扩大经济全球化的参与范围,拓展参与深度。中国作为发展中的大国,在积极参与经济全球化的过程中,始终坚持互利共赢的开放战略,保证了中国的对外经贸活动既符合中国的利益,又符合合作对象的利益,推动了中国对其他国家和地区的经济合作关系不断发展,为促进世界经济共同繁荣做出了贡献。第五,坚持对开放经济的有效监管。在经济全球化条件下,各国经济的相互依赖关系加强,经济危机的国际传递成为难以避免的问题。维护社会主义市场经济的稳定发展,必须对开放经济进行有效监管。为此,要完善金融市场监管,防范金融风险,提高资本监管的有效性,对流入国内金融市场的国际游资进行有效监控;要加强对外资的监管,完善外资并购的审查机制,避免外资在涉及国计民生关键领域形成控制权;要保护关系国计民生的重大经济资源的安全,建立石油、粮食等主要战略物资的储备制度,加快开发新能源以逐步降低中国对国际自然资源的依赖程度,切实提高抵御国际风险的能力;要建立国家安全预警机制,增强应对突发事件和危机的迅速反应能力和临界处理能力,构建国家安全组织体系、法律体系、信息收集体系、应急管理体系,以确保在全方位对外开放中的中国经济社会安全。

总之,社会主义市场经济是市场经济与社会主义基本制度结合在一起的市场经济。它的基本标志是以生产资料公有制为主体,它运行的目的要服从于解放生产力,发展生产力,消灭剥削,消除两极分化,最终达到共同富裕这一本质要求,它能够在国家有效的宏观调控下保证国民经济的持续、快速、健康发展。

（本题作者:王天义　王　睿）

第七题

坚持中国特色社会主义政治发展道路

党的十七大报告强调,"要坚持中国特色社会主义政治发展道路",提出中国特色社会主义政治发展道路在我们党的文献中尚属首次。这条道路,既是对以往社会主义政治建设经验的科学总结,也是今后我国政治建设的正确方向。

一、中国的政治发展道路必须从国情实际出发

在社会主义发展史上,政治发展一直是长期没有解决好的问题。党的十一届三中全会以来,党和人民经过探索和实践,提出了中国特色社会主义政治发展道路,初步回答了在中国这样经济文化不发达的社会主义国家如何推进政治发展的问题。

（一）政治发展是当今人类社会前进的普遍趋势

对政治发展理论的研究最早是在20世纪五六十年代由西方政治学者开始的,原本指发展中国家由传统政治体系向现代体系变迁的历史过程。西方学者对政治发展的理解常常以西方发达国家的模式为参照系,认为政治发展就是不发达国家趋向西方发达国家政治模式的过程。后来,这个问题被学者们不断演绎和诠释,开始用来泛指所有国家政治体系的进步和发展过程。国内有的学者就认为,政治发展是指整个人类社会政治进化的一种

状态,是表示一个国家政治体系朝着合理化方向变迁的趋势、程度和性质。①
也有人认为,政治发展"与政治改革、政治现代化具有基本相同的内涵"。②
其实,政治发展可以广义地理解为:一种政治系统在特定社会、经济条件下,
按照某种政治价值共识向发达政治系统变迁的过程。③ 在政治发展的内容
中,民主政治和法治建设是其主要任务。按照西方主流学者的看法,政治发
展包括三方面的要素:(1)公民成为积极参与社会活动和政治活动的主体,
对平等原则的信念和法律观念也随之加强;(2)政治体系的能力提高,政令
通畅,能满足社会的种种需求,解决社会的种种分歧;(3)政治体系的组织结
构分化、功能高度专门化、各机构之间有较高的一体化水平。④

在当代世界,政治发展不仅在发展中国家成为一致的进步潮流,也是发
达国家普遍追求的历史趋势。20世纪70年代,随着葡萄牙、西班牙和希腊
这三个资本主义欧洲最后的独裁政权相继垮台,世界出现了一股浩荡的民
主化浪潮。在以上几个国家影响下,葡萄牙和西班牙的前殖民地拉丁美洲
到20世纪80年代末基本实现了民主化。20世纪80年代中期,这股浪潮也
涌入东亚,菲律宾、韩国和我国台湾地区也由原有的独裁政治实现了向民主
的过渡。20世纪80年代末和90年代初,这股思潮又迅速影响到苏联和东
欧地区,使这些国家相继走上了西方式的议会民主和多党制道路。也是从
20世纪70年代中后期开始,中东地区也受到了巨大冲击,一批国家建立了
具有半西方色彩的民主制度。进入20世纪90年代,不到几年时间,欧美的
多党制民主就在绝大多数黑非洲国家普遍铺开。与此同时,西方发达国家
也在不断调整政治结构,以适应经济和社会发展的需要,治理的理论和实践
开始出现。在资本主义民主取得进展的同时,从20世纪70年代末以来,社
会主义国家的政治发展也有了长足的进步。中国通过改革开放,中国特色
社会主义民主有了很大发展。越南实行改革开放以后,政治建设也在突飞
猛进。可见,20世纪下半叶以来,政治发展已经成为人类世界的普遍潮流。

---

① 王仲田:《政治学导论》,中共中央党校出版社1997年版,第239页。

② 张友渔、陈荷夫、徐理明:《政法辞书》,中国国际广播出版社1991年版,第946
页。

③ 李良栋:《新编政治学原理》,中共中央党校出版社2001年版,第323页。

④ [美]派伊和锡尼·沃巴:《政治文化和政治发展》(英文版),普林斯顿大学出版
社1965年版,第13页。

（二）坚持人类政治文明一般要求与中国现实实际的统一

任何一国的政治发展都是政治文明一般与个别的统一。改革开放以来，中国正在走向社会主义政治现代化。中国的政治现代化首先体现了人类政治文明的一般要求。以民主为例。考察任何一种民主政治，首先要看它是否体现了人类民主政治的一般要求。所谓民主政治的含义是指一定社会能够保障公民能够在自由平等地发表意见的基础上根据多数人的意愿进行决定的国家政治制度及实践活动。人类的民主政治尽管阶级实质、实现形式有着很大甚至根本的不同，但是，它们之间总是存在着一些具有共性的价值追求，主要有：（1）人民主权；（2）在自由、平等的基础上进行协商；（3）按照多数人意志进行决定并且注意保护少数；（4）通行选举；（5）民主的程序化。任何追求民主政治的国家，都必须追求上述价值理念，否则，就不能算做民主政治。我国宪法规定，中华人民共和国一切权力属于人民；我们通过法律确认和保护公民的自由和平等权利；我们通过人民代表大会制度采用民主集中制的方式来体现多数人意志；我们坚持民主的制度化法律化来贯彻民主政治的程序化；等等。这些，都充分表明中国特色社会主义民主政治是体现人类政治文明一般要求的。

但是，中国的政治发展必须从本国的实际情况出发，决不能照搬别国的政治模式。考察近代以来的历史，不难看出，任何国家政治发展的道路都是在坚持人类政治文明共同要求的同时，由本民族和国家的国情所制约而形成自己的特有模式。西方各个国家在资产阶级革命胜利以后普遍建立了代议制民主政体，但同样是代议制国家，英国就是君主立宪制，美国就是民主共和制；同样是民主共和制，美国就是总统制，法国就是总统内阁制，瑞士则是委员会制。之所以如此，都是由于每个国家的政治历史传统和现实状况即国情使然。对此，连西方学者也如是认识，阿尔蒙德就全面概括了亚、非、拉许多发展中国家照搬西方式民主模式的普遍性失败。亨廷顿也坚持各国应当自行选择政治发展道路和模式，指出："政治现代化的含义还包括，民族国家享有的对外主权不受他国的干扰，中央政府享有的对内主权不被地方或区域性权力所左右。它意味着国家的完整，并将国家的权力集中或积聚在举国公认的全国性立法机关手里。"①中国的政治发展应当从国情出发，坚

① ［美］塞缪尔·P. 亨廷顿：《变化社会中的政治秩序》，王冠华等译，生活·读书·新知三联书店 1989 年版，第 32 页。

持符合中国国情的政体和政党制度。作为我国政体的人民代表大会制度与共产党领导的多党合作和政治协商制度,是在中国国情的基础上产生和发展起来的,是符合我国国情的最便利的制度,是社会主义民主的重要体现。从中国国情出发发展民主,就必须坚持这些基本政治制度,不能简单照抄照搬西方的政体模式。西方的"三权分立"和"多党政治"是其历史、文化和国情的产物,与中国国情有着区别。譬如,如果简单地照搬西方的"三权分立",实行立法、行政、司法平行设置,人民代表大会地位就会下降,人民权力高于一切就会发生变化。我国的共产党领导的多党合作和政治协商制度,既是中国历史发展的合乎规律的结果,也是当代中国现实发展的必然要求,有着自己特有的优势,应当在实践中坚持和完善,而不能简单地仿效西方的多党制。党的十七大报告指出,"深化政治体制改革,必须坚持正确的政治方向",这个正确方向就是必须走中国特色社会主义政治发展道路。

坚持中国特色社会主义政治发展道路,首先就要始终不渝地坚持中国共产党的领导。历史告诉人们,是中国共产党在领导中国人民取得新民主主义革命胜利以后,建立了包括人民民主专政的国家制度、人民代表大会制度、共产党领导的多党合作和政治协商制度及民族区域制度等一系列具有中国特色的民主政治制度。同样,也正是中国共产党自改革开放以来领导人民积极稳妥地通过政治体制改革不断地促进了社会主义政治发展。现实昭示人们,坚持党的领导是当代中国社会主义民主政治建设的客观要求。社会主义民主就是人民内部各个阶级和阶层的利益要求通过平等协商和少数服从多数的原则进行表达和集合的过程。如果没有一个能够协调各方、代表最广大人民利益的政治核心在中间起着决定性作用,社会主义民主就不可能健康顺利地发展。在中国,这个政治核心就是中国共产党。同时,在中国实现现代民主和法治,是一场深刻的社会变革。在这场变革中,各种深层次矛盾同时存在,问题层出不穷。如果没有一个能够得到全国各族人民、各个阶级、各种社会阶层普遍拥护和一致认可的政治领导核心,政治发展就难以能够平稳、顺利地进行。所以,坚持中国共产党对中国社会生活包括对政治建设的领导,具有至关重要的意义。其次是寻找适合自己国情的政治发展目标模式和实现道路。中国目前还处于社会主义初级阶段,由于历史和现实的种种原因,社会生产力还没有实现高度发展,受此影响,文化建设还不可能十分发达,社会成员的素质还没有达到很高的水平。因此,政治发展必须从国情实际出发,在实际中探索和掌握中国政治发展的客观规律,实事求是地制定政治发展的目标模式,通过政治体制改革开拓社会主义政治发展的道路。

二、中国特色社会主义政治发展道路的形成过程和基本内涵

中国特色社会主义政治发展道路是党领导人民从中国国情出发探索社会主义政治建设的实践结晶,具有丰富的内容和鲜明的特点。

(一)中国特色社会主义政治发展道路的形成过程

在经济文化不发达的社会主义国家如何推进政治发展,是一个长期没有解决好的问题。新中国成立以后,党和毛泽东同志是想立足于中国实际走出一条具有中国特点的社会主义政治建设道路的。可惜,在探索的实践中经历了曲折和失误,甚至发生"文化大革命"那种全局性背离民主和法制的失误。苏联和东欧一些社会主义国家要么是长期不注重发展民主和健全法制;要么是完全照抄照搬西方的政治模式,结果使社会主义事业付之东流。正是在深刻总结社会主义运动历史教训的基础上,十一届三中全会以来,党领导中国人民坚持把马克思主义基本原理同中国具体实际和时代特征相结合,既坚持以毛泽东为代表的老一代中国共产党人开创的社会主义政治制度,又在开拓进取实践中不断创新和发展,在探索中逐渐地形成了中国特色社会主义政治发展道路。

党的十一届三中全会那个时候,我们党有鉴于"文化大革命"及其之前的教训,正确地提出了要随着全党工作重心向经济建设的转移,在推进经济体制改革的同时进行政治体制改革,发展民主、健全法制。但是,由于受历史条件和认识水平的限制,当时还不能回答整个社会主义政治建设的发展目标和道路模式问题。正因如此,尽管党的十二大上邓小平同志代表我们党正确地提出走自己的道路,建设有中国特色的社会主义。但是在政治发展问题上,当时提出要建设高度的社会主义民主,表明我们对国情现状还缺乏认识。党的十三大正确指出我国正处在并将长期处在社会主义初级阶段,对于中国国情有了一个科学、准确的把握。党的十三大以后,我们从社会主义初级阶段实际出发,逐渐提出建设中国特色社会主义民主。但是从政治建设的整体而言,中国特色社会主义民主还是不能包含政治建设的全部内容。党的十四大以后,党和人民坚定不移地走上了建立和发展社会主义市场经济的道路,围绕于此,对于社会主义政治建设的道路不断进行探索。到了党的十五大,党提出依法治国、建设社会主义法治国家的目标,为社会主义政治建设的理论和实践增添了新的内容。十五大以后,在总结社

会主义政治建设历史经验,把握社会主义政治文明发展规律的基础上,党逐步提出坚持党的领导、人民当家作主和依法治国的有机统一,是社会主义民主政治建设的基本原则。此后的十六大加以确认。正是在这一系列探索的基础上,党的十七大提出中国特色社会主义政治发展道路的范畴,为中国的社会主义政治建设提供了根本指针。中国特色社会主义政治发展道路的提出,表明中国共产党人对社会主义政治建设客观规律的认识上升到了一个新的水平。

(二)中国特色社会主义政治发展道路的主要内容和鲜明特点

中国特色社会主义政治发展道路的主要内容与鲜明特点是紧密联系在一起的。

第一,坚持党的领导、人民当家做主、依法治国的有机统一,是中国特色社会主义政治发展道路的基本原则和核心要求。党的领导是人民当家做主和依法治国的根本保证。无论是发展民主还是建设法治,都不能离开党的政治领导、思想领导和组织领导。人民当家做主是社会主义民主政治的本质和核心。人民依照法律规定,通过各种形式和途径,管理国家事务和社会事务,管理经济和文化事业,才能真正成为国家、社会和自己命运的主人。依法治国是党领导人民治理国家的基本方略。只有实现社会主义民主的制度化、规范化和程序化,人民当家做主才能切实具有坚实保证。实现三者有机统一,是体现社会主义政治建设优越性的根本途径。过去一个相当长的时期内,我们对发展民主和健全法制重视不够,甚至将党的领导与民主法治对立起来,从而影响了民主法治的发展。提出党的领导、人民当家做主和依法治国的有机统一,把党的领导融入于民主法制建设之中,这就解决了社会主义政治发展的根本问题。"三者统一"是中国特色社会主义政治发展道路的核心,坚持和完善人民代表大会制度、中国共产党领导的多党合作和政治协商制度、民族区域自治制度以及基层群众自治制度,都是坚持党的领导、人民当家做主和依法治国有机统一的具体体现。

第二,坚持和完善人民代表大会制度。人民代表大会制度作为我国的根本政治制度,是动员和组织人民作为主人翁投身国家建设,维护国家统一和民族团结,维护广大人民的共同意志和根本利益的根本途径;也是国家政权充分发扬民主、贯彻群众路线的最好形式。我国的人民代表大会制度与西方的议会制有着根本不同。西方的议会主要体现为立法机构,人民代表大会则是体现国家一切权力属于人民的国家权力机关。西方的议员是职业政客,我们的人民代表则是来自人民群众的各个阶级、阶层,本身就是其中一分子,能够更好地代表和维护人民的利益。人民代表大会制度坚持以民主集中制为根本组织原则和活动方式,在充分民主的基础上正确集中各方意见,协调不同利益,集体行使权力,科学作出决策,保证人民意志和利益的实现,维护社会公平正义。它既尊重多数、保护少数,反对把个人意志凌驾于集体之上,同官僚专制主义根本不同;又反对把民主和法制相割裂,同无政府主义和极端民主化划清原则界线。

第三,中国共产党领导的多党合作和政治协商制度,既是社会主义基本政治制度之一,也是有中国特色的社会主义政党制度。它既不是苏联和东欧那种一党制,也不是西方的两党制和多党制。这种政党制度既有利于发扬民主、活跃国家政治生活,又有利于增进人民团结、维护国家政局稳定,有利于加强、改善共产党的领导和充分发挥民主党派的参政党作用,从而实现统一领导与广泛民主、富有效率与充满活力的有机统一。

第四,民族区域自治制度是我国又一项基本政治制度。这个制度是根据我国的历史发展、文化特点、民族关系和民族分布等具体情况作出的制度安排,符合我国各民族人民的共同利益和发展要求,与苏联和美国有着根本不同。它既实行单一制的国家形式,维护了国家的统一;又在少数民族内部实行民族自治,有效地处理了民族平等关系,体现了民族民主自治。

第五,坚持和完善基层民主制度。党的十七大首次把基层群众自治制度纳入中国特色政治制度范畴,这是我们党不断推进社会主义政治制度自我完善和发展的重要体现。基层群众自治制度,就是广大群众依法直接行使民主权利,管理基层公共事务和公益事业,实行自我管理、自我服务、自我教育、自我监督。它是人民当家做主最有效、最广泛的途径。西方国家也在基层社会发展民主,譬如社群民主、协商民主等。但是,他们并没有将基层民主列为国家的政治制度。将基层民主列入国家政治制度,坚持民主内容和形式的统一,在坚持社会主义根本政治制度的同时,实行基层群众自治,充分体现了社会主义国家保障城乡基层广大人民的直接民主权。

三、坚持中国特色社会主义政治发展道路是 历史和现实的选择

我们之所以要坚持中国特色社会主义政治发展道路,是因为这条道路既是历史发展的必然选择,也是现实实际的客观需要。

（一）坚持中国特色社会主义政治发展道路是历史作出的必然结论

毫无疑问，人类世界最终都要走向政治文明，但是，由于各国的国情不同，不同民族走向政治文明的途径也自然不同。照抄照搬别国的模式从来得不到成功。近年来，一些发展中国家吃尽了照搬西方民主的苦头。20世纪70年代后，拉丁美洲照抄照搬欧美的制度模式，结果陷入"拉美化"危机，造成频繁的军事政变和政权更迭，经历了经济社会发展停滞的"失去的十年"，而"拉丁美洲民主政治的平均质量依然没有决定性改善"（墨西哥政治学家马西亚斯的评语）。2001年底2002年初阿根廷危机时，两周内就更换了5个总统，而且，直接引发了由于政府财政入不敷出而导致的通货膨胀和无力还债经济危机。20世纪80年代，大多数非洲国家被迫接受了西方政治模式，实行多党制。结果不仅没有带来政治稳定和经济发展，反而在多数国家爆发了严重动乱，社会秩序瘫痪，经济危机不断，不少国家甚至还发生了无休止的内战。苏东剧变后，又有一些国家转而实行西方民主制度，结果陷入混乱不堪、进退维谷的境地，使人民生活更加困苦。对此，连西方主流学者也看到了在政治发展上照抄照搬的苦果。

纵观中国历史，近代以来许多仁人志士在追求民主的道路上曾经尝试西方议会制度和多党制度，但最终都因不符合中国国情、不符合中国人民的根本利益而没有获得成功。从康有为、梁启超的维新变法到孙中山的资产阶级民主革命，都试图按照三权鼎立的学说来改造中国，但都以失败而告终。多党竞争也是如此，辛亥革命后中国曾一度出现多党政治，宋教仁案件的发生充分说明资产阶级民主政治在中国行不通。抗日战争胜利后民族资产阶级幻想在中国走第三条道路，最终被蒋介石宣布民盟为非法团体而被迫解散。历史证明，只有在中国共产党领导下，建立起人民民主专政的国家政权，建立起人民代表大会制度、中国共产党领导的多党合作和政治协商制度、民族区域自治制度以及基层群众自治制度等一整套社会主义民主政治制度，中国才真正实现了从延续两千多年的封建专制政治向民主政治的历史性跨越，实现了从近代以来照搬西方资本主义民主政治模式的失败尝试向建设新型的中国特色社会主义民主政治的历史性转变。中国特色社会主义政治制度真实地体现了人民群众的意志和愿望，并在人民群众的自觉推动中不断完善和发展。如果我们放弃长期以来行之有效的政治制度，实行西方资本主义国家那一套政治制度，必然动摇我国社会主义民主政治制度的根基，动摇人民当家做主的政治地位，危及国家的统一和民族的团结。

邓小平指出："我们评价一个国家的政治体制、政治结构和政策是否正确,关键看三条:第一是看国家的政局是否稳定;第二是看能否增进人民的团结,改善人民的生活;第三是看生产力能否得到持续发展。"①党的十一届三中全会以来,正由于我们始终不渝地坚持中国特色社会主义政治发展道路,坚持从中国国情出发,对社会主义经济、政治、文化、社会建设和改革总体部署、协调推进,不断完善人民代表大会制度、中国共产党领导的多党合作和政治协商制度、民族区域自治制度以及基层群众自治制度,人民民主的内容不断扩大、形式不断丰富、实践不断深化,社会主义法制不断健全,党和国家的活力、人民群众的积极性创造性充分发挥,促进了生产力持续发展、社会全面进步,保持了国家政局稳定和社会安定和谐。历史证明,中国特色社会主义政治发展道路是一条正确的道路。

(二)坚持中国特色社会主义政治发展道路是中国社会发展的现实要求

我国社会主义正处于重大的历史转折时期,实现由原有的计划经济体制向社会主义市场经济体制的转变,完成全面建设社会主义小康社会的目标,一方面要不断推动经济和社会发展、进步,另一方面需要一个稳定的社会环境。

中国特色社会主义政治发展道路的核心是党的领导、人民当家做主和依法治国的有机统一,在三者关系中,党的领导是根本保证。坚持党对社会生活包括对政治建设的领导,具有至关重要的意义。人民民主是三者关系的本质和核心。人民民主是靠制度来保障的,离开了社会主义政治制度,人民当家做主就是空谈。作为我国政体的人民代表大会制度和共产党领导的多党合作与政治协商制度、民族区域自治制度和基层民主制度,是在中国国情的基础上产生和发展起来的,是符合我国国情的最便利的制度,是社会主义民主的重要体现。我国的人民代表大会制度是依照民主集中制的原则建立的,是一种既有统一又有分工,既有制约又有协调的体制。这种体制的设计是比较科学合理的,具有比较明显的优点。从中国国情出发发展民主,就必须坚持这个制度,不能简单照抄照搬西方的政体模式。共产党领导的多党合作和政治协商制度,既是中国历史发展的合乎规律的结果,也是当代中国现实发展的必然要求,有着自己特有的优势,应当在实践中坚持和完善,而不能简单地仿效西方的多党制。国外有学者对多党制有一个定量分析:在 23 个实行一党制的发展中国家中,政局稳定的有 19 个,比较稳定的 4 个,

---

① 《邓小平文选》第三卷,人民出版社 1993 年版,第 213 页。

不稳定的 0 个。在 26 个实行多党制的国家中，政局稳定的有 11 个（其中 10 个是西方发达国家），相对稳定的有 2 个，不稳定的达 13 个。发展中国家实行多党制的绝大部分都呈政局不稳定状态。此外，我国的民族区域自治制度的建立也完全是从中国国情实际出发的。新中国建立时，有人曾经提议学习苏联的联邦制，我们党没有采纳，而是决定在处理民族平等关系上建立民族区域自治制度。事实说明，实行这个制度，没有像苏联那样最终造成国家的分裂。这个制度同样不能改变。至于基层民主制度，完全是改革开放以来党和人民在政治实践中的崭新创造。基层民主制度为广大人民群众直接行使民主权利，自己管理自己的经济、政治和文化生活提供了制度保障，更是应该长期坚持。中国是一个正在进行改革开放和现代化建设、处于社会转型时期的发展中国家，社会矛盾错综复杂，非常需要政局稳定。如果实行三权鼎立、多党竞争体制，无疑要把中国推向动乱甚至分裂，断送中国现代化的前程。正如邓小平同美国前总统卡特的谈话中所说：中国如果照搬你们的多党竞选、三权鼎立那一套，肯定是动乱局面。只有坚定不移地坚持社会主义政治制度，才能保证中国的政治稳定。

四、深化政治体制改革，推进中国特色社会主义政治发展

坚持中国特色社会主义政治发展道路，必须通过政治体制改革不断地推进社会主义政治发展。

党的十七大提出进一步完善社会主义市场经济体制、实现国民经济又好又快发展。发展社会主义市场经济内在要求民主和法治，实现国民经济又好又快地发展客观地呼唤政治体制改革。市场经济的发展为民主和法治的发展提供经济基础，民主和法治的发展反过来又为市场经济的持续健康发展提供保证。只有坚定不移地发展民主法治，才能为完善社会主义市场经济体制、实现国民经济又好又快发展提供政治保障，充分激发强大的政治凝聚力和社会整合力，为推动社会主义经济发展提供不竭动力。当前，人们普遍感到，进一步完善社会主义市场经济必须消除原有的体制性障碍，包括经济体制障碍和政治体制障碍。进一步解放思想，实事求是，一切从客观实际出发，在深化经济体制改革的同时，不断推进深化政治体制改革的步伐，真正消除完善社会主义市场经济、实现国民经济又好又快地发展的体制性障碍，是我们面临的重要任务。

构建和谐社会的核心是维护社会公平正义。公平正义的实现，依靠建

立起一整套相应的制度和程序来维护。而这样的制度和程序的建立,只能通过发展民主和健全法制来实现。在构建和谐社会的历史条件下,人民群众要求社会公平正义的呼声不断提高,社会管理的难度增加,客观地要求通过更加广泛的协商民主,提高决策的科学化、民主化,促进决策的合理性,求得人民群众的配合和支持。只有不断推进民主政治建设,不断深化依法治国,才能适应构建和谐社会新的历史要求。

深化政治体制改革,我们面临着一系列艰巨的任务:

（一）积极探索改革和完善党的领导方式和执政方式的合理途径

坚持党的领导、人民当家做主和依法治国的有机统一,是中国特色社会主义政治发展道路的基本规律和客观要求,是社会主义政治建设的根本原则和实现途径。坚持党的领导必须改善党的领导。实现党的领导、人民当家做主和依法治国的有机统一,关键在于改革和完善党的领导方式和执政方式。

现代政治学将人类的政治生活看成是一个有着一定的结构、功能并处在运动变化之中的开放系统。在一些西方学者看来,"政治体系不仅包括政府机构,如立法机关、法院和行政部门,而且包括所有政治结构中与政治有关的方面"①。在一定的政治系统中,权力配置方式非常重要。要想维护政治系统的正常良性运转,各种政治权力必须达到一种动态的平衡,即政治资源配置与系统活动的合理,才能保证政治的良好发展。我国的社会主义政治系统是基本合理的,但也存在着不合理的一面。在我国,由于原有政治运行机制和操作程序即政治体制上还存在着不少弊端,影响着政治制度的良性发展。这其中,党的原有领导方式和执政方式是重要因素。我国原有政治体制的主要弊端是"权力过分集中"和"党政严重不分",而"党政不分"主要根源则是所谓"党的一元化领导"和事实上的二元权力结构。其不良后果是:一是导致权力过分集中;二是使国家政治权力不能合理配置;三是造成机构不断膨胀;四是事实上伤害了党的领导威望。十一届三中全会以来,党和人民为了解决这个问题进行了积极的探索,但是由于种种原因,党的领导、人民当家做主和依法治国有机统一还不到位,社会主义民主制度还不够完善。从理论上看,对三者有机统一缺乏系统深入的研究。从实践上看,三

---

① ［美］加布里埃尔·A. 阿尔蒙德与小 G. 宾厄姆·鲍威尔:《比较政治学:体系、过程和政策》,曹沛霖等译,上海译文出版社 1987 年版,第 5 页。

者之间的有机统一和辨证结合还没有找到制度化、程序化、法治化的路径，党的领导方式和执政方式的改革与完善还远远没有完成。在现行政治生活中，党委与人大、政府、政协、司法的关系还未理顺，权责不清、职能交叉，以党代政、以权代法等现象依然存在。

改变以往党政不分、职能交叉、以党代政的状况，关键是理顺执政党与国家政权之间的关系。在这个问题上只有两条出路：第一条出路是党与国家政权彻底分离。这就会在事实上造成两种情况，要么沿袭以往党的执政方式，即党高居于国家政权之上，超越人民代表大会去执掌国家政权；要么是党完全不参与管理国家事务，处理不好就会丧失党的执政地位。第二条出路即党应当科学合理地融入国家政权中去活动。当然，执政党依法融入国家政权活动，绝不是过去那种党政严重不分的状态，而是按照科学执政、民主执政、依法执政原则，探索和寻求一系列合理、规范、合法的方式和体制，进入国家政权并且对其实现影响和控制。

在我国，执政党融入国家政权，关键是应该融入进人民代表大会。人民代表大会是法定国家权力机关，是人民群众在政治上当家做主的主要途径和根本形式。强化人民代表大会在社会主义政治生活中的权威地位和政治功能，是发展社会主义民主的重要目标。执政党应该与时俱进，逐渐融入人民代表大会制度之中进行执政活动，利用这个制度平台，依照宪法和法律，团结民主党派，带领人民群众行使执掌国家政权的权力，依法通过人民代表大会领导政府机关和司法机关，实现党的领导和人民民主的统一，实现执政实质合法性与程序合法性的统一。这可以考虑通过两个层面进行：

第一个层面，与各级国家政权相应的党委对人民代表大会和行政机关、司法机关实行政治领导。具体是：第一，制定符合人民根本利益和意志要求的路线、方针、政策并且通过立法上升为国家意志。第二，党组织依照法律规定推荐优秀共产党员到人民代表大会中出任人民代表和负责人，推荐优秀共产党员到行政机关和司法机关工作，通过他们确保党的决议、奋斗目标和纲领得到贯彻和执行。第三，党通过意识形态的控制和思想政治宣传工作，向社会灌输先进的政治理念并且宣传党的路线方针政策。第四，通过人民代表大会的党组组织共产党员代表发挥执掌政权的作用。

第二个层面，执政党的成员应该善于在人民代表大会中规范合法地活动，执掌国家政权。为此，要注意解决好以下几个问题：第一，执政党选派政治精英进入国家政权活动要通过合法选举途径。可以采取以下做法：一是在充分实行党内民主的基础上，差额推荐各级人民代表党员候选人以及人民代表大会领导机构组成人员人选。二是党员人民代表应该按照合理的结构组成。三是选派到各级人民代表大会中去活动的党的优秀分子必须是德才兼备、真正具有参政议政能力的人员。第二,实现执政程序的规则化。主要包括:一是政治协商程序。二是人大审议程序。三是民主监督程序。第三,组成中国共产党在人民代表大会的党团。执政党在人民代表大会中的人员在党团的统一协调下,通过卓越的参政议政水平和能力实现党的执政纲领,具体体现在:一是保证执政党向国家权力机关提出政策建议和人事建议顺利通过。二是执政党党员代表通过自身的努力保证党的意见和建议上升为国家意志。三是善于卓有成效地对非执政党的人民代表做解释说服和宣传工作,赢得非本党代表对执政党的主张和建议的支持和赞同。

执政党通过在人民代表大会中占据优势,实施对国家和社会的领导,党就直接进入和掌握了国家权力机关,而不是居于国家政权之上;党委对人大的作用方式就变为主要是在人大体制内部发挥作用,而不像原来那样通过指令性的指示或建议的方式从外部对人大施加影响;政府和司法机关不是向党委负责并报告工作,而是对以执政党为主体的各级人大及其常委会负责和报告工作。这样一来,政治权力双轨制的情况就可以得到改变,党政关系就能得到理顺,党的领导、人民当家做主和依法治国就有可能实现有机统一。

(二)从完善政治制度上保证人民当家做主

发展社会主义民主,制度问题带有根本性、长期性、稳定性。通过政治体制改革不断坚持和完善社会主义政治制度,是我国民主建设的基本途径。改革开放以来,随着经济和社会发展,人民生活水平不断提高,群众的政治参与意识、权利意识日益增强,对民主的要求更加迫切。但是,目前在丰富民主形式、扩大公民有序政治参与方面还远远不够。十七大指出,"要健全民主制度,丰富民主形式,拓宽民主渠道"。如何通过政治体制改革不断丰富和创造多种多样的民主形式,保障人民的知情权、参与权、表达权、监督权;如何抓住制度建设这个重要环节,在制度创新方面取得新进展,不断探索人民依法管理国家事务和社会事务、管理经济和文化事业的新途径新形式,从制度上满足人民群众不断增强的政治参与要求,都是需要解决的问题。

第一,坚持和完善人民代表大会制度。人民代表大会制度是我国的根本政治制度,是中国人民当家做主的基本组织形式。在中国发展民主首先必须坚持这个制度。同时,也要通过政治体制改革不断完善这个制度。当前,人民代表大会制度还不够完善。人民代表大会在选举、立法、人事任免、决定重大事项、监督等方面,都程度不同地需要进一步改善。譬如,选举中缺乏竞争,造成某些代表的参政议政素质不高;人民代表的阶级、阶层比例还不够合理,工农代表比例偏低,国家公职人员比例过大,难以充分反映各方面的利益要求。人大自身建设和工作机制上也存在不少薄弱环节。人大常委会组成人员年龄偏大、专职委员太少;专门委员会的建设还不完善;监督职能还不很到位。为此,(1)要提高选举质量,引进竞争机制,扩大差额选举,进一步维护人民的选举权利。(2)要加强人民代表大会及其常委会自身建设,逐渐选拔年富力强、德才兼备的干部到人代会工作,改变目前将人代会作为安排退居二线干部场所的做法,真正依法履行国家权力机关职能。(3)要强化人民代表大会及其常委会对宪法和法律实施情况的监督,完善违宪审查制度。

第二,坚持和完善中国共产党领导的多党合作和政治协商制度。中国共产党领导的多党合作和政治协商制度是我国的一项基本政治制度,是在长期的革命和建设实践中形成的,是马克思主义政党理论与中国民主政治建设实际相结合的产物。当前,人民政协的政治协商功能发挥得还不够充分,用"通报"代替"协商"的现象还未杜绝;民主党派和民主人士参政议政的渠道还不够广泛;民主监督的约束力不够、权威性不强;政协委员的界别设置也不够合理。因此,推进政治协商、民主监督和参政议政的制度化、规范化和程序化,是完善人民政协制度的当务之急。(1)推进政治协商的制度化、规范化和程序化。应该切实将协商机制引入决策的全过程,坚持在重大决策之前和决策执行过程中进行政治协商。要进一步制定政治协商的一些程序性规定和具体实施细则,把决策前必须进行协商的内容和范围、进行协商的步骤和程序,以及各级党委和政府对于政治协商意见的办理和反馈程序等问题,作出具有可操作性强的具体规定。(2)建立健全科学系统、完整配套的参政议政制度。应当通过建立健全组织协调机制、完善知情渠道和决策参与程序等,保证政协委员政治参与的制度化、规范化和程序化。执政党应该为民主党派和无党派人士参政议政创造条件。(3)创新民主监督长效机制。参政党通过人民政协和其他形式履行民主监督的职能,实现对执政党的监督,是多党合作和政治协商制度的重要内容。应当与时俱进地创新民主监督的形式和程序,逐渐形成民主监督的长效机制。(4)根据社会结构和阶层的变化,合理设置政协界别,合理确定新的界别种类,更加适应新的历史需要。

第三,坚持和完善民族区域自治制度。在我国,民族区域自治制度是中国共产党解决民族问题的一种制度创新,是马克思主义民族观在中国的制度化实践。坚持和完善民族区域自治制度的根本目的是促进民族地区的经济发展和实现各民族共同繁荣。首先,促进各民族共同繁荣,必须把解放和发展民族地区的生产力作为根本任务,加快民族自治地方的经济建设,改变民族地区的落后状况,使少数民族彻底摆脱贫困。其次,加强民族区域自治的法制建设。用法律调整民族关系,保障各民族的平等权利,维护国家的统一和各民族的团结,促进经济文化事业的发展。民族区域自治地方,要从本地政治、经济、文化、教育发展的需要出发,制定与《民族区域自治法》相配套的各种政策和法规,做到有法可依,有法必依,执法必严。最后,要把加快培养造就一大批民族干部队伍作为完善民族区域自治的关键措施。

第四,坚持和完善基层群众自治制度。基层民主是中国特色社会主义民主最广泛的实践活动,是政治建设和政治体制改革的重要组成部分。十七大指出,"发展基层民主,保障人民享有更多更切实的民主权利"。同时指出,扩大基层民主,保证人民群众直接行使民主权利,依法管理自己的事情,是发展社会主义民主的基础性工程。

改革开放以来,我国的基层民主建设取得了较大成就。但是从社会主义民主的发展要求和具体的基层工作实践来看,仍有不少问题亟需研究和解决。譬如,基层政府依法行政与社区(村)依法自治的关系尚未理顺,农村"两委"、"乡村"关系还不协调;境外势力、宗教势力、黑社会势力渗透、干预基层选举的现象时有发生,个别地方甚至被宗族势力和不良分子操纵选举,窃取权力。城市基层民主参与机制还不健全,居民群众行使民主权利的渠道还不够畅通;企业职工民主管理缺乏力度,特别是民营企业和外资企业在职工参与民主管理方面缺乏制度安排;《城市居民委员会组织法》、《村民委员会组织法》的某些规定目前已经不能适应新的形势,制约了依法推进基层民主的进程。按照十七大的要求,应该进一步健全基层自治组织和民主管理制度,完善公开办事制度,保证人民群众依法直接行使民主权利,管理基层公共事务和公益事业,对干部实行民主监督,在实践中积极引导广大群众依法有序探索基层民主的各种具体形式。

(三)扩大公民政治参与的形式,拓宽公民政治参与渠道

政治参与是普通公民或公民团体通过合法方式参加政治生活,并影响政治体系的构成、运行方式、运行规则和政策过程的行为。它是政治关系中公民政治权利得以实现的重要方式,反映着一个社会民主政治的发展水平。政治参与是需要一定的形式和渠道的,如果参与形式不丰富,参与渠道不畅通,政治诉求得不到表达,政治情绪无法正常宣泄,不仅正常政治生活缺乏

保障,还容易引发政治动乱。当前,在丰富民主形式、扩大公民有序政治参与方面还远远不够。公民的知情权、参与权、表达权、监督权缺乏具体法律保障。在公民监督方面,以民主制约权力缺乏制度规范,政务公开不够也不及时,新闻舆论监督缺乏操作性。同时,公民民主权利行使能力和水平还不高,民主参与的渠道也不够丰富。特别是由于选举活动中缺乏竞争机制,候选人差额过小,选民对候选人情况缺乏了解,外出务工的农民不能在实际驻地"落地选举",导致部分选民对选举态度冷漠。为了保证公民积极有序地进行政治参与,应该通过政治体制改革不断丰富和创造多种多样的民主形式。譬如,政治协商对话形式、民主恳谈会形式、公民对一些涉及切身利益的重大问题实行表决形式等,都可以在实践中进一步推行完善。应当不断探索拓宽与之相应的政治渠道,譬如除了充分发挥工会、妇联、共青团组织联系群众的作用之外,还应该积极有序地发展民间组织包括建立代表农民利益的农会等。

(四)以法治建设保障人民民主

研究政治发展的学者认为,"现代法律是政治发展的一个基本因素"。实现党的领导和人民当家做主的辩证统一,重要途径在于坚持依法治国。依法治国是指依照法律去处理国家事务的治国方式以及国家所处的依法治理状态。依法治国所依据的法包括宪法和法律,反映了党的主张和人民的意志。因此,依法治国既是党的领导的重要形式,也是人民当家做主的重要形式,是党的领导和人民当家做主相统一的体现。

第一,依法治国是坚持和改善党的领导的重要途径。宪法和法律是党领导人民制定的。在依法治国的条件下,党必须在宪法和法律的范围内活动。党代表人民利益形成的路线、方针、政策,不能简单地作为治理国家的依据,像以往那样实行"政策治国",而是要把这些正确的路线、方针、政策上升为国家意志,形成法律。离开了宪法和法律,缺乏制度和法律规范,党就很难保证实行正确的领导,甚至可能出现问题,给人民利益带来损害。所以,党既应当是推进社会主义法制建设的领导力量,也应当适应法治的要求将自己置于宪法和法律的规范约束下,才能更好地实现党的领导。同时,改革和完善党的领导方式的正确成果,必须通过法律形式加以确认和固定,具有法律效力,使党始终做到在宪法和法律的范围内活动。

第二,依法治国是发展民主的根本保障。人民拥有对国家事务最终实行决定的权力,是社会主义民主的本质要求,但如果没有一定的制度和法律作为载体,这种本质就无从体现。只有实行民主的制度化和法律化,民主才真正具有坚实可靠的基础和保证,所以,必须用制度和法律确认人民民主的地位、规范民主的活动,实现公民参与社会政治生活的有序化,真正维护人民群众的根本利益。同时,为了发展民主而采取的政治体制改革的积极成果,也应该及时用法律进行确认和固定,使人民在政治上当家做主真正具有制度和法律上的坚实保障。

五、实事求是地吸收西方政治文明的合理成果

坚持中国特色社会主义政治发展道路,并不排斥我们应该辩证地吸收资本主义政治文明中的合理成果。必须看到,社会主义政治发展没有也不应当偏离人类政治文明的康庄大道。民主法治作为一种与封建专制相对立的现代政治文明成果,具有一些最基本的要素,这些要素是社会主义和资本主义都共同具有的。所以,在社会主义政治建设的进程中,应当认真研究和借鉴世界上先进国家政治发展的成功经验和合理做法。

资本主义在几百年的时间里,创造了一整套代议制运行机制和操作程序,其中有许多人类文明共同成果,值得我们参考和借鉴。譬如,我们的政党制度与西方国家有很大不同,但都是实行政党执政。西方国家在政党执政规范化、法制化、程序化方面的有益成果就值得我们在改革和完善党的领导方式和执政方式过程中思考、研究。我国人民代表大会制度和西方的议会制在性质、内容上有很大不同,但两者却有很多相近的地方,因而,代议制中的某些做法如选举制度中某些行之有效的做法、权力设置和权力监督中的某些有益成果,都有值得我们思考和借鉴之处。

20世纪以来,随着历史的发展和时代的前进,西方社会除了传统的代议制选举民主之外,产生了"多元民主"、"参与民主"、"协商民主"、"社群民主"、"治理"等现代民主理论和形式,使民主活动呈现出丰富多彩的局面,使人民大众政治权利有所扩大、公民政治参与的领域更加广泛。对于上述这些民主理论和实践形式,由于国情和社会发展阶段的差异,我们当然不能简单照抄照搬。但是,其中一些合理之处,我们应该认真地开展研究,实事求是地加以借鉴。此外,西方政治发展的特点之一是民主的制度化、规范化和法制化,在这个问题上,他们有不少成功的经验。譬如,根据政治发展的实践成果和现实需要适时制定法律;法律出台以后尽可能地坚持依法办事,实现在法律面前人人平等;司法运作机制的比较规范和便于操作等,都有一些能够给我们以启发的地方,可以为我们进一步推进民主的制度化、规范化、

法制化提供参考。

六、处理好政治发展与政治稳定的关系

在推进中国特色社会主义政治发展道路的进程中,一定要正确处理好政治发展与政治稳定的关系。所谓政治稳定就是传统政治体制向现代政治体制过渡(即政治发展)过程中,政治系统动态的有序性和连续性。有序性是指政治体系内部各要素排列秩序的合理性;连续性是指政治体系不发生质变。政治稳定既是政治发展的目标之一,又是政治发展的重要条件。

首先,政治发展能够促进政治稳定。这是因为:第一,政治发展赋予政治稳定新的内容和活力。政治稳定是一个动态过程,这一过程的实现有赖于政治发展。从理论上说,从长远的角度看,政治发展与政治稳定之间是相辅相成的。因为政治越发展,社会和国家的民主法治机制越健全,公民的政治参与机会越充分,社会情绪宣泄的渠道越广泛,则社会稳定的系数就越大。所以,政治发展最终有利于社会稳定。第二,政治发展本身也能减少或消除政治不稳定因素。政治发展在具体目标上不外乎是使政治体系进一步合理、规范,能够提高政府行政质量,提高政治制度化、民主化水平,疏通和拓宽政治参与渠道等,这里的每一个具体目标都是政治稳定的基石。政治体系合理、规范,政府行政效率高,就可以有序和公平地解决复杂的社会政治问题,使人民的政治要求和政治意愿顺畅表达出来,增强人民对执政党和政府的信任感,强化政治稳定所必需的凝聚力和向心力。

其次,只有维护社会政治稳定才能为推进政治发展提供保障。现代政治文明建设的重要标志是政治发展应当在稳定有序的状态下进行。社会生活处于不稳定状态,秩序失控,动乱不止,制度和法律失去作用,政治发展就无从谈起。历史告诉我们,如果搞破坏法律和秩序的所谓"大民主",那就必会造成极端民主化和无政府主义的严重泛滥,造成安定团结政治局面的破坏。只有在坚持四项基本原则的前提下,按照有领导、有秩序的原则和依照法制办事,才能真正推进社会主义政治发展。"在转型期间,从结构到体制的全面转换必然带来利益格局的大动荡、大调整、大分化,从而引发种种曲折与失衡、矛盾与冲突。"①转型时期新旧体制的某些冲突和矛盾;利益要求

---

① 张雷、程林胜:《转型与稳定》,学林出版社 1999 年版,第 89 页。

和实现之间的冲突和矛盾;原有价值观念和新的价值观念之间的矛盾;传统文化和现代文化以及中国文化和西方文化之间的冲击和碰撞,不可避免地产生了一系列的社会问题,造成某些不稳定因素。改革开放以来特别是发展社会主义市场经济以来,社会生活中出现了许多原来没有过的新情况。譬如与坚持以公有制为主体、多种经济成分共同发展的经济制度和实行以按劳分配为主体、多种分配方式并存的分配制度相联系的经济多样化,必然产生政治要求上的多样化,怎样用民主的方式协调各方面的利益和政治要求,这在过去是从来没有的,这就使政治生活呈现出非常复杂的状况。在这种错综复杂的情况下,某些不稳定因素就会与推进民主进程发生某种矛盾。如果处理不好,不仅社会主义政治建设得不到健康顺利的发展,搞不好甚至会葬送社会主义政治发展已有的成果。我们党提出"必须把改革的力度、发展的速度和社会可以承受的程度统一起来,在社会政治稳定中推进改革、发展,在改革、发展中实现社会政治稳定"。这实际上已经明确提出了动态政治稳定的思想。坚持在改革和发展中去实现社会政治稳定,通过稳定来促进改革和发展,正确处理改革、发展和稳定的辩证关系,树立现代的稳定观念并且积极实践,就可以避免"政治改革—影响稳定"的两难困境。

（本题作者：李良栋）

第八题

论中国特色社会主义核心价值观

一个社会的本质、特征和理想追求集中表现为该社会的基本的价值观念和价值取向,这种价值观念和价值取向往往通过某些具体的概念和范畴得到表述。这些概念和范畴归根到底源于该社会的社会实践及其发展的需要,反映该社会的根本性质以及社会成员的共同理想和愿望。但它们一旦形成并成为该社会的主体意识和主导理念,又会对社会的发展起到重要的规范、引导和推动作用。

中国特色社会主义也有其自己的基本价值,这些基本价值在整个中国特色社会主义价值体系中处于核心的地位。它们既是当代中国社会的本质规定、应然趋向以及大多数社会成员的根本利益的集中体现,同时也是马克思主义的本质精神与当代中国社会主义现代化建设实际相结合的结晶。应予确认,民主、富强、公正、和谐、自由是中国特色社会主义的基本价值观或核心价值观。明确规定和在全社会普遍树立、弘扬这些核心价值观,对于中国特色社会主义的建设和发展具有重要的意义。

一、马克思主义关于民主、富强、公正、和谐、自由的思想

马克思主义经典作家关于社会主义和共产主义价值观的论述,是马克思主义的一个极为重要的组成部分,它们构成了一个完整的价值观体系。其中,关于民主、富强、公正、和谐、自由等思想具有十分突出的地位,为我们

思考、提炼和确立中国特色社会主义的核心价值观提供了最重要的理论依据和直接的思想理论来源。

（一）民主

马克思主义经典作家从人类解放这一伟大事业出发,对民主问题非常重视。

马克思的民主理论主要是在批判资产阶级民主的基础上形成和发展起来的,其核心是提出了关于共产主义社会的民主形态的构想。

马克思的民主思想有其自身的发展逻辑和理论特质,具有丰富的思想内涵。它既是马克思政治哲学的一个重要方面,又是表现其哲学思想的一个独特维度。在 1843 年的《黑格尔法哲学批判》中,马克思通过批判黑格尔的国家观以及君主立宪制,第一次从正面论述了其民主思想。民主作为一个本体论的概念,在马克思那里首先是作为国体出现的。它强调的是人民在社会生活中的主体地位。这也是遵循"民主"(Demokratie)一词在德文中的原意,即"人民当权"。在这里,人民作为历史的主体,具体化为权力的主体。马克思指出,未来民主制的实质就是人民主权。民主的主体是人民本身,也就是人民民主。人民民主有着其自身的现实性、社会性、自由性。马克思提:"在民主制中,国家制度本身只表现为一种规定,即人民的自我规定。……在这里,国家制度不仅自在地,不仅就其本质来说,而且就其存在、就其现实性来说,也在不断地被引回到自己的现实的基础、现实的人、现实的人民,并被设定为人民自己的作品。国家制度在这里表现出它的本来面目,即人的自由产物。"①无产阶级取得政权,实现民主,这正是体现了人民主权的民主本质,同时通过无产阶级民主这种过渡形态,国家走向消亡,人类才能实现更高的自由。

马克思指出:"如果说无产阶级在反对资产阶级的斗争中一定要联合为阶级,通过革命使自己成为统治阶级,并以统治阶级的资格用暴力消灭旧的生产关系,那么它在消灭这种生产关系的同时,也就消灭了阶级对立的存在条件,消灭了阶级本身的存在条件,从而消灭了它自己这个阶级的统治。"②在消灭阶级的同时,无产阶级专政也会随之消失,通过无产阶级专政的民主形态,才能实现全社会的、最高的民主理想。马克思正是从反对专制主义走

---

① 《马克思恩格斯全集》第 3 卷,人民出版社 2002 年版,第 39 页。
② 《马克思恩格斯文集》第 2 卷,人民出版社 2009 年版,第 53 页。

向新型无产阶级民主,实现全人类的自由。晚年,马克思对民主的本质和主体进行了再考察,对民主主体进行了具体的界定。1871 年巴黎公社革命之后,马克思在《法兰西内战》中对巴黎公社原则进行了系统的分析,从实践上进一步完善了其民主思想。马克思具体论述了公社的民主本质以及公社实行的人民主权原则,他指出:"公社的真正秘密就在于:它实质上是工人阶级的政府,是生产者阶级同占有者阶级斗争的产物,是终于发现的可以使劳动在经济上获得解放的政治形式。"①这说明公社是人民的代表,是人民在经济上获得解放的政治、民主形式。对于民主的主体,马克思明确指出是"人民",而这里的人民也不再是一个抽象的概念,"人民"被界定为包括工人、农民等在内的一切劳动群众。马克思赋予了"人民民主"广泛的主体外延。

马克思说:"在真正的民主制中政治国家就消失了。"②因为在资本主义社会里,民主更多地体现在资本的力量,政治舞台成了资本的角力场。所以在资本主义社会,民主更多地表现为形式的民主。因此,人民是难以获得真正的民主的。而在共产主义社会中,在民主制真正实现的社会里,由于人民民主得到了实现,人民能够决定一切事物,政治国家和政治制度就不再有合理性和现实性了。

在列宁那里,民主作为政权组织形式不仅受到关注和研究,而且还被付诸实践,建立了世界上第一个新型民主类型的社会主义国家。列宁进一步明确地把民主与社会主义的本质相联系,指出:"没有民主,就不可能有社会主义……胜利了的社会主义如果不实行充分的民主,就不能保持它所取得的胜利,并且引导人类走向国家的消亡。"③

列宁还提出了"民主集中制"这一重要的领导制度和领导原则,并使其在党和国家政治体制的构建和运作中得到较为彻底的贯彻。在列宁那里,民主集中制这一公式本身是十分灵活和有伸缩性的。在社会实践中,根据不同的情况,列宁具体地运用民主集中制这个统一体的这一面或那一面。但是正如列宁自己所申明的,民主集中制这一原则的重点在于集中而不是民主。

毛泽东的民主观的最大特点表现在,他着重强调我国社会主义民主政治的国体,即着重强调我国人民民主专政的阶级性,或国家的阶级属性。在

---

① 《马克思恩格斯全集》第 3 卷,人民出版社 2002 年版,第 41 页。

② 《马克思恩格斯全集》第 3 卷,人民出版社 2002 年版,第 41 页。

③ 《列宁全集》第 28 卷,人民出版社 1990 年版,第 168 页。

这一意义上,毛泽东为中国特色社会主义民主政治奠定了最重要的基础。毛泽东于新中国建立之前在《论人民民主专政》一文中指出:"中国人民在几十年中积累起来的一切经验,都叫我们实行人民民主专政,或曰人民民主独裁,总之是一样,就是剥夺反动派的发言权,只让人民有发言权。"①

新中国建立后,1954年6月14日,毛泽东在《关于中华人民共和国宪法草案》一文中重申了他的观点:"我们的民主不是资产阶级的民主,而是人民民主,这就是无产阶级领导的、以工农联盟为基础的人民民主专政。"②尤其是在三大社会主义改造基本结束后,当社会主义经济制度与政治制度基本确立后,毛泽东在《关于正确处理人民内部矛盾的问题》一文中,再次论述了我国社会主义民主政治的国体,他指出:"我们的专政,叫做工人阶级领导的以工农联盟为基础的人民民主专政。这就表明,在人民内部实行民主制度,而由工人阶级团结全体有公民权的人民,首先是农民,向着反动阶级、反动派和反抗社会主义改造和社会主义建设的分子实行专政。"③人民民主专政作为国体形式更能体现民主的本质,也更适合中国的国情。

毛泽东对人民民主专政进行了具体的界定,他说:"对于人民内部,则实行民主制度,人民有言论集会结社等项的自由权。选举权,只给人民,不给反动派。……对人民内部的民主方面和对反动派的专政方面,互相结合起来,就是人民民主专政。"④毛泽东肯定了民主的方式对于破解朝代兴衰周期率的关键作用,他说:"我们已经找到新路,我们能跳出这周期率。这条新路就是民主;只有人民来监督政府,政府才不敢松懈;只有人人起来负责,才不会人亡政息。"⑤

可以说,毛泽东对于我国社会主义民主政治、国体、阶级性的论述,构成了其理论的重点,是其民主观的核心部分。毛泽东的民主思想是对马克思主义国家学说的创新和发展。在新的历史时期,毛泽东的民主思想对于我们建设有中国特色的社会主义民主政治仍具有重要的启示意义。

毛泽东一直很重视民主政治建设,然而却忽视了民主作为一种国家制度,是社会主义建设的根本目标之一。他曾说道:"民主这个东西,有时看来

---

① 《毛泽东选集》第四卷,人民出版社1991年版,第1475页。
② 《毛泽东文集》第六卷,人民出版社1999年版,第326页。
③ 《毛泽东文集》第七卷,人民出版社1999年版,第207页。
④ 《毛泽东选集》第四卷,人民出版社1991年版,第1475页。
⑤ 《十六大以来党和国家重要文献选编》上(一),人民出版社2005年版,第473页。

似乎是目的,实际上,只是一种手段。"①正因为对民主重要地位的认识不够,所以才导致了在实践中民主政治建设时常遭到削弱。而邓小平基于历史教训,明确地把发展社会主义民主确定为建设社会主义的基本方针。邓小平于 1979 年 3 月在《坚持四项基本原则》讲话中指出:"继续努力发扬民主,是我们全党今后一个长时期的坚定不移的目标。"②我国社会主义发展的历史教训主要有两条:一条是没有集中力量发展经济,一条是没有切实建设民主政治。有鉴于此,以邓小平为核心的第二代中央领导集体把建设民主政治的任务提到战略高度,确定为我国社会主义现代化的一个伟大目标。邓小平始终把民主政治建设同社会主义联系在一起,同社会主义现代化联系在一起,认为没有民主就没有社会主义,就没有社会主义的现代化。

邓小平在总结"文化大革命"的教训后,认识到民主对国家长期健康发展的重要性。他说:"无产阶级专政对于人民来说就是社会主义民主,是工人、农民、知识分子和其他劳动者所共同享受的民主,是历史上最广泛的民主。……没有民主就没有社会主义,就没有社会主义的现代化。当然,民主化和现代化一样,也要一步一步地前进。社会主义愈发展,民主也愈发展。"③

邓小平曾指出中国政治体制改革的一个重要目标是"发展社会主义民主"④。江泽民在继承邓小平思想的基础上,第一次明确地确认中国政治体制改革的目标是建设有中国特色的社会主义民主政治。江泽民在党的十四大报告中指出,"我们的政治体制改革,目标是建设有中国特色的社会主义民主政治"⑤。

1997 年,江泽民在党的十五大报告中指出:"社会主义民主的本质是人民当家作主。"⑥在十五大报告中,江泽民又把民主政治纳入党的基本纲领的范畴,并确定政治体制改革必须与法治国家有机地统一起来,强调"健全社会主义法制,依法治国,建设社会主义法治国家"⑦。江泽民将依法治国作为党领导人民治理国家的基本方略,这是对邓小平民主观的一个重大发展。

---

① 《毛泽东文集》第七卷,人民出版社 1999 年版,第 208 页。
② 《邓小平文选》第二卷,人民出版社 1994 年版,第 176 页。
③ 《邓小平文选》第二卷,人民出版社 1994 年版,第 168 页。
④ 《邓小平文选》第三卷,人民出版社 1994 年版,第 177 页。
⑤ 《江泽民文选》第一卷,人民出版社 2006 年版,第 235 页。
⑥ 《江泽民文选》第二卷,人民出版社 2006 年版,第 28 页。
⑦ 《江泽民文选》第二卷,人民出版社 2006 年版,第 28 页。

1998 年 12 月 18 日,江泽民在总结改革开放以来我们党的主要历史经验时指出:"共产党执政,就是领导和支持人民掌握和行使管理国家的权力,实行民主选举、民主决策、民主管理、民主监督,保证人民依法享有广泛的权利和自由,尊重和保护人权。"①这些都是江泽民关于人民当家做主的社会主义民主思想的集中体现。

江泽民的民主观适应社会主义市场经济体制与社会主义现代化建设的需要,在继承邓小平民主观的基础上,通过着重强调民主政治法制化、决策民主化、科学化以及加强民主监督与建立基层民主制,系统地提出了具有中国特色社会主义民主政治的框架及内容,把我国社会主义民主政治建设理论及其实践推进到了一个新阶段,为社会主义现代化建设向纵深发展,提供了重要的思想保障。

胡锦涛关于民主的论述集中体现在《中共中央关于构建社会主义和谐社会若干重大问题的决定》等文中。胡锦涛指出:"我们要构建的社会主义和谐社会,是在中国特色社会主义道路上,中国共产党领导全体人民共同建设、共同享有的和谐社会。按照民主法治、公平正义、诚信友爱、充满活力、安定有序、人与自然和谐相处的总要求,以解决人民群众最关心、最直接、最现实的利益问题为重点,着力发展社会事业、促进社会公平正义、建设和谐文化、完善社会管理、增强社会创造活力,走共同富裕道路,推动社会建设与经济建设、政治建设、文化建设协调发展。"②

在和谐社会的六大特征中,报告鲜明地把民主法治放在首要位置,彰显了对民主政治建设的重视。

社会主义民主是社会主义和谐社会的制度之源,只有发展社会主义民主,保证人民依法行使民主权利,才能为社会主义和谐社会建设提供广泛的力量支持,使社会主义事业充满生机和活力。胡锦涛在党的十七大报告中更是鲜明地指出:"人民民主是社会主义的生命。发展社会主义民主政治是我们党始终不渝的奋斗目标。"

(二)富强

在马克思和恩格斯看来,无论社会主义还是共产主义,在其追求的价值目标中,都应当包含有富强的维度。这具体体现在,创造财富、摆脱贫困、发

---

① 《江泽民文选》第二卷,人民出版社 2006 年版,第 257 页。
② 《十六大以来重要文献选编》下,中央文献出版社 2008 年版,第 650 页。

展社会生产,并以此为社会提供必要的物质基础以及保证全体社会成员过上充裕的物质生活等价值追求上。在谈到共产主义与以往其他运动的差异时,他们强调:共产主义"推翻一切旧的生产关系和交往关系的基础,并且第一次自觉地把一切自发形成的前提看做是前人的创造,消除这些前提的自发性,使这些前提受联合起来的个人的支配。因此,建立共产主义实质上具有经济的性质,这就是为这种联合创造各种物质条件,把现存的条件变成联合的条件"①。共产主义或社会主义因何必须具有上述所谓的"经济的性质"呢? 马克思和恩格斯指出:"生产力的……发展……之所以是绝对必需的实际前提,……因为如果没有这种发展,那就只会有贫穷、极端贫困的普遍化;而在极端贫困的情况下,必须重新开始争取必需品的斗争,全部陈腐污浊的东西又要死灰复燃。……还因为:只有随着生产力的这种普遍发展,人们的普遍交往才能建立起来;……共产主义只有作为占统治地位的各民族'一下子'同时发生的行动,在经验上才是可能的,而这是以生产力的普遍发展和与此相联系的世界交往为前提的。"②在《哥达纲领批判》中,马克思进一步指出:"在随着个人的全面发展,他们的生产力也增长起来,而集体财富的一切源泉都充分涌流之后,——只有在那个时候,才能完全超出资产阶级权利的狭隘眼界,社会才能在自己的旗帜上写上:各尽所能,按需分配!"③在《反杜林论》中,恩格斯也表达了与上述论断相同的见解,他写道,"通过社会化生产,不仅可能保证一切社会成员有富足的和一天比一天充裕的物质生活,而且还可能保证他们的体力和智力获得充分的自由的发展和运用"④。

以中国共产党人为代表的中国马克思主义者,结合本国实际,继承和发展了马克思和恩格斯的"富强观"。需要特别说明的是,尽管毛泽东在具体的社会实践中,存在着片面强调分配而忽视生产的做法,但在理论和制度设计上,毛泽东自始至终都十分看重共产主义或社会主义的生产力向度。在《论联合政府》中,毛泽东的立场十分鲜明,他说:"中国一切政党的政策及其实践在中国人民中所表现的作用的好坏、大小,归根到底,看它对于中国人民的生产力的发展是否有帮助及其帮助大小,看它是束缚生产力的,还是解放生产力的。"⑤在谈到社会主义制度相对于以往一切旧制度的优越性时,毛

① 《马克思恩格斯文集》第 1 卷,人民出版社 2009 年版,第 574 页。
② 《马克思恩格斯文集》第 1 卷,人民出版社 2009 年版,第 538—539 页。
③ 《马克思恩格斯文集》第 3 卷,人民出版社 2009 年版,第 435—436 页。
④ 《马克思恩格斯文集》第 9 卷,人民出版社 2009 年版,第 299 页。
⑤ 《毛泽东选集》第三卷,人民出版社 1991 年版,第 1079 页。

泽东写道:"所谓社会主义生产关系比较旧时代生产关系更能够适合生产力发展的性质,就是指能够容许生产力以旧社会所没有的速度迅速发展,因而生产不断扩大,因而使人民不断增长的需要能够逐步得到满足的这样一种情况。"①

邓小平在指导中国特色社会主义建设的过程中,对于富强问题给予了充分的重视。他甚至明确地将富强与社会主义的本质和根本任务联系起来。在改革开放过程中,人们常常担心走上资本主义的道路,对于什么是社会主义、什么是资本主义,认识不清。1992年春,邓小平借南方考察之机,集中阐述了他对社会主义本质、任务、原则以及判断标准等问题的认识。他说:"改革开放迈不开步子,不敢闯,说来说去就是怕资本主义的东西多了,走了资本主义道路。要害是姓'资'还是姓'社'的问题。判断的标准,应该主要看是否有利于发展社会主义社会的生产力,是否有利于增强社会主义国家的综合国力,是否有利于提高人民的生活水平。……社会主义的本质,是解放生产力,发展生产力,消灭剥削,消除两极分化,最终达到共同富裕。"②事实上,早在1984年,在谈到如何建设有中国特色的社会主义时,邓小平就已经旗帜鲜明地指出:"社会主义阶段的最根本任务就是发展生产力,社会主义的优越性归根到底要体现在它的生产力比资本主义发展得更快一些、更高一些,并且在发展生产力的基础上不断改善人民的物质文化生活。……贫穷不是社会主义,更不是共产主义。"③1986年,在回答美国记者华莱士提问时,邓小平再次表达了相同的见解,他说:"社会主义时期的主要任务是发展生产力,使社会物质财富不断增长,人民生活一天天好起来,为进入共产主义创造物质条件。不能有穷的共产主义,同样也不能有穷的社会主义。致富不是罪过。……社会主义原则,第一是发展生产,第二是共同致富。"④在这里,邓小平格外强调,"社会主义的致富"不同于资本主义国家的致富,"社会主义财富属于人民,社会主义的致富是全民共同致富。……我们允许一部分人先好起来,一部分地区先好起来,目的是更快地实现共同富裕。正因为如此,所以我们的政策是不使社会导致两极分化,就是说,不会导致富的越富,贫的越贫。"⑤那么具体到改革的社会实践中,如何实现共

① 《毛泽东文集》第七卷,人民出版社1999年版,第214页。

② 《邓小平文选》第三卷,人民出版社1993年版,第372—373页。

③ 《邓小平文选》第三卷,人民出版社1993年版,第63页。

④ 《邓小平文选》第三卷,人民出版社1993年版,第171—172页。

⑤ 《邓小平文选》第三卷,人民出版社1993年版,第172页。

同富裕这一目标呢？邓小平解释说："共同富裕的构想是这样提出的：一部分地区有条件先发展起来，一部分地区发展慢点，先发展起来的地区带动后发展的地区，最终达到共同富裕。"①

进入新时期，以江泽民、胡锦涛为代表的中央领导集体，结合新时期的新形势和新特点，又对社会主义的"富强观"作了进一步的新的阐发。这主要表现在以下三个方面：

第一，提出中国共产党要"始终代表中国先进生产力的发展要求"，并将发展作为"执政兴国的第一要务"。在谈到如何加强和改进党的建设时，江泽民要求："通过锲而不舍的努力，保证我们党始终是中国工人阶级的先锋队，同时是中国人民和中华民族的先锋队，始终是中国特色社会主义事业的领导核心，始终代表中国先进生产力的发展要求，代表中国先进文化的前进方向，代表中国最广大人民的根本利益。"②对于一些人不理解为何要在新时期提出"三个代表"这一重要思想，江泽民解释说："'三个代表'的思想，不是凭空产生的，而是我们十三年来在理论和实践上不断探索和开拓的结果。十三年的基本经验，归结起来，就是要始终做到我们党一贯坚持的'三个代表'。这既是十三年来党和国家伟大实践的必然结论，也是我们继续开拓创新的行动指针。要把发展作为党执政兴国的第一要务，这一点十分重要。只有紧紧抓住这一条，'三个代表'要求才能真正得到落实。这个问题，还可以再突出强调。"③

第二，明确提出"全面建设小康社会"的发展目标。党的十六大报告指出："全面建设小康社会"的一个重要目标就是，"可持续发展能力不断增强，生态环境得到改善，资源利用效率显著提高，促进人与自然的和谐，推动整个社会走上生产发展、生活富裕、生态良好的文明发展道路"④。不难看出，"全面建设小康社会"的发展目标，无疑是对邓小平"三步走"战略思想的继承和创新。

第三，中国特色社会主义的发展是"全面、协调、可持续"的"科学发展"。党的十七大报告指出："在新的发展阶段继续全面建设小康社会、发展中国特色社会主义，必须坚持以邓小平理论和'三个代表'重要思想为指导，深入贯彻落实科学发展观。……科学发展观，第一要义是发展，核心是以人为

---

① 《邓小平文选》第三卷，人民出版社 1993 年版，第 373—374 页。
② 《江泽民文选》第三卷，人民出版社 2006 年版，第 569 页。
③ 《江泽民文选》第三卷，人民出版社 2006 年版，第 515 页。
④ 《江泽民文选》第三卷，人民出版社 2006 年版，第 544 页。

本,基本要求是全面协调可持续,根本方法是统筹兼顾。"①在庆祝中国共产党成立90周年大会上,胡锦涛再次强调:"在当代中国,坚持发展是硬道理的本质要求就是坚持科学发展。我们要以科学发展为主题,以加快转变经济发展方式为主线,更加注重以人为本,更加注重全面协调可持续发展,更加注重统筹兼顾,更加注重改革开放,更加注重保障和改善民生,加快经济结构战略性调整,加快科技进步和创新,加快建设资源节约型、环境友好型社会,促进社会公平正义,促进经济长期平稳较快发展和社会和谐稳定,不断在生产发展、生活富裕、生态良好的文明发展道路上取得新的更大的成绩,不断为全面建成小康社会、实现中华民族伟大复兴打下更为坚实的基础。"②

(三)公正

马克思主义经典作家的著作中蕴涵着十分丰富的公正思想。可以说,追求社会的公平和正义不仅是社会主义和共产主义现实实践的内在要求,同时也是整个马克思主义理论的根本目标和终极追求。具体而言,马克思主义经典作家的公正观主要有如下几方面的基本内容。

第一,基于经济角度(生产力、生产方式和分配方式的角度)的公正。在《〈政治经济学批判〉第一分册第二章初稿片段和第三章开头部分》中,马克思将"公正"或"正义"作为"私利"的对立面,从而赋予了"公正"或"正义"经济的意蕴,马克思写道:"在[希腊的]悲剧作家们那里,公正和贪欲对立起来。"③需要注意的是,《马克思恩格斯全集》中文第一版与中文第二版对此处的翻译略有不同,中文第二版将此处的"公正"翻译为"正义"。④ 鉴于这两个概念的内涵差异不大,本文在此不作区分。在《资本论》中,马克思明确提出:"只要与生产方式相适应,相一致,就是正义的;只要与生产方式相矛盾,就是非正义的。在资本主义生产方式的基础上,奴隶制是非正义的;在

① 胡锦涛:《高举中国特色社会主义伟大旗帜,为夺取全面建设小康社会新胜利而奋斗——在中国共产党第十七次全国代表大会上的报告》,人民出版社2007年版,第12、15页。

② 胡锦涛:《在庆祝中国共产党成立90周年大会上的讲话》,人民出版社2011年版,第20页。

③ 《马克思恩格斯全集》第46卷下册,人民出版社1980年版,第518页。

④ 《马克思恩格斯全集》第31卷,人民出版社1998年版,第403页。

商品质量上弄虚作假也是非正义的。"①马克思在此批评了一种所谓的"天然正义",认为其"毫无意义",因为在马克思看来,一种经济行为的正义与否,绝不取决于这种行为的形式本身,而是要看该行为的内容,也就是看这种经济行为与生产方式之间的适应程度。

在改革开放过程中,邓小平结合中国的具体实际,进一步将公正与分配联系起来。邓小平指出:"我们是社会主义国家,国民收入分配要使所有的人都得益,没有太富的人,也没有太穷的人,所以日子普遍好过。"②邓小平深知中国民众根深蒂固的"不患寡而患不均"的文化特征,因此十分看重对社会主义改革成果的公平分配。其实,邓小平的"社会主义本质论"也就是从经济的角度对社会公正的阐发。套用今天的话来解释,"解放生产力、发展生产力"是把蛋糕做大,"消灭剥削,消除两极分化,最终实现共同富裕"则是把蛋糕分好。

显然,在马克思主义经典作家看来,物质、经济因素是实现社会公正的前提和基础。也就是说,只有生产力高度发达,物质产品足够丰富,才能实现分配的公平,进而为实现全社会的普遍公正提供必要的条件。

第二,基于政治平等视角的公正。这种公正体现为主张消灭阶级,进而实现无产阶级的平等和正义。在《反杜林论》中恩格斯写道:"无产阶级平等要求的实际内容都是消灭阶级的要求。任何超出这个范围的平等要求,都必然要流于荒谬。""一切人,作为人来说,都有某些共同点,在这些共同点所及的范围内,他们是平等的,这样的观念自然是非常古老的。但是现代的平等要求与此完全不同;这种平等要求更应当是从人的这种共同特性中,从人就他们是人而言的这种平等中引申出这样的要求:一切人,或至少是一个国家的一切公民,或一个社会的一切成员,都应当有平等的政治地位和社会地位。"③而列宁对此的论述则更为直接和简练,他径直宣称:"如果不把平等理解为消灭阶级,平等就是一句空话。"④总之,在马克思主义经典作家看来,只要阶级存在,社会的公平和正义就无法真正实现。

此外,马克思主义经典作家还经常从社会政治制度的层面,论及公正。他们认为,只有在社会主义或共产主义这样的无阶级压迫的制度下,才能实现真正的公正。早在《1844年经济学哲学手稿》中,马克思就提出:"平等不

① 《马克思恩格斯文集》第7卷,人民出版社2009年版,第379页。

② 《邓小平文选》第三卷,人民出版社1993年版,第161—162页。

③ 《马克思恩格斯文集》第9卷,人民出版社2009年版,第109、113页。

④ 《列宁选集》第3卷,人民出版社1995年版,第816页。

过是德国人所说的自我＝自我译成法国的形式即政治的形式。平等,作为
共产主义的基础,是共产主义的政治的论据。这同德国人借助于把人理解
为普遍的自我意识来论证共产主义,是一回事。"①在《大陆上社会改革运动
的进展》一文中,恩格斯也写道:"真正的自由和真正的平等只有在公社制度
下才可能实现;要向他们表明,这样的制度是正义所要求的。"②在马克思和
恩格斯看来,公平、正义以及平等都是历史的而不是永恒的观念。如恩格斯
所说:"平等观念本身是一种历史的产物,这个观念的形成,需要全部以往的
历史,因此它不是自古以来就作为真理而存在的。"③在我国新的历史时期,
江泽民结合社会主义司法制度论述了新时期的公正观,他说:"坚持法律面
前人人平等。加强对执法活动的监督,推进依法行政,维护司法公正,提高
执法水平,确保法律的严格实施。……社会主义司法制度必须保障在全社
会实现公平和正义。"④

第三,从价值维度来理解的公正。从公正体现的价值维度来看,马克思
主义经典作家将实现社会的公平正义作为全部马克思主义理论的终极追求
和根本价值目标。马克思在评价国际社会主义民主同盟纲领时写道:"同盟
宣布奉行无神论;它所追求的是废除宗教崇拜,用科学代替信仰,用人的正
义代替神的正义。"⑤

从价值维度来理解公正,突出地表现在胡锦涛的思想之中。胡锦涛提
出,实现社会公正是社会主义制度的本质要求,他说:"维护和实现社会公平
和正义,涉及最广大人民的根本利益,是我们党坚持立党为公、执政为民的
必然要求,也是我国社会主义制度的本质要求。"⑥在党的十七大报告中,胡
锦涛将实现社会公平正义视为"发展中国特色社会主义的重大任务"⑦。对

---

① 《马克思恩格斯文集》第1卷,人民出版社2009年版,第231页。

② 《马克思恩格斯全集》第3卷,人民出版社2002年版,第482页。

③ 《马克思恩格斯文集》第9卷,人民出版社2009年版,第355页。

④ 《中国共产党第十六次全国代表大会文件汇编》,人民出版社2002年版,第33—
34页。

⑤ 《马克思恩格斯全集》第21卷,人民出版社2003年版,第486页。

⑥ 胡锦涛:《在省部级主要领导干部提高构建社会主义和谐社会能力专题研讨班
上的讲话》,人民出版社2005年版,第21页。

⑦ 胡锦涛:《高举中国特色社会主义伟大旗帜为夺取全面建设小康社会新胜利而
奋斗——在中国共产党第十七次全国代表大会上的报告》,人民出版社2007年版,第17
页。

于中国特色社会主义的这种公平正义观,胡锦涛也有过论述,他说:"公平正义,就是社会各方面的利益关系得到妥善协调,人民内部矛盾和其他社会矛盾得到正确处理,社会公平和正义得到切实维护和实现。"①不难看出,胡锦涛的公正观与和谐观是密不可分的,他经常在谈到社会的和谐时,论及社会的公正。这是因为,在胡锦涛看来,社会公平正义是实现社会和谐的基本条件。

(四)和谐

马克思主义经典作家十分重视"和谐"的思想,尽管论述的视角不尽相同。

马克思和恩格斯主要从人与自然、人与人之间关系的宏观视角来看待和阐述关于和谐的思想。在《1844年经济学哲学手稿》中,马克思将自然、人和社会三者看成一个不可分割的统一整体,进而论述人与自然、人与人之间的和谐。在谈到人与自然界的关系时,马克思写道:"自然界,就它自身不是人的身体而言,是人的无机的身体。人靠自然界生活。这就是说,自然界是人为了不致死亡而必须与之处于持续不断的交互作用过程的、人的身体。所谓人的肉体生活和精神生活同自然界相联系,不外是说自然界同自身相联系,因为人是自然界的一部分。"②马克思进一步指出,人与自然界的这种统一,就是社会,因为,"只有在社会中,自然界对人来说才是人与人联系的纽带,才是他为别人的存在和别人为他的存在,只有在社会中,自然界才是人自己的合乎人性的存在的基础,才是人的现实的生活要素。只有在社会中,人的自然的存在对他来说才是人的合乎人性的存在,并且自然界对他来说才成为人。因此,社会是人同自然界的完成了的本质的统一,是自然界的真正复活,是人的实现了的自然主义和自然界的实现了的人道主义"③。在马克思看来,他的共产主义与以往一切社会主义理论的主要区别即在于此,马克思指出:"共产主义是对私有财产即人的自我异化的积极的扬弃,因而是通过人并且为了人而对人的本质的真正占有;因此,它是人向自身、也就是向社会的即合乎人性的人的复归,这种复归是完全的复归,是自觉实现并在以往发展的全部财富的范围内实现的复归。这种共产主义,作为完成了

① 胡锦涛:《在省部级主要领导干部提高构建社会主义和谐社会能力专题研讨班上的讲话》,人民出版社2005年版,第14页。
② 《马克思恩格斯文集》第1卷,人民出版社2009年版,第161页。
③ 《马克思恩格斯文集》第1卷,人民出版社2009年版,第187页。

的自然主义,等于人道主义,而作为完成了的人道主义,等于自然主义,它是人和自然界之间、人和人之间的矛盾的真正解决,是存在和本质、对象化和自我确证、自由和必然、个体和类之间的斗争的真正解决。"①

在《国民经济学批判大纲》中,恩格斯表达了与马克思类似的见解,他将"人类与自然的和解以及人类本身的和解"看成是历史发展的必然。② 虽然恩格斯在此的论述不如马克思详尽、具体,但需要指出的是,恩格斯的上述论断提出得更早,甚至直接影响了马克思。正因如此,马克思称恩格斯的《国民经济学批判大纲》为"批判经济学范畴的天才大纲"。③ 在《自然辩证法》中,恩格斯对人与自然的关系进行了详细的阐述,特别是从反面对破坏人与自然界和谐的做法进行了严厉的批评和警告,他指出:"我们不要过分陶醉于我们人类对自然界的胜利。对于每一次这样的胜利,自然界都对我们进行报复。……因此我们每走一步都要记住:我们决不像征服者统治异族人那样支配自然界,决不像站在自然界之外的人似的去支配自然界——相反,我们连同我们的肉、血和头脑都是属于自然界和存在于自然界之中的;我们对自然界的整个支配作用,就在于我们比其他一切生物强,能够认识和正确运用自然规律。"④

需要特别指出的是,在《共产党宣言》中,马克思和恩格斯曾直接提到空想社会主义和共产主义学说中的"社会和谐"这一概念,并肯定其是关于未来理想社会的"积极的主张"。他们指出:"这些社会主义和共产主义的著作也含有批判的成分。这些著作抨击现存社会的全部基础。因此,它们提供了启发工人觉悟的极为宝贵的材料。它们关于未来社会的积极的主张,例如消灭城乡对立、消灭家庭、消灭私人营利、消灭雇佣劳动、提倡社会和谐、把国家变成纯粹的生产管理机构——所有这些主张都只是表明要消灭阶级对立,而这种阶级对立在当时刚刚开始发展,它们所知道的只是这种对立的早期的、不明显的、不确定的形式。"⑤显然,尽管空想社会主义和共产主义的学说具有消极"空想"的一面,但无疑也具有十分积极的一面。马克思和恩格斯正是保留和发展了空想社会主义学说的合理性成分,进而提出了未来理想社会的美好图景,即"代替那存在着阶级和阶级对立的资产阶级旧社会

---

① 《马克思恩格斯文集》第1卷,人民出版社2009年版,第185页。
② 《马克思恩格斯文集》第1卷,人民出版社2009年版,第63页。
③ 《马克思恩格斯文集》第2卷,人民出版社2009年版,第592页。
④ 《马克思恩格斯文集》第9卷,人民出版社2009年版,第559—560页。
⑤ 《马克思恩格斯文集》第2卷,人民出版社2009年版,第63—64页。

的,将是这样一个联合体,在那里,每个人的自由发展是一切人的自由发展的条件"①。

以中国共产党人为代表的中国马克思主义者在领导中国革命和建设的具体实践中继承和发展了马克思主义的和谐思想。毛泽东十分重视和谐对于社会主义的重要意义。他在谈到民主与集中的关系时,明确提出:"我们的目标,是想造成一个又有集中又有民主,又有纪律又有自由,又有统一意志、又有个人心情舒畅、生动活泼,那样一种政治局面。"②在《关于如何处理人民内部矛盾的问题》一文中,毛泽东再次谈到和谐对于社会主义事业的重要性,他写道:"国家的统一,人民的团结,国内各民族的团结,这是我们的事业必定要胜利的基本保证。"③

邓小平也十分重视和谐以及由此带来的安定团结的政治局面对于整个社会主义建设的重要意义,他说:"中国人这么多,底子这么薄,没有安定团结的政治环境,没有稳定的社会秩序,什么事也干不成。……发展经济要有一个稳定的局势,中国搞建设不能乱。"④除了必须要保持国内环境的稳定外,国外环境的和平对于社会主义建设同样十分重要。邓小平指出:"我们确定了两个阶段的目标,就是本世纪末达到小康水平,然后在下个世纪用三十到五十年的时间达到中等发达国家的水平。实现这两个阶段的目标,需要两个条件,一个是国际上的和平环境,另一个是国内安定团结的政治局面,使我们能有领导有秩序地进行社会主义建设。"⑤这样,在邓小平看来,"有中国特色的社会主义"不仅是"发展社会生产力的社会主义",而且是"主张和平的社会主义"。⑥

进入新世纪,胡锦涛结合新的历史条件和社会实践,继承和发展了马克思主义的和谐观,提出了"和谐社会"这一新理念。2005 年 2 月 19 日,在出席中央党校省部级领导干部提高构建社会主义和谐社会能力专题研讨班时,胡锦涛指出:"实现社会和谐,建设美好社会,始终是人类孜孜以求的一个社会理想,也是包括中国共产党在内的马克思主义政党不懈追求的一个社会理想。……根据马克思主义基本原理和我国社会主义建设的实践经

---

① 《马克思恩格斯文集》第 2 卷,人民出版社 2009 年版,第 53 页。
② 《十一届三中全会以来重要文献选读》(上),人民出版社 1987 年版,第 58 页。
③ 《毛泽东文集》第七卷,人民出版社 1999 年版,第 204 页。
④ 《邓小平文选》第三卷,人民出版社 1993 年版,第 331—332 页。
⑤ 《邓小平文选》第三卷,人民出版社 1993 年版,第 210 页。
⑥ 《邓小平文选》第三卷,人民出版社 1993 年版,第 328 页。

验,根据新世纪新阶段我国经济社会发展的新要求和我国社会出现的新趋势新特点,我们所要建设的社会主义和谐社会,应该是民主法治、公平正义、诚信友爱、充满活力、安定有序、人与自然和谐相处的社会。"①

针对长久以来不和谐的国际形势,2005 年 9 月 15 日,在联合国成立 60 周年首脑会议上,胡锦涛还首次提出了"建设和谐世界"的主张。可以说,"和谐世界"不仅是"和谐社会"理念由国内社会向国际社会的延伸,同时也是对"和平共处"思想的继承和创新。2009 年 10 月 1 日,在庆祝中华人民共和国成立 60 周年的大会上,胡锦涛重申了这一目标:"我们将坚定不移坚持独立自主的和平外交政策,坚持和平发展道路,奉行互利共赢的开放战略,在和平共处五项原则基础上同所有国家发展友好合作,继续同世界各国人民一道推进人类和平与发展的崇高事业,推动建设持久和平、共同繁荣的和谐世界。"②在庆祝中国共产党成立 90 周年大会上,胡锦涛再次强调:"环顾全球,和平、发展、合作的时代潮流没有变,但世界和平与发展面临诸多挑战。共同分享发展机遇,共同应对各种风险,推动建设持久和平、共同繁荣的和谐世界,是各国人民的共同愿望。"③

（五）自由

自由在马克思主义理论中是关于共产主义社会发展的终极目的的规定、要求和表征。与以往思想史中的各种自由观不同,马克思、恩格斯把自由与"人类解放"联系起来,不仅将其作为个人发展的尺度,而且将其作为共产主义社会的最高价值目标。马克思曾指出"自由的有意识的活动恰恰就是人的类特性"④。马克思还指出,自由以人们对自身生存条件的拥有和支配为前提,"生产者只有在占有生产资料之后才能获得自由"⑤,而共产主义就是"以每一个个人的全面而自由的发展为基本原则的社会"⑥。

---

① 胡锦涛:《在省部级主要领导干部提高构建社会主义和谐社会能力专题研讨班上的讲话》,人民出版社 2005 年版,第 8、14 页。

② 胡锦涛:《在庆祝中华人民共和国成立 60 周年大会上的讲话》,人民出版社 2009 年版,第 4 页。

③ 胡锦涛:《在庆祝中国共产党成立 90 周年大会上的讲话》,人民出版社 2011 年版,第 27 页。

④ 《马克思恩格斯全集》第 3 卷,人民出版社 2002 年版,第 273 页。

⑤ 《马克思恩格斯全集》第 25 卷,人民出版社 2001 年版,第 442 页。

⑥ 《马克思恩格斯文集》第 5 卷,人民出版社 2009 年版,第 683 页。

在马克思看来,说到底,共产主义与以往的社会形式的区别就在于,"在过去的种种冒充的共同体中,如在国家等等中,个人自由只是对那些在统治阶级范围内发展的个人来说是存在的"①,而在共产主义这一真正的共同体即自由人的联合体中,"各个人在自己的联合中并通过这种联合获得自己的自由"②。换言之,在共产主义社会制度下,人将"成为自己的社会结合的主人,从而也就成为自然界的主人,成为自身的主人——自由的人"③。可见,实现人的个性解放,实现每个人的自由而全面的发展,是马克思主义自由观的最基本内涵。它既是马克思主义的价值观,也是共产主义、社会主义的本质规定和价值规定。

批判并主张推翻与人的存在和发展、自由个性的塑造、自我解放相违背的社会制度,构筑有利于激发人的本质力量、提升人的主体地位、伸展人的自由个性的未来社会,是马克思和恩格斯的毕生追求。《共产党宣言》指出:"代替那存在着阶级和阶级对立的资产阶级旧社会的,将是这样一个联合体,在那里,每个人的自由发展是一切人的自由发展的条件。"④

马克思吸取了黑格尔自由观的合理成分,又超越了黑格尔,创立了科学的实践观,并把这种实践观引入到对自由问题的考察之中,提出了一种实践自由观。马克思在《神圣家族》中指出,"人不是由于具有避免某种事物发生的消极力量,而是由于具有表现本身的真正个性的积极力量才是自由的"⑤。他把这种实践意义上的自由称为"自主活动"。

马克思和恩格斯很注重积极自由、现实自由,把主客体统一的自由看做是真正的自由,认为自由是在实践基础上实现的主体与客体能动统一的现实生活。恩格斯在《反杜林论》中指出:"自由不在于幻想中摆脱自然规律而独立,自由就在于根据对自然界的必然性的认识来支配我们自己和外部自然;因此它必然是历史发展的产物。但是文化上的每一个进步,都是迈向自由的 步。"⑥

毛泽东在领导中国革命和建设过程中,对马克思主义自由观作了重要的发挥。毛泽东特别强调行动上的自由,认为这正是马克思主义自由观高

---

① 《马克思恩格斯文集》第1卷,人民出版社2009年版,第571页。
② 《马克思恩格斯文集》第1卷,人民出版社2009年版,第571页。
③ 《马克思恩格斯文集》第3卷,人民出版社2009年版,第566页。
④ 《马克思恩格斯文集》第2卷,人民出版社2009年版,第53页。
⑤ 《马克思恩格斯文集》第1卷,人民出版社2009年版,第335页。
⑥ 《马克思恩格斯文集》第9卷,人民出版社2009年版,第120页。

于旧哲学自由观之处。"'自由是必然的认识'——这是旧哲学家的命题。'自由是必然的认识和世界的改造'——这是马克思主义的命题。"①他认为,加上了根据对必然性的认识来改造世界,这是弥补了旧哲学的不足。把自由分为认识自由和行动自由两类是毛泽东对马克思主义自由观的一个贡献。

在民主革命时期,毛泽东把旧民主主义革命与新民主主义革命相连接,明确提出自由与民主一起,是社会主义新中国的目标,革命所要建立的新中国是自由、民主的新中国。在抗日战争初期,毛泽东指出,共产党的民主革命纲领与孙中山的三民主义纲领是一致的,共产党愿同国民党、全国人民共同一致为"民族独立、民权自由、民生幸福这三大目标而奋斗"②。毛泽东在同世界学联代表团谈话时还指出:"抗战胜利后,共产党的主要任务,一句话,是建立一个自由平等的民主国家。……在这个国家内,人民有言论、出版、集会、结社、信仰的完全自由,各种优秀人物的天才都能发展,科学与一般文化都能提高,全国没有文盲。"③他在回答路透社记者关于"自由民主的中国"的概念及界说的问题时说:"它将实现孙中山先生的三民主义,林肯的民有、民治、民享的原则与罗斯福的四大自由。"④

1945年,毛泽东在《论联合政府》一文中再次较为集中地论述了人民的自由这一问题,主要内容包括两点:第一,人民的自由反映了中国人民的基本要求,是要争取的目标之一。毛泽东五次强调要建立独立、自由、民主、统一和富强的新国家。很明显,新中国的目标中包含着自由,自由是新中国应有的目标之一。他同时指出:"自由是人民争来的,不是什么人恩赐的。"⑤第二,人民的自由具有重大价值。中国人民争自由就是为着解开套在人民身上的绳索,使人民获得抗日、团结和民主的自由。没有人民的自由,就没有真正的人民选举,就没有民主的联合政府。没有人民的自由,没有人民的民主政治,就没有人民的团结统一。没有人民的自由、民主、统一,就没有真正大规模的工业,就没有人民的福利、国家的富强。

改革开放以后,人们的自由权利进一步得到保障和实现。随着经济和社会的发展,人们对自由的认识也更加全面。

---

① 《毛泽东文集》第二卷,人民出版社1993年版,第344页。

② 《毛泽东选集》第一卷,人民出版社1991年版,第259页。

③ 《毛泽东文集》第二卷,人民出版社1993年版,第134页。

④ 《毛泽东文集》第四卷,人民出版社1996年版,第27页。

⑤ 《毛泽东选集》第三卷,人民出版社1991年版,第1070页。

邓小平在继承马克思主义自由观的基础上,使之与改革开放、建设中国特色社会主义现代化的实践相结合,形成了富有时代特色的自由观。邓小平要探索的是在一个已经建立起社会主义制度的国家里,如何保障广大人民享有广泛的民主自由权利。邓小平倡导"发展才是硬道理"的理念,提出以经济建设为中心致力于生产力的发展,最终为实现人的发展奠定物质基础,使人的生存和发展需求得到满足。同时,邓小平把自由的实现与民主、法制的建设紧密联系在一起。邓小平认为,在社会主义条件下,自由与民主、法制不是互相矛盾、互相敌对、不可调和的关系;而是互相兼容、相辅相成、相互促进的关系。要想保障全体人民所享有的自由,就必须大力发展社会主义民主,健全社会主义法制。

在新的历史条件下,江泽民、胡锦涛在领导全党全国人民推进社会主义现代化事业过程中,对自由作了进一步的阐释和发挥。

江泽民提出,人的自由全面发展是共产主义社会的本质特征,同时,也是建设社会主义新社会的本质要求;建设中国特色社会主义的各项事业所进行的一切工作,既要着眼于人民现实的物质文化生活需要,同时也要着眼于促进人民素质的提高,也就是要努力促进人的自由全面发展。他在建党八十周年大会讲话中明确指出:"我们坚信马克思主义关于人类社会必然走向共产主义这一基本原理。共产主义只有在社会主义社会充分发展和高度发达的基础上才能实现。共产主义社会,将是物质财富极大丰富,人民精神境界极大提高,每个人自由而全面发展的社会。"①

在共产主义社会、社会主义社会和社会主义的初级阶段都要追求人的自由而全面的发展,人的自由而全面的发展是一个历史过程,永无止境。过去人们一般认为,人的自由而全面的发展是一个比较遥远的理想目标,只有在未来的共产主义社会里才能实现,是一个可望而不可即的抽象的东西。江泽民在"七·一"讲话中把人的全面发展提到我国社会主义初级阶段中来,并指出:"人的全面发展程度也是逐步提高、永无止境的历史过程。"②这表明了人的全面发展不仅是一个理想目标,同时也是一个逐步实现的现实运动和历史过程,是社会主义初级阶段我国现代化建设必须努力实现的一个现实目标。

江泽民还从人的发展与社会发展的关系的角度论述自由。他认为:"推

① 《江泽民文选》第三卷,人民出版社 2006 年版,第 293 页。

② 《江泽民文选》第三卷,人民出版社 2006 年版,第 295 页。

进人的全面发展,同推进经济、文化的发展和改善人民物质文化生活,是互为前提和基础的。人越全面发展,社会的物质文化财富就会创造得越多,人民的生活就越能得到改善,而物质文化条件越充分,又越能推进人的全面发展。社会生产力和经济文化的发展水平是逐步提高、永无止境的历史过程,人的全面发展程度也是逐步提高、永无止境的历史过程。这两个历史过程应相互结合、相互促进地向前发展。"①

如果说,江泽民明确地将促进人的全面发展纳入社会主义本质的范畴,凸显了中国特色社会主义理论的价值主题,那么,胡锦涛则以人的自由全面发展为理论基础和价值目标,在全面建设小康社会的过程中从执政治国理念的高度提出了"以人为本",将人的发展作为明确的价值目标落实到现实社会的运行机制之中,与社会全面发展构成一个有机整体。

胡锦涛在总结二十多年来我国改革开放和现代化建设的成功经验以及世界上其他国家发展过程中的经验教训的基础上,适时提出了"以人为本,全面、协调、可持续发展"的科学发展观,强调"坚持以人为本,就是要以实现人的全面发展为目标,从人民群众的根本利益出发谋发展、促发展,不断满足人民群众日益增长的物质文化需要,切实保障人民群众的经济、政治和文化权益,让发展的成果惠及全体人民"②。胡锦涛还着重指出,必须"坚持以人为本,始终把最广大人民的根本利益作为党和国家工作的根本出发点和落脚点,在经济发展的基础上不断满足人民群众日益增长的物质文化需要,促进人的全面发展"③。

二、民主、富强、公正、和谐、自由是中国特色社会主义的核心价值观

民主、富强、公正、和谐、自由是马克思主义对于社会主义本质的基本规定,同时也应是中国特色社会主义的核心价值观。

(一)民主、富强、公正、和谐、自由是社会主义的本质规定和本质要求

在马克思主义经典作家那里,民主、富强、公正、和谐、自由都是共产主

---

① 《江泽民文选》第三卷,人民出版社2006年版,第295页。
② 《十六大以来重要文献选编》上,中央文献出版社2005年版,第850页。
③ 《十六大以来重要文献选编》中,中央文献出版社2006年版,第707页。

义、社会主义的本质规定、要求和表征。

民主是关于人民群众在国家和社会生活中的地位的规定、要求和表征。在马克思主义经典作家看来,民主首先表现为国家形态,同时也在体制、原则和价值观等方面得到体现。马克思指出,民主作为一种国家形态和基本制度,其特点在于人民是国家的主体:"在民主制中,国家制度本身只表现为一种规定,即人民的自我规定",而"国家制度在这里毕竟只是人民的一个定在环节"。① 这样,在马克思那里,民主的真正和彻底的实现,同时也就意味着政治国家的消亡。由于民主是人民在公共权力和社会事务方面的主体性的体现和实现形式,体现人民主权和人民意志,体现人民在公共生活和社会生活中的主体地位和自决权利,因此,它是共产主义社会的基本的本质特征,也是社会主义历史阶段社会发展的基本要求。列宁认为,在社会主义社会,"民主是多数人的统治"②,"承认大家都有决定国家制度和管理国家的平等权利"③;而"没有民主,就不可能有社会主义"④。

富强是关于社会的物质基础和物质前提的规定、要求和表征。物质生活资料作为具有使用价值的物质财富,是人类生存和发展的基本条件。正因如此,马克思主义经典作家极其重视社会生产的发展和社会财富的增长对于社会主义和共产主义的意义。马克思、恩格斯认为,物质生产特别是物质生产力,归根到底是社会发展和历史过程中的决定性因素,因而也是社会主义和共产主义社会的必要物质前提。鉴此,他们把社会物质生产力的高度发展以及由此带来的社会财富的极大增长放在基础性的地位,认为"建立共产主义实际上具有经济的性质",并据此把财富的极大涌流和实行人人"按需分配"规定为共产主义的重要本质特征。与此同时,他们还尖锐地批判了"粗陋的、平均的社会主义",因为按照这种社会主义的理解,其实践只能导致贫穷的普遍化,而在贫穷普遍化的情况下,一切陈腐的东西都会死灰复燃。在马克思、恩格斯看来,就社会财富的占有状态而言,共产主义与包括资本主义在内的各种社会形态的区别就在于,它不再是少数人占有大部分社会财富,而是联合起来的个人对社会财富总和的占有。因此,这是一种真正的"个人所有制"⑤,即联合起来的个人的所有制,是一种真正的人人拥

---

① 《马克思恩格斯全集》第3卷,人民出版社2002年版,第39、40页。

② 《列宁全集》第22卷,人民出版1990年版,第53页。

③ 《列宁专题文集·论马克思主义》,人民出版社2009年版,第270—271页。

④ 《列宁选集》第2卷,人民出版社1995年版,第782页。

⑤ 《马克思恩格斯全集》第23卷,人民出版社1972年版,第832页。

有、人人富裕的大同境界。对于社会主义社会的发展来说,特别是对于经济落后国家的社会主义建设来说,社会物质生产力的发展作为其物质前提显然具有更加重要和紧迫的意义。

公正是关于社会政治伦理关系及其原则的规定、要求和表征。马克思主义经典作家把公正建立在对包括资本主义社会在内的以往社会的不平等现象的批判基础之上,并描绘了一幅真正公正的未来理想社会的蓝图。在他们看来,共产主义制度才是真正体现公正所要求的制度,是公正的真正实现和现实。公正意味着所有社会成员在经济、政治、文化和社会等各方面都具有平等的权利,意味着所有社会成员都具有平等的生存与发展的条件和机会。这样,公正本身就内含了对平等的要求。正因如此,马克思强调:"平等,作为共产主义的基础,是共产主义的政治的论据。"①这种作为共产主义基础的平等的内涵,马克思将其界说为"争取平等的权利和义务,并消灭一切阶级统治"②。恩格斯在谈到平等时也指出,"平等的观念,无论以资产阶级的形式出现,还是以无产阶级的形式出现,本身都是一种历史的产物"③。而无产阶级的平等观和资产阶级的平等观的区别在于,资产阶级把平等理解为"消灭阶级特权",无产阶级则把平等理解为"消灭阶级本身"④。这样,包含平等要求在内的公正就成为共产主义、社会主义的本质要求和体现,是共产主义、社会主义的题中应有之义。

和谐是关于人与人、人与自然之间的合理关系的规定、要求和表征。马克思、恩格斯以对历史发展规律的科学揭示为基础,从人类历史的发展趋向和未来理想社会的本质要求的角度来理解和阐明"和谐"思想。在《1844 年经济学哲学手稿》中,马克思把共产主义定义为"人和自然界之间、人和人之间的矛盾的真正解决"⑤。恩格斯在《国民经济学批判大纲》中也把共产主义称为"人类与自然的和解以及人类本身的和解"⑥。马克思、恩格斯在《共产党宣言》中还充分肯定了空想社会主义者提出的"社会和谐"的概念,并阐述了和谐社会的最高境界是"自由人的联合体"的思想。可见,在马克思、恩格斯那里,和谐是包括社会主义历史阶段在内的共产主义社会的重要的本

---

① 《马克思恩格斯文集》第 1 卷,人民出版社 2009 年版,第 231 页。
② 《马克思恩格斯文集》第 3 卷,人民出版社 2009 年版,第 226 页。
③ 《马克思恩格斯文集》第 9 卷,人民出版社 2009 年版,第 113 页。
④ 《马克思恩格斯全集》第 20 卷,人民出版社 1971 年版,第 671 页。
⑤ 《马克思恩格斯文集》第 1 卷,人民出版社 2009 年版,第 185 页。
⑥ 《马克思恩格斯文集》第 1 卷,人民出版社 2009 年版,第 63 页。

质特征和价值目标,它是被用来标志通过消灭阶级而实现的人与人之间以及人与自然之间的一种高度协调统一的社会状态和社会境界。

自由是关于社会发展的终极目的的规定、要求和表征。与以往思想史中的各种自由观不同,马克思、恩格斯把自由与"人类解放"联系起来,不仅将其作为个人发展的尺度,而且将其作为共产主义社会的最重要的本质特征和价值目标。他们认为,只有在扬弃了以往剥削社会的强制劳动和固定分工特别是资本主义的雇佣劳动和固定分工之后,人们才能实现自由的"自主活动",从而也才能真正实现人的自由而全面的发展,即人的"自由个性"。因此,说到底,所谓共产主义就是"以每一个个人的全面而自由的发展为基本原则的社会形式"。同时,马克思和恩格斯又着重指出,这种共产主义并不是现实必须与其相适应的理想,而是一种现实的运动。在马克思和恩格斯看来,他们所希冀的这种共产主义与以往的社会形式的区别就在于,"在过去的种种冒充的共同体中,如在国家等等中,个人自由只是对那些在统治阶级范围内发展的个人来说是存在的"①,而在共产主义这一"真正的共同体"即自由人的联合体中,所有个人都将在自己的联合中并通过这种联合获得自己的自由,"每个人的自由发展是一切人的自由发展的条件"②。换言之,在共产主义社会制度下,人将"成为自己的社会结合的主人,从而也就成为自然界的主人,成为自身的主人——自由的人"③。可见,实现人的个性解放,实现每个人的自由而全面的发展,是马克思主义自由观的最基本内涵。它既是马克思主义的价值观,也是共产主义、社会主义的本质规定和价值规定。

（二）民主、富强、公正、和谐、自由作为社会主义的核心价值观是对人类基本价值观的体现、继承和发展

民主、富强、公正、和谐和自由作为马克思主义的核心价值理念以及共产主义、社会主义的基本价值规定不是凭空产生的,而是批判继承和充分吸收了既有的人类优秀文化特别是人类基本价值观的成果,是人类优秀文化特别是人类基本价值观的必然发展。

在中国,民主一词最早见于《尚书·多方》,文云:"天惟时求民主,乃大

---

① 《马克思恩格斯文集》第1卷,人民出版社2009年版,第571页。

② 《马克思恩格斯文集》第2卷,人民出版社2009年版,第53页。

③ 《马克思恩格斯文集》第3卷,人民出版社2009年版,第566页。

降显休命于成汤","简代夏作民主",意为作民之主。《尚书·皋陶谟》中还提出"民惟邦本,本固邦宁",奠定了中国"民本"思想传统的基础。这种思想传统特别在孟子的"民为贵,社稷次之,君为轻"的表述中得到集中的体现。近代以来思想家们开始把民主理解为人民的统治,其中以孙中山民权思想为代表。他说,民国则以国家为人民之公产,凡人民之事,人民公理之。在西方,民主一词最早见于古希腊希罗多德《历史》一书,由"人民"和"统治"两词构成,指人民的统治或权力。修昔底德指出:"政权是在全体公民手中,而不是在少数人手中。"①总的说来,古希腊思想家们倡导的民主模式具有直接性的特点。启蒙思想家们光大了古希腊的民主含义,认为民主即是人民的统治,其中以卢梭的人民主权学说最具有代表性。他认为,民主就是把权力"置于普遍意志的最高指导之下"②。现代的西方思想家们对民主作了进一步的阐述。密尔提出,最好的民主形式是代议制民主。哈贝马斯十分重视和强调程序民主,认为重要的是民主运行的过程。赫尔德在其《民主的模式》中认为,民主在理论上提供了一种以公平和正义的方式调节价值和价值争议的政治和生活的方式。在历史上,资产阶级民主观的创立及其实践为推动人类文明的进步作出了重要的贡献,并成为马克思主义民主观的重要思想理论来源。

富强包括富裕和强盛两个方面的含义。富裕既是就民众而言又是就国家而言,强盛则主要是就国家而言。中国很早就有富民强国的思想,如《尚书》中提及"裕民"、"惠民",《易·系辞》载有"富有谓之大业",老子主张"我无事而民自富",荀子提出"王者富民",孟子认为"民可使富也",管子强调"治国之道,必先富民",司马迁憧憬"上则富国,下则富家",《汉书·食货志》中说"先富有而后礼让"。时至近代,在外患内忧面前,进步人士又提出"自强"、"求富"的口号,并深感"能富而后能强"。简而言之,自近代以来,强国富民的观念因中华民族的百年屈辱而尤其深入人心,国家繁荣昌盛,人民生活富足,成为中华各族儿女共同的奋斗目标。在西方,古希腊思想家德谟克利特较早提出城邦应该发展生产,增加财富,提倡公民过一种小康的富足生活。18世纪的启蒙思想家甚至把追求财富和金钱看成是人的永恒不变的本性。《人权宣言》则明确提出"财产是神圣不可侵犯的权利"。但是,在

---

① [古希腊]修昔底德:《伯罗奔尼撒战争史》,谢德风译,商务出版社1960年版,第130页。

② [法]卢梭:《社会契约论》,杨国政译,陕西人民出版社2004年版,第12页。

资本主义社会中,对金钱和财富的占有,始终是少数人的特权。特别是近现代以来,西方发达社会虽然在物质财富的发展方面取得了很大的成功,可同时也滋生了浓厚的拜物主义和极端个人主义,正是这种表现为"物的世界的增值与人的世界的贬值"的"异化",曾受到马克思的激烈抨击和尖锐批判。

公正包括公平和正义两个方面的含义。中国传统文化中有大量关于公正的思想。《礼记·礼运》中设想的"大道之行,天下为公"的"大同"世界即是公正之道的体现。孔子认为:"政者,正也。子帅以正,孰敢不正?"庄子也强调:"公而无党,易而无私。"韩非子在《解老》中明确提出"公正"一词:"所谓直者,义必公正,心不偏私也。"这些思想和论述,其意义已涉及社会理想、政治制度和伦理道德等各层面。在西方,公正概念最早见于《荷马史诗》,而自毕达哥拉斯开始即论及公正问题。柏拉图以正义问题贯彻《理想国》全书,并明确提出"正义就是平等"的命题。亚里士多德也认为:"所谓'公正',它的真实意义,主要在于'平等'。如果要说'平等的公正',这就得以城邦的整个利益以及全体公民的共同的善业为依据。"①在亚里士多德看来,正是公正或正义构成社会秩序的基础。古希腊思想家们的这些思想影响深远。在反对封建统治、推动社会启蒙的历史进程中,近代资产阶级的"天赋人权论"和"社会平等论"进一步继承和弘扬了古希腊的正义思想。卢梭提出,公正就是公意,"公意永远是公正的,而且永远以公共利益为依归"②。西方现代思想家们如罗尔斯、诺齐克、麦金太尔等都非常重视对公平正义的研究,其中尤以罗尔斯为著称。正义理论是罗尔斯整个思想的核心,他的《正义论》和《政治自由主义》集中反映了当代资本主义世界关于正义理论的研究成果。罗尔斯认为,"正义是社会制度的首要价值"③,而公正的本质在于社会制度如何分配基本的权利和义务。历史上关于公正的诸种思想反映了人们对于政治理想的不同诉求,但是在理想与现实之间却始终存在着一条难以充填的鸿沟。

在中国,和谐的观念出现得很早。甲骨文和金文中已有"和"字。《广韵》释此概念曰:"和,顺也,谐也,不坚不柔也。"《尚书·尧典》载:"八音克谐,无相夺伦,神人以和。"《后汉书·仲长统传》中云:"政专则和谐。"在古代典籍中,"和"与"和谐"被应用到天、地、人各个方面,用来表示其处于一种

---

① [古希腊]亚里士多德:《政治学》,吴寿彭译,商务出版社1965年版,第153页。

② [法]卢梭:《社会契约论》,何北武译,商务印书馆1980年版,第39页。

③ [美]约翰·罗尔斯:《正义论》,何怀宏等译,中国社会科学出版社2003年版,第3页。

均衡、协调和统一的状态。《周易》中有"保合太和"。老子强调"合异以为同"。孔子主张"致中和","礼之用,和为贵","君子和而不同"。惠施宣扬"泛爱万物,天地一体"。《春秋繁露》中主张"天人之际,合而为一"。张载明确提出"天人合一"。这些论述表明,和谐观念向来就是中华民族精神的重要组成部分。在西方,"和谐"概念源于古希腊哲学,是指事物之间最佳的结合。毕达可拉斯首先把"和谐"作为哲学的根本范畴,提出"美德乃是一种和谐"①。赫拉克利特认为"自然是由联合对立物造成的最初的和谐"②。从苏格拉底开始,"和谐"被引入社会领域。柏拉图阐述了"公正即和谐"的观点。莱布尼兹首先表述了"先定和谐"的观念。傅立叶在《全世界和谐》一书中,提出"和谐制度"与"和谐社会"。19世纪法国经济学家巴斯夏在其《和谐经济学》中提出"一切正当的利益彼此和谐"的观点。魏特林把社会主义称为"和谐"与"自由"的社会。傅立叶和魏特林等人空想社会主义的和谐主张,为马克思、恩格斯所直接继承。卢卡奇在《关于社会存在的本体论》中,也提出了社会存在具有多样性的协调统一的思想。海德格尔在反对主客二分的传统观念基础上,提出人与万物不是对象化的关系,而是相通相融、共处互动的关系,主张一种"万物一体"的和谐境界。当代生态主义基于人类未来发展的需要,提出人与自然和谐共处的思想。当代社会的诸种和谐思想,为马克思主义和谐观在新的历史条件下的发展提供了必要的思想资源。

在中国古代典籍中,"自由"一词最早见于《后汉书·五行志》。至唐代,"自由"一词大量出现。先秦时期,中国思想家们虽然在形式上未曾使用"自由"一词,但却都论及到有关自由的思想。《论语》中"从心所欲,不逾矩"的言论可以理解为孔子对自由的一种理解或规定。而老子主张的"为无为"和庄子主张的"逍遥游",则典型地表达了道家对自由的体认和追求。到了近代,自由概念开始被有意识地运用到政治领域,出现了政治意义上的自由观念,如梁启超指出:"人人于法律内享有自由,法律之下人人平等。"在西方,在《旧约全书·利未记》中已有"向普天之下所有的人宣告自由"之语。修昔底德在其著作《伯罗奔尼撒战争史》中明确区分了"政治领域中的自由"与"日常生活领域中的自由"。柏拉图在《法律篇》中提出了"国家自由"的概念。亚里士多德在《政治学》中认为,真正的自由并非个人各自放纵于随心

---

① 北京大学哲学系外哲教研室:《古希腊罗马哲学》,三联书店1957年版,第36页。

② 北京大学哲学系外哲教研室:《古希腊罗马哲学》,三联书店1957年版,第19页。

所欲的生活,而是与遵守社会生活规则和法律相联系。"自由"在英语中有两个词形:Freedom 和 Liberty,前者来源于条顿民族,其意是指原始社会中无任何羁束的自然状态;后者则来自罗马法,含有权利与义务两重含义。因此,在古希腊和古罗马,自由就是指不受奴役的权利和状态。到了近代,资产阶级思想家们从不同的角度来阐发自由概念。如斯宾诺莎认为,其行为仅仅由必然性存在自身决定的东西叫做自由。霍布斯指出,自由"就是用他自己的判断和理性认识为最合适的手段去做任何事情的自由"①。孟德斯鸠区分了"政治自由"与"哲学自由",认为前者意义上的自由"就是做法律许可的事情的权利"。卢梭区分了"自然自由"与"社会自由",主张所有人都是生而自由的和自主的,"唯有道德的自由才使人类真正成为自己的主人"②。康德认为,人只有在遵循"自律"而行动的时候,才能产生真正的道德行为,人才是自由的。密尔在《论自由》中指出,自由在于一个人做他所要做的事。总的说来,在资本主义早期,自由思想主要是针对封建专制和封建神权,旨在解决人权与神权的矛盾,以自然权利为基础。18 世纪末以后,则主要是针对国家和政府的强权和过多干预,旨在解决个人与社会的矛盾,以功利主义为基础。

从以上对相关思想史的概览中可以看出,民主、富强、公正、和谐、自由等概念在历史上首先是作为人类的基本价值观而存在的,表达了不同历史时期的人们对于理想社会的共同期盼、憧憬和追求。它们作为共产主义、社会主义的价值观,不过是人类基本价值观的合理继承、延续和升华。

(三)民主、富强、公正、和谐、自由作为中国特色社会主义核心价值观是中国特色社会主义建设实践经验的体现、凝结和升华

改革开放以来,中国共产党坚持解放思想、实事求是的思想路线,努力探索,开辟出一条有中国特色的社会主义道路,在理论和实践两个方面都丰富、推进和发展了马克思主义的民主、富强、公正、和谐、自由等社会主义的核心价值观和价值理念。同时,中国改革开放和现代化建设的实践经验也充分表明,只有坚持民主、富强、公正、和谐、自由等社会主义的核心价值观和价值理念,才能更好地坚持走有中国特色的社会主义道路,健康、顺利和快速地推进中国社会的发展。

---

① [英]霍布斯:《利维坦》,黎思复、黎廷弼译,商务出版社 1985 版,第 97 页。
② [法]卢梭:《社会契约论》,何北武译,商务出版社 1980 年版,第 30 页。

在现代化建设特别是在改革开放过程中,中国在借鉴中外民主思想和传统的基础上,适应以公有制为主体的社会主义生产关系的要求,逐渐形成中国特色社会主义的民主。中国特色社会主义民主的实质是人民当家做主。我国宪法明确规定:"中华人民共和国的一切权力属于人民。"胡锦涛在中国共产党第十七次代表大会的报告中指出,人民民主是社会主义的生命,人民当家做主是社会主义民主政治的本质和核心。中国特色社会主义民主观强调民主选举、民主决策、民主管理、民主监督,保障和尊重人权,强调把坚持党的领导、人民当家做主和依法治国有机统一起来。中国共产党的十六届四中全会文件阐明,党坚持民主执政,就是要坚持为人民执政、靠人民执政,支持和保证人民当家做主,坚持和完善人民民主专政,坚持和完善民主集中制。历史已经证明,人民民主是中国特色社会主义的生命。对于中国特色社会主义来说,民主不仅是其首要的本质规定和本质要求,而且是其政治合法性的基础和制度保障。因此,坚持中国特色社会主义民主,坚定地不断推进社会主义民主政治建设,对于建设社会主义政治文明,促进经济和社会的快速发展,对于切实维护和实现社会公正,妥善协调各方面的社会矛盾和利益关系,对于保障和实现人民群众的主体地位和根本权益,最大限度地激发他们的主动性、积极性和创造性,具有重要的历史意义和作用。

马克思、恩格斯曾强调,建立共产主义具有经济的性质。但是在中国的现代化建设过程中,曾一度忽视物质生产力和社会经济的发展,以致经历了十分曲折的道路。改革开放以来,中国共产党在认真总结社会主义运动历史经验的基础上,明确提出"贫穷不是社会主义",同时把"消灭剥削,消除两极分化,最终达到共同富裕"规定为社会主义的本质和根本目标。伴随改革开放和现代化建设实践的发展,党还适时提出了"要始终代表中国先进生产力的发展要求"以及"以人为本,全面、协调和可持续发展"的科学发展观,并在领导改革开放和现代化建设的社会实践中始终把发展作为执政兴国的第一要务,坚持以经济建设为中心不动摇,聚精会神搞建设,一心一意谋发展,不断解放和发展社会生产力。正是由于始终不渝地坚持以经济建设为中心,切实把发展作为执政兴国的第一要务,并通过发展来解决前进过程中遇到的各种复杂难题,中国才走出了一条具有自己特色的现代化建设富强之路。既有的经验说明,发展是硬道理,唯有发展,唯有民富国强,才能为中国特色社会主义奠定坚实的物质基础,才能解决前进中的各种问题,以及从容应对国家主权和国家安全所面临的各种突发事件和挑战,才能促进社会全面进步,不断提高人民生活水平。

公正不只是社会主义制度设计者、建设者头脑中的理念,更是中国特色社会主义实践的现实目标。在现实生活中,伴随改革开放和现代化建设的深入,公正问题愈益引起人们的关注。中国共产党注意把马克思主义的公正理论运用于中国现阶段的实际,并认真借鉴当代西方公正理论的合理思想,从理论与实践的结合上进行了一系列有益的探索。例如,明确把"实现社会公平正义"规定为"发展中国特色社会主义的重大任务";把逐渐"消除两极分化"、"最终达到共同富裕"作为实现中国特色社会主义公正的基本目标;把"公平正义"与民主法治、诚信友爱、充满活力、安定有序、人与自然和谐相处规定为"社会主义和谐社会的要求",注重在实践中妥善处理好公平与效率的关系,把提高效率与促进公平结合起来,使全体人民共享改革的成果;注重就业和分配公正,在分配方面坚持从中国现阶段国情出发,实行按劳分配为主体、多种分配方式并存的制度,强化政府对收入分配的调节职能;注意做到司法公正,以"保障在全社会实现公平和正义";在国际领域,主张建立公正合理的国际政治经济新秩序,反对以大欺小,以强凌弱;等等。中国特色的社会主义的公正是中国社会主义制度的政治合法性的重要依据,是国家得以顺利发展的重要前提和条件,也是和谐社会建设的重要特征和目标。但是,应该看到,目前中国在地区之间、城乡之间以及不同社会阶层之间经济社会发展的不平衡现象仍然大量存在,人民群众在基本生活质量、文化教育水平和医疗卫生服务等方面所实际享有的资源和服务与中国特色社会主义社会的本质要求之间仍然有着一定的差距,这些不公正因素若得不到合理的控制和解决,势必对社会建设造成很大的负面影响。因此,在全面建设小康社会的历史阶段,坚持和落实中国特色的社会主义的公正观具有很强的紧迫性和现实性。

在新世纪,中国共产党根据中国现阶段社会发展的实际,在坚持马克思主义和谐观以及借鉴中外相关思想资源的基础上,明确提出"社会和谐是中国特色社会主义的本质属性"的理念以及构建以"民主法治、公平正义、诚信友爱、充满活力、安定有序、人与自然界和谐相处"为特征的"和谐社会"的主张。构建和谐社会的宗旨是在经济、政治、文化、社会和生态协调发展的基础上,实现全体人民各尽其能、各得其所、共同富裕,实现人的自由而全面的发展。为了建设和谐社会,必须加强社会建设和完善社会管理体系,妥善处理不同群体利益关系,认真解决人民群众最关心、最直接、最现实的利益问题,正确和妥善处理新形势下人民群众之间的利益关系和矛盾,加强社会治安综合治理。实践证明,和谐是中国特色社会主义顺利发展的重要前提条件,只有实现人与人、人与自然之间的和谐相处,经济、政治、文化和社会的协调发展,才能把中国迅速建设成为一个富强、民主、文明、和谐的现代化国家,才能切实满足和实现中国特色社会主义的本质要求和本质内涵。坚持中国特色社会主义的和谐观和构建和谐社会的目标,对于正确处理现代化建设过程中各种社会矛盾和冲突,协调各种利益关系,团结社会各方面力量,调动一切积极因素,发挥整个社会的创造力,对于维护和实现社会公平和正义,促进社会文明共同进步,对于建设生态文明,做到人与自然的协调发展,都具有重要的意义。

改革开放以来,马克思主义的自由观在中国特色社会主义建设的实践中也得到了不断的丰富和体现。我国宪法规定,在中国特色社会主义建设过程中,最广大的人民群众是享有自由的主体。特别是在新世纪,在党的领导人讲话和党的十六大报告中明确提出,人的自由全面发展是共产主义社会的本质特征,同时,也是建设社会主义新社会的本质要求;建设中国特色社会主义的各项事业所进行的一切工作,既要着眼于人民现实的物质文化生活需要,同时也要着眼于促进人民素质的提高,也就是要努力促进人的自由全面发展。尤其需要指出的是,党根据改革开放和现代化建设实践的需要,适时提出"以人为本"的科学发展观这一重大战略指导思想,明确地将"以人为本"规定为其核心,是对马克思主义关于人的自由全面发展思想和马克思主义自由观的重要发展。强调坚持以人为本,就是以实现人的自由全面发展为目标,从人民群众的根本利益出发谋发展、促发展,不断满足人民群众日益增长的物质文化需要,切实保证人民群众的经济、政治和文化权益,让发展的成果惠及全体人民。自由作为中国特色社会主义的终极目的,不仅集中体现了马克思主义关于人的自由全面发展的价值目标,体现了理想社会的本质特征和人类社会的现实运动和发展趋向,而且是构建和谐社会的必然要求。中国社会主义现代化事业需要人的解放和自由。中国特色社会主义社会经济、政治和文化发展的最终目的是为了人的自由全面发展。随着社会的现代化、市场化、民主化的日益发展,自由问题将日益凸现出来。在中国现阶段,把自由作为中国特色社会主义的基本价值,对于确立人民群众的主体地位和独立性、自主性,对于实现社会主义的民主和人权,调动一切积极因素,加速社会主义现代化建设,对于促进社会和谐以及最终促进人的自由全面发展,具有至高的和终极的定向作用。

总体而论,在中国特色社会主义建设的过程中,民主、富强、公正、和谐、自由作为中国特色社会主义的核心价值各有其特殊的地位和作用。民主表征的是中国特色社会主义关于人民群众在国家和社会生活特别是政治生活中的地位的要求,富强表征的是中国特色社会主义关于社会物质基础的要求,公正表征的是中国特色社会主义关于社会政治伦理关系及其规则的要求,和谐表征的是中国特色社会主义关于人与人、人与自然关系的要求,自由表征的是中国特色社会主义关于社会发展终极目的的要求。民主是富强、公正、和谐、自由的前提,富强是民主、公正、和谐、自由的基础,公正是民主、富强、和谐、自由的限度和保障,和谐是民主、富强、公正、自由的条件,自由是民主、富强、公正、和谐的目标。民主、富强、公正、和谐、自由五位一体,彼此依赖、相互渗透、互为前提,构成中国特色社会主义的基本价值体系,规定了中国特色社会主义的本质和发展趋向,是中国改革开放和社会主义现代化建设必须遵循的核心价值理念、原则和目标。

（本题作者:侯　才　栾亚丽　邓永芳　唐忠宝　王军魁)

第九题

中国特色社会主义社会建设理论述要

一、中国特色社会主义社会建设理论的思想来源与客观依据

在中国共产党成立之际，中国近代著名思想家梁启超就指出，我国人对于生计问题之见地，自先秦诸大哲，其理想皆近于今世所谓社会主义。今此问题为全世界人类之公共问题，各国学者之头脑，皆为所恼。吾敢言我国之生计社会，实为将来新学说最好之试验场；而我国学者对于此问题，实有最大之发言权；且尤当自觉悟其对此问题应负最大之任务。① 国学大师钱穆曾认为，中国社会主义思想的产生，与经济上的生产、交换、分配，社会生活中的民生、政治上的"民本"思想紧密相连。重农抑商，控制经济，不使社会有大富大贫之分，这是中国自秦、汉以来两千年内一贯的政策。中国的社会经济，在此两千年内，可说永远在政府意识控制之下，因此此下的中国，始终没有产生过农奴制度，也始终没有产生过资本主义。② 这些说法当然不是对社会主义起源的科学解释，但是把"社会"、"民生"和"社会主义"联系起来加以考察，则颇合社会主义的思想传统。当代中国共产党人关于中国特色社会主义社会建设理论的创新和发展，也遵循着这一基本线索。

---

① 梁启超：《清代学术概论》，岳麓书社 2010 年版，第 104—105 页。

② 钱穆：《中国文化史导论》，商务印书馆 1994 年版，第 123 页。

中国特色社会主义社会建设理论有深厚的文化土壤。从孔夫子到孙中山，中国两千多年的治国理政思想，为当代中国特色社会主义社会建设理论积累了丰富的思想资源。关注民生实为中华民族的优良传统。《左传·宣公十二年》说，民生在勤，勤则不匮。诗人屈原曾留下"长太兮以掩涕兮，哀民生之多艰"的诗句。但严格地说，民生问题是现代工业化的产物，也是"社会问题"。按照孙中山先生的说法，民生问题就是生存问题，"民生"即人民的生活——社会的生存，国民的生计，群众的生命。他目睹了欧美资本主义社会因两极分化而带来的剧烈劳资冲突，由此对马克思的学说产生好感，并试图通过举政治革命和社会革命"毕其功于一役"，避免中国发生阶级斗争，重蹈资本主义覆辙。"民生主义"便是解决社会问题的基本纲领，也是孙中山民主革命纲领——"三民主义"的组成部分。这一思想的重要原则一曰"平均地权"，二曰"节制资本"。在孙中山的心目中这就是"社会主义"。但是，后来国民党在大陆统治期间恰恰没有解决好农民的土地问题，造成了社会高度分化，民不聊生，最后政权垮台。中国共产党人不仅作为"学者"自觉地继承了中华民族优秀文化传统，接受了马克思主义，更是以"革命者"的姿态开始了建设新社会的艰辛探索和伟大实践。毛泽东的《湖南农民运动考察报告》提到的十四件大事，件件都与改善民生和改造社会息息相关。在异常艰苦的革命战争环境中，对于根据地人民的生产生活，党不曾须臾忘怀。"关心群众生活、注意工作方法"，"发展经济、保障供给"，"自己动手、丰衣足食"，这些简练的语言表达出纯朴的道理。正因如此，延安才成为革命青年向往的圣地，中国共产党才得到了人民的拥护，社会主义才成为历史的选择。新民主主义革命时期中国共产党在革命根据地领导社会建设的经验，包括国民党在大陆失败的教训，都是中国特色社会主义社会建设理论的"已有的思想材料"，值得认真总结和吸收。因此，可以在新民主主义革命时期找到中国特色社会主义社会建设理论的历史形态。

社会主义社会建设是中国共产党面临的新的历史性课题。新民主主义革命的胜利，为中国走上社会主义发展道路、建设社会主义社会创造了政治前提。按照马克思恩格斯的设想，这个新社会，"通过社会化生产，不仅可能保证一切社会成员有富足的和一天比一天充裕的物质生活，而且还可能保证他们的体力和智力获得充分的自由的发展和运用"①。但是，在中国社会主义改造完成以后，从1958到1978年整整20年里，"农民和工人的收入增

---

① 《马克思恩格斯文集》第3卷，人民出版社2009年版，第563—564页。

加很少,生活水平很低,生产力没有多大发展"①。导致这种状况的原因,一方面在于经济文化相对落后、生产力起点低,另一方面则在于社会主义建设指导思想的失误,这说明年轻的执政党对如何建设社会主义新社会问题缺乏足够的思想准备。为了集中有限的人力、物力和财力进行大规模的工业化建设,中国照搬了"苏联模式",计划经济应运而生。但是这个体制中"高度集中"的弊端很快便在经济、政治、文化以及社会生活各个领域表现出来。社会主义之"社会"被淹没在计划经济体制中的"单位"之中,难以发育成熟。这样一来,"小而全"、"大而全"、企业事业单位"办社会"、党政职能与社会职能不分的现象普遍存在,严重地违背了社会分工的原则,导致大量重复建设,资源严重浪费。同时,社会建设初期滞后,欠账过多,也造成了经济建设与人们的物质、政治、文化生活需求之间的脱节。况且三大改造基本完成后,中国还有近二十年的时间脱离了经济建设这个中心任务,这更使社会主义社会赖以生存和发展的物质基础极其薄弱。改革开放实践的兴起与社会主义现代化进程的加速,终于使中国摆脱了这种尴尬局面,在这个过程中,"社会"不断发育成熟。但与此同时,社会问题也浮出水面,社会矛盾日益凸显。为此,中国共产党把社会建设摆在了更加突出的位置,形成了经济建设、政治建设、文化建设、社会建设"四位一体"的中国特色社会主义事业的总体布局。当然,这"四位"还要和人类赖以生存的"自然"和谐相处,建设"生态文明"。这些新的事实不仅"迫使人们对以往的全部历史进行一番新的研究",同时也需要对改革开放以来中国共产党领导社会建设的经验进行总结概括,形成中国特色社会主义社会建设理论,以指导当代中国的社会建设。

中国特色社会主义社会建设的理论基础是科学社会主义。但至于如何建设社会主义新社会,并不是其创始人马克思、恩格斯所关注的重点,道理很简单,在他们生活的时代社会主义还没有成为现实,因此他们本人没有经历过社会主义社会建设的实践。他们只是指出了社会主义社会建设的大致方向,即当社会主义革命任务基本完成以后,要"尽可能快地增加生产力的总量",为此要使生产者联合起来,合理地调节人和自然之间的物质变换,靠消耗最小的力量,在最无愧于和最适合于人类本性的条件下进行这种"新陈代谢";使劳动获得解放,为社会成员腾出时间创造条件,使他们在艺术、科学等方面得到相应的发展;有计划地分配劳动时间,通过合理组织生产避免

---

① 《邓小平文选》第三卷,人民出版社1993年版,第115页。

经济危机对生产力和资源的破坏和浪费;提高劳动生产率,以工人的聚集和共同工作,即劳动的社会结合为前提,建设一个科学技术得到广泛应用的节约型社会。而要实现社会主义对资本主义的取代,必须经过一系列将把环境和人都加以改造的历史过程。在这个过程中,人们在改造客观世界的同时,也改造着自己的主观世界,提炼出新的品质,通过生产而发展和改造着自身,造成新的力量和新的观念,造成新的交往方式、新的需要和新的语言。这些有关社会主义社会建设的思想,需要继续深入研究、开发和运用,但是,他们毕竟没有创立一个社会主义社会建设的学说。而且,当代中国社会与马克思设想的社会主义社会还有很大差距。因此,必须实现马克思主义的基本原理与当代中国实际的有机结合,使马克思主义社会学说中国化。

中国特色社会主义社会建设理论属于"社会主义建设理论"。这就是说,构建中国特色社会主义社会建设理论必须首先实现科学社会主义从"革命"到"建设"的转变。因为马克思、恩格斯创立的科学社会主义本质上是革命的理论。在这个理论框架内,"谁是我们的敌人,谁是我们的朋友"是首要问题。社会主义建设理论不是建立在"阶级分析法"而是建立在"以人为本"的基础上,要求消除笼罩在人们头上和社会关系中的阶级属性,还原社会成员以"人"的本来面目。但是改革开放以来,某些社会阶层是不是新生的资产阶级,有没有"剥削"、"剩余价值",是否产生了"两极分化"等问题不绝于耳。这个事实一方面反映了人们对改革开放可能走向资本主义道路的担忧,另一方面则说明"阶级斗争"虽已不是社会的主要矛盾,但这个思维仍然挥之不去。其实关于这一点,斯大林倒是早就注意到了,他认为"必须抛弃从马克思专门分析资本主义的《资本论》中取来而硬套在我国社会主义关系上的其他若干概念。我所指的概念包括'必要'劳动和'剩余'劳动、'必要'产品和'剩余'产品、'必要'时间和'剩余'时间这样一些概念。马克思分析资本主义,是为了说明工人阶级受剥削的泉源,即剩余价值,并且给予被剥夺了生产资料的工人阶级以推翻资本主义的精神武器。显然,马克思在这里所使用的概念(范畴)是和资本主义关系完全适合的。但是现在,当工人阶级不仅没有被剥夺政权和生产资料,反而掌握着政权和占有生产资料的时候,还使用这些概念,这就非常奇怪了。"①他又看到:"马克思在《哥达纲领批判》中,在他的这本已经不是研究资本主义而是用了一部分篇幅研究共产主义社会第一阶段的著作中承认交给社会用于扩大生产,用于教育、保健

---

① 《斯大林选集》下卷,人民出版社 1979 年版,第 551 页。

事业、管理费用、后备基金等等的劳动,是与用来满足工人阶级消费需要的劳动同样必要的。""我们的经济学家应当消除旧概念和我们社会主义国家新情况之间这种不相适合的现象,而用适合新情况的新概念来代替旧概念。"①但遗憾的是,斯大林以及苏共并没有从社会主义实践中概括出多少新的概念,原因在于"苏联模式"逐步僵化了。而中国又在相当长一个时期内走上了"以阶级斗争为纲"、进行"无产阶级专政下继续革命"的道路,造成党的指导思想与社会主义社会实际的严重脱节。今天,中国改革开放和社会主义现代化建设实践创造的新鲜经验,是构建中国特色社会主义社会建设理论的客观依据。因此,应该以唯物史观为指导,从这些"社会存在"中提取新的概念和范畴。

二、中国特色社会主义社会建设的科学涵义

在中国,古汉语中的"社会"系指祭祀土神的集会,也特指宗教组织和教育团体。今之"社会",也有不同的界说。在马克思主义的思想体系中,社会是"人们交互活动的产物"。这是有关社会起源和本质的科学解释。社会由人构成,但不是个人的简单集合,而是表示这些现实个人的彼此发生的那些联系和关系的总和。②"在人们的生产力发展的一定状况下,就会有一定的交换和消费形式。在生产、交换和消费发展的一定阶段上,就会有相应的社会制度形式、相应的家庭、等级或阶级组织,一句话,就会有相应的市民社会。"③这就是所谓"交互活动"的内涵。这里的"社会"和"市民社会"是同义语,指的是人类打破氏族的血缘关系、在特定地域基础上建立起的以分工协作为纽带的经济联系,即生产关系。因此,马克思借助"生产关系"这个概念为"社会"赋予了科学的内涵:"生产关系总合起来就构成所谓社会关系,构成所谓社会,并且是构成一个处于一定历史发展阶段上的社会,具有独特的特征的社会。"④但是,生产关系不能为人们随心所欲地创造,而是由生产力的发展水平决定和制约,已经形成就具有相对的稳定性,并由与之相适应的上层建筑来维护,于是,一个由生产力—生产关系—上层建筑—自然环境构

---

① 《斯大林选集》下卷,人民出版社 1979 年版,第 552 页。

② 陈先达:《走向历史的深处》,中国人民大学出版社,2010 年版第 208 页。

③ 《马克思恩格斯文集》第 10 卷,人民出版社 2009 年版,第 42—43 页。

④ 《马克思恩格斯文集》第 1 卷,人民出版社 2009 年版,第 724 页。

成的"社会有机体"就历史地产生了:"人们在自己生活的社会生产中发生一定的、必然的、不以他们的意志为转移的关系,即同他们的物质生产力的一定发展阶段相适合的生产关系。这些生产关系的总和构成社会的经济结构,即有法律的和政治的上层建筑竖立其上并有一定的社会意识形式与之相适应的现实基础。物质生活的生产方式制约着整个社会生活、政治生活和精神生活的过程。"①这里就出现了具有不同内涵和外延的社会:从广义上说社会是生产力、生产关系、上层建筑包括自然环境的统一体;从狭义上说,社会就是生产关系。至于社会成员的生存状况——民生问题,则取决于生产力的发展水平、生产关系的性质和社会的形态,但是又具有相对的独立性和自身的发展规律。从这个角度说,"民生"本身也构成"社会"。因此,社会有时特指人们的社会生活。按照这种理解,社会建设本身也包括三重含义:一是指整个社会有机体的建设;二是指生产力、生产关系、上层建筑、人与自然关系,尤其是人与人之间关系的建设;三是指和人民生活直接相关的各种事业的建设。三者既有联系又有区别,但都属于社会建设的组成部分。中国特色社会主义社会建设理论应注意到它们的界线,否则会造成概念混乱。如果中国特色社会主义社会建设理论以整个社会有机体为研究对象,那就等同于"中国特色社会主义理论体系"了。社会建设似应以人际关系和人民生活为主题、以"构建和谐社会"和"提高人民生活水平"为目标更为合适。因此,把经济建设、政治建设、文化建设、社会建设这"四位一体"中的"社会"理解为"社会关系"与"民生"更为通顺。而且这里的"社会"按照唯物史观的逻辑应该排在"政治"之前,紧随"经济"其后,即经济、社会、政治、文化。

当代中国社会的性质是社会主义。但是这个社会主义与马克思设想的社会主义有很大差别。在马克思看来,社会形态反映的是劳动者与生产资料的结合方式,因为"不论生产的社会的形式如何,劳动者和生产资料始终是生产的因素。但是,二者在彼此分离的情况下只在可能性上是生产因素。凡要进行生产,它们就必须结合起来。实行这种结合的特殊方式和方法,使社会结构区分为各个不同的经济时期"②。这种结合的特殊方式和方法就是特定的"生产资料的所有制",由此构成社会的经济基础,决定不同社会的"独特的特征"。就历史上各种社会形态的更替,马克思在 1859 年的《〈政治

① 《马克思恩格斯文集》第 2 卷,人民出版社 2009 年版,第 591 页。
② 《马克思恩格斯文集》第 6 卷,人民出版社 2009 年版,第 44 页。

经济学批判〉序言》中,对自己以往的研究成果作了一个简短的总结,并勾画了西欧社会历史的一般进程:"大体说来,亚细亚的、古希腊罗马的、封建的和现代资产阶级的生产方式可以看做是经济的社会形态演进的几个时代。"①虽然马克思强调这个线索仅限于西欧,但为人们认识不同民族和国家所处的历史方位提供了一个大致的参照系,为人类社会的发展指出了一个大致的方向,也为不同社会的比较提供了研究方法。马克思、恩格斯所生活的时代,决定他们的社会学说研究的主要对象是资本主义社会。这一思想的基本价值主要体现为对资本主义社会的批判。但是他们并没有全盘否定资本主义社会,而是把它看做是人类历史由低级向高级发展进程中承前启后的一个必经阶段,并以科学的态度对其作出了全面的历史的分析:一是"资本来到世间,从头到脚,每个毛孔都滴着血和肮脏的东西"②。这是对资本主义基本矛盾和由此带来的弊端的深刻揭露。社会化的生产和生产资料私人占有的不相容性是资本主义社会一切弊端的根源,这个基本矛盾在社会领域表现为严重的两极分化以及无产阶级和资产阶级的尖锐对立。正是因为"滴着血和肮脏的东西",资本主义生产方式不仅受到了社会主义思想家、甚至也受到了自由主义思想家中的有识之士的尖锐批判。二是"资产阶级在历史上曾经起过非常革命的作用"③。这种革命作用突出表现为社会生产力的解放和发展。没有这种革命作用,资本主义就不可能实现对封建制度的取代,并确立自己的阶级统治。今天的资本主义之所以"垂而不死"、"腐而不朽",就是因为它的革命作用在世界历史进程中还未终结。一方面是"血和肮脏的东西",另一方面是"非常革命的作用",正是这种两面性使资本主义社会始终在矛盾中运动。这种矛盾本身孕育出解决手段和线索,即在事实上承认生产力的社会属性,顺着这个线索,马克思恩格斯看到了两大对立阶级斗争的趋势:"资产阶级的灭亡和无产阶级的胜利是同样不可避免的。"④旧有的社会阶级在斗争中同归于尽,整个社会受到革命性的改造。这样,历史发展的辩证法便把人类社会引导到一个更高级的形态,即社会主义的生产方式和社会主义社会,这个社会既克服了资本主义的弊端,又继承了它的革命成果,但是它不会自发产生,还要通过无产阶级革命和无产阶级专政来建立。马克思、恩格斯将这个历史使命交给了现代工人阶级,并认为工

---

① 《马克思恩格斯文集》第 2 卷,人民出版社 2009 年版,第 592 页。

② 《马克思恩格斯文集》第 5 卷,人民出版社 2009 年版,第 871 页。

③ 《马克思恩格斯文集》第 2 卷,人民出版社 2009 年版,第 33 页。

④ 《马克思恩格斯文集》第 2 卷,人民出版社 2009 年版,第 43 页。

人阶级的解放是工人阶级自己的事情。马克思、恩格斯在批判资本主义旧社会的基础上发现了未来社会主义新社会。如果说资本主义社会有三大经济支柱即私有制、雇佣劳动、商品经济的话，那么社会主义则建立在公有制、联合劳动、产品经济的基础上。当阶级消灭、国家自行消亡以后，一个代替现存资本主义旧社会的"自由人联合体"的轮廓便初现端倪："一旦社会占有了生产资料，商品生产就将被消除，而产品对生产者的统治也将随之消除。社会生产内部的无政府状态将为有计划的自觉的组织所代替。个体生存斗争停止了。于是，人在一定意义上才最终地脱离了动物界，从动物的生存条件进入真正人的生存条件。人们周围的、至今统治着人们的生活条件，现在受人们的支配和控制，人们第一次成为自然界的自觉的和真正的主人，因为他们已经成为自身的社会结合的主人了。"①这就是有关无产阶级解放目标和社会发展趋势的理论表述。但是，这属于全社会占有生产资料以后的事情，是有待后人通过实践证实的"科学假说"。尽管如此，这一学说向中国共产党人提示，经济文化相对落后的国家进行社会主义建设，必须继承和吸收资本主义的文明成果。

三、中国特色社会主义社会建设必须立足中国国情

中国特色社会主义社会建设的历史与逻辑起点是 1956 年社会主义改造的完成。在科学社会主义思想体系中，从工人阶级完成革命的"第一步"即推翻资产阶级的政治统治、夺取国家政权开始，到运用无产阶级专政的力量改造了生产资料的资本主义私有制，被称作从资本主义到社会主义的革命转变时期，亦称"过渡时期"。和马克思、恩格斯的设想不同，20 世纪的社会主义革命并没有在资本主义发达国家爆发，而是在资本主义链条中的薄弱环节即经济文化相对落后的国家率先突破。在此基础上形成的社会主义社会，显然在社会形态和发展程度上不同于马克思、恩格斯设想的社会主义社会。不仅如此，这些国家的经济社会发展和人民生活水平还落后于同时代发达的资本主义国家。这个事实表明，当今社会主义的发展还没有达到在全世界范围内取代资本主义的程度。20 世纪的社会主义革命和建设不过是在资本主义历史进程和世界体系中的局部实验，因此既有成功的希望，也有

---

① 《马克思恩格斯文集》第 3 卷，人民出版社 2009 年版，第 564 页。

失败的可能。虽然生产资料所有制社会主义改造的基本完成意味着社会主义社会的建立,但这个社会主义并不等同于马克思、恩格斯设想的共产主义"第一阶段",因此也不能按照理想的模式建设现实的社会主义社会。在当代中国,社会建设应与"社会主义初级阶段"相适应。"社会主义初级阶段"的基本判断打通了社会主义改造基本完成到"共产主义第一阶段"之间的联系,从而揭示了中国最大的国情,找到了马克思主义普遍原理与中国实际的结合点。过去,由于对中国国情缺乏清醒认识,生产资料所有制社会主义改造基本完成后的阶段,要么被认为是"共产主义第一阶段",因此要"跑步进入共产主义";要么被认为是从资本主义到共产主义的"过渡时期",因此要"以阶级斗争为纲"、进行"无产阶级专政下继续革命"。社会主义初级阶段论既肯定了当代中国社会之性质,又揭示了中国自然条件、历史传统与社会发展程度的内在联系,使各项路线方针政策和发展战略的制定有了坚实的国情依据。同时"初级阶段"上的社会更加突显了"中国特色"。所谓"中国特色"表明,当代中国的社会建设与现代化的进程紧密相连,主要是建设社会主义物质基础,为社会关系和人民生活增添更多的社会主义因素。

中国特色社会主义社会建设理论的首要任务是揭示当代中国人与人之间的关系。由于目前中国的生产力发展水平还远未达到要求全社会共同占有生产资料的程度,因此,中国特色社会主义社会只能建立在生产资料公有制为主体、多种所有制经济共同发展这样的社会主义初级阶段基本经济制度基础上,并通过市场经济配置资源、组织生产。公有制为主体、按劳分配、共同富裕,决定了中国社会的社会主义性质、价值和发展方向;社会主义与市场经济的结合则产生了社会主义现实的、中国的社会形态。在这个基础上,形成了以人为本、人民当家做主、法律面前人人平等的新型社会关系。人民代表大会的根本政治制度,党的领导、人民当家做主和依法治国的有机统一是这种新型关系在政治上的体现;就政党制度而言,既不是苏联的"一党制",也不是西方的多党制,而是共产党领导的多党合作与政治协商制度。在解决民族问题的实践中,根据我国的实际实行民族区域自治制度,并形成了平等、团结、互助、和谐的民族关系。这些就是构成当代中国特色社会主义社会的基本因素,也是中国共产党人对中国特色社会主义的理论概括。这种社会存在在人们头脑中的反映就是中国特色社会主义理论体系,它既是党的指导思想,也是国家的意识形态,并且通过社会主义核心价值体系建设,使其成为社会主义文化的核心内容。但是,这些特征只是对当代中国社会中社会主义因素的高度抽象。一旦将其还原到现实生活当中,情况要复杂得多。现实社会绝不是"纯而又纯"的社会主义社会,既存在着大量的封建社会残余,也滋生出许多资本主义的生产关系。社会主义的社会关系远未成熟。这是中国特色社会主义社会建设所面临的实际。

四、中国特色社会主义社会建设应深入具体地研究
当前我国的社会矛盾

中国特色社会主义社会建设理论的基本概念是"人"。所谓"人"是具有共性的"人"。在自然属性上,每个人都要吃、喝、住、行,要生存要发展;在社会属性上,每个人都要当家做主,争取社会平等,要求参政议政。正是这些共性构成了全体人民的根本利益。因此,社会建设也就有了现实的出发点和目标,即一切为了人,一切依靠人,发展的成果由全体人民共同享有。"根据共产主义原则组织起来的社会,将使自己的成员能够全面发挥他们的得到全面发展的才能。"①现实的社会主义虽然还没有发展到这个程度,但必须以此为自身的发展方向。社会建设的目标应实现远大理想和阶段性目标的有机统一。

社会和谐是中国特色社会主义的本质属性。社会由人构成,但是"物以类聚,人以群分"。中国特色社会主义社会建立在社会化大生产的基础之上,所谓"人以群分"就是指在这个基础上的分工合作。当代中国,经过多年的建设和发展,如今社会分工越来越细,经济结构日益复杂,而且又建立在生产资料公有制为主体的基本经济制度基础之上。因此,"人以群分"已不是阶级的划分。"在过去的各个历史时代,我们几乎到处都可以看到社会完全划分为各个不同的等级,看到社会地位分成多种多样的层次。"而资本主义时代的一个特点是,"它使阶级对立简单化了",这个社会日益分裂为两大相互直接对立的阶级。② 然而,中国特色社会主义社会建设理论对当代中国的社会结构应该有新的说法。如果将目光投向社会就可以看到一个明显的事实:传统意义上的工人、农民的数量在逐步减少,"两个阶级、一个阶层"的结构已被打破(其实这个结构在很大程度上带有"人为"因素),其他"社会阶层"的数目在增加。当年有西方学者挑剔马克思主义的阶级理论,说如果将阶级划分的逻辑贯彻到底,本应继续将社会分解为利益群体,一直分解到

---

① 《马克思恩格斯文集》第 1 卷,人民出版社 2009 年版,第 689 页。
② 《马克思恩格斯文集》第 2 卷,人民出版社 2009 年版,第 31—32 页。

其成员履行完全相同的功能群体为止。① 意思是无产阶级内部也要分群,也经常发生冲突。其实在当时的历史条件下马克思恩格斯已经把这个理论贯彻到底了:产业工人与资本家都在履行各自的相同或相似的职能,没有再分解的必要了。正是因为工人中也存在着竞争,马克思恩格斯才主张建立无产阶级政党,以协调工人阶级内部关系和利益。但是,随着社会分工和股份制的发展,尤其是市场经济的健全和完善,"中等阶级"的扩大,"阶级"本身就有继续分解的必要了。因此,马克思主义产生以后的许多西方资产阶级学者习惯用"社会分层"或"阶层"的思维和概念来分析当代资本主义的社会结构。社会学家划分社会阶层的主要依据是权力、声望和收入。② 如果这种分法成立的话,那么"阶层"也就不是传统意义上"阶级"内部的层次了。因此,中国特色社会主义社会中的"人",可以区分为不同的社会职业。至于不同职业之间的利益如何协调,完全不必通过"阶级斗争",而是通过市场、民主、法制、改革等途径加以解决。

中国特色社会主义社会仍然是充满矛盾的社会。社会主义初级阶段基本经济制度消除了社会划分为阶级的经济前提,但社会分工依然存在,人与人之间还存在着由职业、按劳分配等因素形成的社会差别,这些差别必然要产生各种社会矛盾,因此中国特色社会主义社会也是一个充满矛盾的社会。对于社会主义社会的矛盾问题,一直到斯大林,前人并没有给予深入的研究,而中国共产党对此早有思想准备,并在社会主义制度在中国确立之初就形成了许多基本概念,比如"两类不同性质的矛盾"即"敌我矛盾"和"人民内部矛盾",社会主义社会"基本矛盾",当前我国社会"主要矛盾",等等。但是这些说法都具有很强烈的哲学韵味,或者说是从哲学的高度总结和提炼出来的概念。而社会建设理论所要研究的"社会矛盾"则应该具体化。现在回过头来再看毛泽东关于社会主义社会矛盾学说就会发现,《论十大关系》所表达的思想可能要比《关于正确处理人民内部矛盾的问题》更有价值。因为在《论十大关系》中,毛泽东发现了社会主义新社会中的矛盾的具体表现形式。"革命与反革命的关系"和其他九大关系是并列的关系,而不是纲目的关系。但后来的思想一度偏离了正确的方向。阶级斗争已不是社会主义社会的主要矛盾,这一点在党的十一届三中全会以后已为绝大多数人所

---

① [奥地利]路德维希·冯·米瑟斯:《社会主义》,王建民等译,中国社会科学出版社 2008 年版,第 301 页。

② 杨继绳:《中国当代社会各阶层分析》,甘肃人民出版社 2006 年版,第 14 页。

认同。与阶级斗争思维相关的"两类不同性质矛盾"的说法现在也很少被人提及。就社会主义社会矛盾如何概括和表述的问题,邓小平曾经谈到,关于基本矛盾,还是按照毛泽东的提法比较好,即生产关系和生产力之间的矛盾、上层建筑和经济基础之间的矛盾;关于主要矛盾,则是生产力发展水平很低,远远不能满足人民和国家的需要,即人民群众日益增长的物质文化需要同落后的社会生产之间的矛盾。但是邓小平也认识到,指出这些基本矛盾,并不就完全解决了问题,还需要就此作深入具体的研究。① 要作"深入具体的研究",就应该研究当代中国社会中"谁和谁"之间的矛盾,而不是从哲学的角度去讨论"社会主义社会基本矛盾"或"当前我国社会主要矛盾"。但是关于这个问题的研究还很薄弱。无论如何,中国共产党人已从宏观上对当代中国的社会矛盾的性质作出了定性说明,即在社会主义历史条件下,生产关系与生产力、上层建筑与经济基础之间的相适应是主要的,不相适应是次要的,目前我国社会总体是和谐的。因此,发展才是硬道理,是党执政兴国的第一要务,是科学发展观的第一要义。发展中的矛盾,前进中的问题完全可以在中国共产党的领导下通过民主法治的手段加以解决。推动科学发展、促进社会和谐是发展中国特色社会主义的基本要求。

五、当代中国的社会建设主要体现在三个层面上

进入新世纪,中国共产党根据中国特色社会主义发展的新阶段的新要求,为推动社会进步做出了三项重大决策:全面建设小康社会,构建社会主义和谐社会,加快推进以改善民生为重点的社会建设,从而将社会建设的内容更加具体化。

——"全面建设小康社会"主要是指"社会有机体"的建设。当年,邓小平借用"小康"这个有着广泛社会基础和深厚文化底蕴的名词,表达了中国特色社会主义现代化发展的阶段性目标。他根据 20 世纪 80 年代初苏州的发展状况畅想了小康社会的前景:第一,人民的吃穿用问题解决了,基本生活有了保障;第二,住房问题解决了,人均达到二十平方米,因为土地不足,向空中发展,小城镇和农村盖二三层楼房的已经不少;第三,就业问题解决了,城镇基本上没有待业劳动者了;第四,人不再外流了,农村的人总想往大

---

① 《邓小平文选》第二卷,人民出版社 1994 年版,第 181—182 页。

城市跑的情况已经改变;第五,中小学教育普及了,教育、文化、体育和其他公共福利事业有能力自己安排了;第六,人们的精神面貌变化了,犯罪行为大大减少。① 这说明,小康社会的奋斗目标具体体现在构成社会的各个要素上,是现代化的雏形。新旧世纪之交,中国人民的生活从总体上达到小康,在这个基础上,党的十六大制定了新世纪头二十年的奋斗目标,即全面建设小康社会,实现经济更加发展、民主更加健全、科教更加进步、文化更加繁荣、社会更加和谐、人民生活更加殷实。十七大又提出了全面建设小康社会五个方面的新要求:一是增强发展协调性,努力实现经济又好又快发展。二是扩大社会主义民主,更好保障人民权益和社会公平正义。三是加强文化建设,明显提高全民族文明素质。四是加快发展社会事业,全面改善人民生活。五是建设生态文明,基本形成节约能源资源和保护生态环境的产业结构、增长方式、消费模式。这个目标把社会主义社会是一个全面发展的社会的要求具体化到中国现代化的实践中,由此搭起了当代中国社会和社会主义更高发展阶段之间的桥梁。

——"构建社会主义和谐社会"的重点是指新型人际关系的培育和建设。社会和谐是中国特色社会主义的本质属性。构建社会主义和谐社会是贯穿中国特色社会主义事业全过程的一项长期任务。《说文解字》说:和,相应也。所谓和谐社会,从广义上说,就是生产力、生产关系、上层建筑、人与自然之间的相互适应状态;从狭义上说,就是全体人民分工协作,各尽其能、各得其所而又和谐相处的局面。当代中国的和谐社会建设主要是指狭义上的社会建设。民主法治,公平正义,诚信友爱,充满活力,安定有序,人与自然和谐相处,是构建社会主义和谐社会的总要求,也是和谐的人际关系在社会各个领域的展开和再现。民主法治是社会关系和谐的政治前提。公平正义是社会关系和谐的交换原则。诚信友爱是社会关系和谐的道德底线。充满活力是社会关系和谐的内在动力。安定有序是社会关系和谐的社会基础。人与自然和谐相处是社会关系和谐在人与自然关系上的延伸和表现。在个人、社会、自然构成的大社会系统中,三者之间的和谐相处即为"生态文明"。它的物质成果表现为良好的自然环境和社会环境,精神成果则是人与自然和谐相处的生态观。

——"加快推进以改善民生为重点的社会建设"强调的是人民生活水平的改善。党的十七大提出的目标是,在经济发展的基础上,着力保障和改善

---

① 《邓小平文选》第三卷,人民出版社1993年版,第24—25页。

民生,推进社会体制改革,扩大公共服务,完善社会管理,促进社会公平正义,努力使全体人民学有所教、劳有所得、病有所医、老有所养、住有所居,推动建设和谐社会。按照党的十七大的要求,社会建设的内容主要包括六个方面:一是优先发展教育,建设人力资源强国,全面贯彻党的教育方针,坚持育人为本、德育为先,实施素质教育,提高教育现代化水平,培养德智体美全面发展的社会主义建设者和接班人,办好人民满意的教育。二是实施扩大就业的发展战略,促进以创业带动就业;坚持实施积极的就业政策,加强政府引导,完善市场就业机制,扩大就业规模,改善就业结构。三是深化收入分配制度改革,增加城乡居民收入。坚持和完善按劳分配为主体、多种分配方式并存的分配制度,健全劳动、资本、技术、管理等生产要素按贡献参与分配的制度,初次分配和再分配都要处理好效率和公平的关系,再分配更加注重公平。四是加快建立覆盖城乡居民的社会保障体系,保障人民基本生活。以社会保险、社会救助、社会福利为基础,以基本养老、基本医疗、最低生活保障制度为重点,以慈善事业、商业保险为补充,加快完善社会保障体系。五是建立基本医疗卫生制度,提高全民健康水平。坚持公共医疗卫生的公益性质,坚持预防为主、以农村为重点、中西医并重,实行政事分开、管办分开、医药分开、营利性和非营利性分开,强化政府责任和投入,完善国民健康政策,鼓励社会参与,建设覆盖城乡居民的公共卫生服务体系、医疗服务体系、医疗保障体系、药品供应保障体系,为群众提供安全、有效、方便、价廉的医疗卫生服务。六是完善社会管理,维护社会安定团结。健全党委领导、政府负责、社会协同、公众参与的社会管理格局,健全基层社会管理体制。这些要求都突出了"改善民生"这个重点。党的十七届五中全会还提出了改善民生的具体任务,即促进就业和构建和谐劳动关系,合理调整收入分配关系,健全覆盖城乡居民的社会保障体系,加快医疗卫生事业改革发展,全面做好人口工作,加强和创新社会管理。改善民生的前提是提高人民的收入水平,目标是中等收入者的比重扩大,每个家庭的财产普遍增加。国家要依法保护个人的合法财产,并提高收入者的收入水平,实现社会公平和正义。

如果说改善民生是社会建设的重点和中国特色社会主义社会建设理论的主题,那么必须根据新的实际充实"民生"的内容。人民生活从贫穷到温饱,从温饱到小康,从小康到富裕,不仅是物质生活水平提高和量变的过程,其间也要发生质的飞跃。我们党提出的物质文明和精神文明、政治文明、社会和谐、生态文明的目标,正是这种变化的反映,体现的是人民对美好生活的新的期待。因此,民生绝不是仅仅停留在"学有所教、劳有所得、病有所医、老有所养、住有所居"的层面上,还应包括参政议政,管理国家和社会,实现个性的自由全面发展。根据中国的实际,社会建设和民生改善的重点是在农村,应该着眼于逐步改变城乡二元结构。"城乡关系一改变,整个社会也跟着改变。"①

六、当代中国社会发展的动力要在人们交互活动中去寻找

社会建设的依靠力量是社会成员本身。马克思、恩格斯坚信人类社会将不断由低级到高级发展。在他们看来,生产力、生产关系、上层建筑是构成社会有机体的基本要素,其中生产力是最革命最积极最活跃的因素。人,尤其是先进的阶级是历史的创造者,他们通过解决生产力、生产关系和上层建筑所构成的社会基本矛盾不断推动社会发展。恩格斯晚年又进一步揭示了社会发展的机理。他指出:"历史是这样创造的:最终的结果总是从许多单个的意志的相互冲突中产生出来的,而其中每一个意志,又是由于许多特殊的生活条件,才成为它所成为的那样。这样就有无数互相交错的力量,有无数个力的平行四边形,由此就产生出一个合力,即历史结果,而这个结果又可以看做一个作为整体的、不自觉地和不自主地起着作用的力量的产物。""每个意志都对合力有所贡献,因而是包括在这个合力里面的。"②这里再次呈现出人们交互活动的社会主题。恩格斯又补充道:"政治、法、哲学、宗教、文学、艺术等等的发展是以经济发展为基础的。但是,它们又都互相作用并对经济基础发生作用。这并不是说,只有经济状况才是原因,才是积极的,其余一切都不过是消极的结果,而是说,这是在归根到底不断为自己开辟道路的经济必然性的基础上的相互作用。""人们自己创造自己的历史,但是到现在为止,他们并不是按照共同的意志,根据一个共同的计划,甚至不是在一个有明确界限的既定社会内来创造自己的历史。他们的意向是相互交错的,正因为如此,在所有这样的社会里,都是那种以偶然性为其补充和表现形式的必然性占统治地位。在这里通过各种偶然性来为自己开辟道路的必然性,归根到底仍然是经济的必然性。"③这一思想使唯物史观更趋完

---

① 《马克思恩格斯文集》第 1 卷,人民出版社 2009 年版,第 618 页。
② 《马克思恩格斯文集》第 10 卷,人民出版社 2009 年版,第 592、593 页。
③ 《马克思恩格斯文集》第 10 卷,人民出版社 2009 年版,第 668、669 页。

善,从中不仅看到了"物",也看到了"人";不仅看到了"人们",也看到了"每个人";不仅看到了"作用",也看到了"相互作用"。所以,当代中国社会进步的动力要在人们交互活动中去寻找。社会的发展是社会各要素、尤其是人与人在交互活动中达到的动态平衡。当代中国社会中的各种矛盾既是社会动荡的根源,也是社会进步的动力。转化为发展动力的途径是激发社会活力,尊重劳动,尊重知识,尊重人才,尊重创造。

中国特色社会主义社会是开放的社会。中国特色社会主义不是资本主义,也不会趋同于资本主义。但社会主义将与资本主义长期共存并"交互活动"。因此,社会主义也不是封闭的体系,应该适应人类社会发展规律,作为开放的体系由"地方史"走向"世界史"。当代中国社会,正在经历着从传统社会到现代化、社会主义从苏联模式到中国特色的转变过程中。改革是实现这种转变的必由之路。同时,中国社会也需要在世界历史进程中获取发展动力,通过对外开放吸收人类社会一切文明成果。"世界是丰富多彩的。各国文明的多样性,是人类社会的基本特征,也是人类文明进步的动力。应尊重各国的历史文化、社会制度和发展模式,承认世界多样性的现实。世界各种文明和社会制度,应长期共存,在竞争比较中取长补短,在求同存异中共同发展。"①

(本题作者:刘海涛)

---

① 《江泽民文选》第三卷,人民出版社 2006 年版,第 298 页。

第十题

主动正视社会变革带来的社会矛盾

1957 年,毛泽东就发表了《关于正确处理人民内部矛盾的问题》一文,提出了要严格区分和正确处理两类不同性质的矛盾,团结全国各族人民发展我们的经济、发展我们的文化,建设社会主义强大国家的战略思想。在新的历史时期,在深化改革、扩大开放和发展社会主义市场经济的过程中,人民内部矛盾和其他社会矛盾明显增多,有的还会逐渐突出起来。正确处理人民内部矛盾和其他社会矛盾,调动一切积极因素,化消极因素为积极因素,仍然是我们国家政治生活的主题之一,也是维护社会稳定的重要基础。正如胡锦涛总书记在纪念建党 90 周年大会上的讲话中指出的:"当代中国正经历着空前广泛的社会变革。这种变革在给我国发展进步带来巨大活力的同时,也必然带来这样那样的矛盾和问题。""我们要遵循社会发展规律,主动正视矛盾,妥善处理人民内部矛盾和其他社会矛盾。"胡锦涛的这一讲话精神,对于我们更加积极主动地正视和处理当前复杂繁多的社会矛盾具有重大指导意义。

一、我国正经历着空前广泛的社会变革

改革开放以来的三十多年,是我国社会发生空前广泛变革的三十多年。尤其是进入新世纪新阶段以来,我国社会变革的速度进一步加快,规模进一步扩大,影响范围更加深远。

第一,经过改革开放30多年的发展,我国已经实现了从封闭半封闭到全方位开放的历史性转变,已经形成全方位、多层次、宽领域的对内对外开放格局。从国内来看,我国已经形成统一的大市场、大流通格局。从对外开放来看,2009年以来的这几年,我国进出口总额居世界第二位,外汇储备居世界第一位;入境旅游人数从1978年的180.9万人次增加到2010年的1.34亿人次,居民出境人数从1993年的374万人次增加到2010年的5739万人次。社会的开放性、流动性大大增强,使整个社会充满活力,也使社会管理的难度明显加大。

第二,保障和改善民生取得重大进展。改革开放30多年,我国实现了从贫困、基本温饱到总体小康的跨越。2010年,城镇居民人均可支配收入从1978年的343元增加到19109元,农村居民人均纯收入从1978年的134元增加到5919元。城乡居民收入结构发生变化,收入来源多元化,消费结构明显优化。2010年,农村居民家庭恩格尔系数从1978年67.7%下降到41.1%,城镇居民家庭的恩格尔系数从1978年的57.5%下降到35.7%。随着生活的改善,人民群众共享发展成果的愿望更加强烈,对发展社会事业、改善公共服务、丰富精神文化生活、提高社会道德水平、维护社会公共安全等提出更高要求,充满更多新的期待。

从社会保障这一保障和改善民生的重要方面看,我国的社会保障逐步由国有单位向各类用人单位和劳动者扩展,由职工向居民扩展,由城市向农村扩展,初步构建了适应社会主义市场经济体制基本要求的社会保障体系框架。截至2010年年底,城镇基本养老保险覆盖人数已达2.57亿人,新型农村社会养老保险参保人数超过1亿人;城乡基本医疗保险参保人数达12.6亿人;工伤保险参保1.62亿人,其中6329万是农民工;失业保险、生育保险覆盖面也迅速扩大。城乡最低生活保障制度的建立和完善,使城乡低收入和经济困难居民生活得到了保障。与此同时,我国社会保障体系还不完善,尚未实现城乡统筹,一部分人群还没有实现应保尽保,保障标准和管理服务水平还不高,同人民群众的期望还存在不小的差距。随着人口老龄化和人口流动的加速,以及工业化、城镇化和就业形式的多样化,我国社会保障制度建设仍将面临重大挑战。

第三,我国社会结构发生了重大变化。从所有制结构看,我国已经实现从单一公有制经济到多种所有制经济共同发展的转变,非公有制经济迅速发展。2010年,在全部规模以上工业总产值中所占的比重,国有及国有控股工业企业为26%,集体企业为1.7%,非公有制企业为69.8%。从产业结构来看,我国已经实现由农业为主向第一、二、三产业协同发展的转变。从

1952 年到 2010 年,第一产业增加值占 GDP 的比重由 51% 下降到 10.2%,第二产业增加值由 20.8% 增加到 46.8%,第三产业增加值由 28.2% 增加到 43%。从城乡结构来看,改革开放以来,我国城镇化水平年均提高 0.9%,从 1978 年的 17.9% 上升到 2009 年的 46.6%,城镇人口增加到 6 亿多人。与此同时,城镇化滞后于工业化,城镇化质量不高,农村发展滞后于城市;城乡发展差距、基本公共服务差距扩大,城乡居民收入差距从 1978 年 2.57 倍扩大到了 2010 年的 3.23 倍。从区域结构来看,呈现出东部领跑、中部崛起、西部追赶的格局,但是,区域之间的发展差距仍然很大,地区之间经济社会发展的差距仍然在拉大。

从社会阶层结构来看,改革开放以来,随着经济体制的深刻变革,我国社会阶层结构发生了深刻变化,包括知识分子在内的工人阶级队伍不断扩大、整体素质普遍提高,广大农民日益成为社会主义新型农民,同时出现了大量新的社会阶层。这些新的社会阶层,主要由非公有制经济人士和自由择业的知识分子组成,集中分布在新经济组织和新社会组织中。从就业结构来看,2010 年我国城乡就业人数达到 7.9 亿人,其中城镇就业人数 3.2 亿人,占总数的 40%;第一、二、三产业就业人数之比为 39∶27∶34;非国有经济就业人数比重增加到 78%,成为就业的主渠道。

我国社会结构发生的这些深刻变化,既使我国社会越来越充满生机和活力,同时也使整个社会利益关系越来越错综复杂,协调社会关系的难度加大。

第四,我国人口结构发生重大转变,与此同时,人口流动规模不断扩大。我国实行计划生育政策以来,累计少生 4 亿人,实现了人口再生产类型的历史性转变。在实现人口有计划、可控制平稳增长的同时,人口老龄化速度加快,2010 年 60 岁及以上老年人口占总人口的比重达到 12.5%,预计 2020 年将达到 18%,21 世纪中叶将达到 30%,人口类型将从轻度老龄化转变为深度老龄化,进而转化为重度老龄化。由于我国生产力水平总体上还不高,社会保障体系还不完善,"未富先老"带来的社会问题影响深远。人口结构发生深刻变化,家庭小型化和老龄化过程加快,几千年来形成的"金字塔"型家庭代际结构在城市已开始转变为"421"倒"金字塔"型结构,很多过去依靠家庭和代际帮助解决的问题,比如养老问题已经逐步成为社会问题,传统的家庭养老模式已经难以为继。此外,出生人口性别比偏高、人口总体素质难以适应经济社会发展的要求、人口分布对自然环境和社会环境带来的压力等问题也逐渐突出。

我国流动人口规模不断扩大。2010 年,仅农民工就达 2.4 亿人。据预测,2050 年我国流动人口将达 3.5 亿人。目前,流动人口特别是农民工收入水平仍然偏低,未能充分享受社会公共服务,普遍面临劳动就业、子女教育、社会保障、生活居住、社会融合等方面的问题。流动人口的民生问题和服务管理压力越来越大。

第五,我国社会组织大量增加,社会组织的类型越来越多样化。截至 2010 年,全国依法登记的社会组织达 43.9 万个,其中社会团体 24.27 万个,民办非企业单位 19.45 万个,基金会 2168 个;在民政部门备案的农村专业经济协会有 4 万多个、城市社区社会组织有 20 多万个。全国社会组织目前约有专职工作人员 540 万人,兼职工作人员 500 多万人,各种类志愿者 2500 多万人。社会组织的发展变化,对社会管理提出了新的课题。

第六,人们的思想观念发生了深刻变化。人们的参政意识、民主意识、法制意识、维权意识、监督意识明显增强,以实现人的发展和幸福为中心的观念逐步树立,但也出现了集体观念淡薄、公德意识弱化、极端个人主义思想抬头等问题。人们的市场经济意识明显增强,开放、竞争、效益观念深入人心,但也出现了一味追求物质利益,甚至不择手段进行竞争的现象。多种文化交流交融,人们思想空前活跃,独立性、选择性、差异性明显增强,自信、包容、多元观念逐步树立,科学、民主、文明、公平、创新等理念日益成为社会主流思想和价值尺度,但也出现了盲目崇外、追求"西化"和所谓"普世价值"的思潮。

我国社会发生的这些深刻变革,给我国发展进步带来了巨大活力,但也必然带来这样那样的矛盾和问题。比如,包括社会阶层结构、城乡结构在内的整个社会结构的深刻变动,既使我国社会越来越充满生机和活力,同时也使整个社会利益关系越来越错综复杂化,协调社会利益关系的难度加大,社会利益矛盾凸显。人口结构发生的深刻变化,使家庭小型化和老龄化过程加快,很多过去依靠家庭和代际帮助能够解决的问题,比如养老问题已经逐步成为社会问题,传统的家庭养老模式已经难以为继。我国流动人口规模不断扩大,但流动人口特别是农民工收入水平仍然偏低,未能充分享受社会公共服务,普遍面临劳动就业、子女教育、社会保障、生活居住、社会融合等方面的问题。流动人口的民生问题和服务管理压力越来越大。

二、当前我国社会矛盾的主要表现

虽然我们党很早就提出了正确处理人民内部矛盾的问题,但是现在,人民内部矛盾的内容和表现形式,比我们党提出这个问题的时候要错综复杂得多。认真研究新时期人民内部矛盾的新情况、新特点及其表现形式,正确处理人民内部矛盾,对于确保社会稳定、深化改革,调动一切积极因素全面投入到小康社会的建设中,具有重大的现实意义。

那么,当前我国社会的人民内部矛盾在内容和表现形式上有哪些新情况新特点呢?

（一）利益矛盾是人民内部矛盾的主要表现形式

马克思说过,"人们为之奋斗的一切,都同他们的利益有关"①。在社会主义社会,人民内部之所以存在矛盾,归根到底是由于人们在根本利益一致的基础上,还存在明显的差别。有差别就有矛盾,一定的利益差别表现为一定的利益矛盾。在社会主义初级阶段,由于生产力的发展不能充分满足人民日益增长的物质文化需要,使得利益上的矛盾更加突出。在现实生活中,人民内部存在着复杂多样的利益矛盾。比如,全体劳动者同部分劳动者、这一部分劳动者同那一部分劳动者以及劳动者个人之间的利益矛盾;领导者、管理者同普通群众之间的利益矛盾;个体私营企业经营者同国家各级政府的领导、管理者以及劳动群众整体之间的利益矛盾,个体私营企业的劳动者同国有、集体企业劳动者之间的利益矛盾,个体私营企业经营者之间以及他们同国家、公有经济单位之间的利益矛盾,私营企业的雇主、经营者与雇员之间的利益矛盾,等等。物质的、经济的利益矛盾,是新时期人民内部矛盾产生、存在和发展的物质经济根源,也是制约其他各类矛盾发展变化的根源性、主导性矛盾。

（二）领导与群众的矛盾,或者说干群矛盾明显增多

毛泽东曾经指出:"我们的人民政府是真正代表人民利益的政府,是为人民服务的政府,但是它同人民群众之间也有一定的矛盾。这种矛盾包括国家利益、集体利益同个人利益之间的矛盾,民主同集中的矛盾,领导同被领导之间的矛盾,国家机关某些工作人员的官僚主义作风同群众之间的矛盾。"②党的各级组织和各级人民政府,在全社会政治、经济、文化生活中处于领导地位,也处于社会各种矛盾的焦点和中心。各项大政方针是否正确,社

---

① 《马克思恩格斯全集》第 1 卷,人民出版社 1995 年版,第 187 页。
② 《毛泽东文集》第七卷,人民出版社 1999 年版,第 205—206 页。

会组织管理是否有效,与群众生活息息相关,人民内部各种矛盾也不同程度地通过领导与群众的关系反映出来。这些矛盾主要表现在:一是作为社会管理者的领导机关与公众的矛盾,这是一般意义上的矛盾。在当前新旧体制交替的变动时期,各种利益关系处于大调整中,经济和整个社会生活中还存在不少无序现象,使得领导机关作为社会管理者与公众的矛盾明显增多,这是不可避免的。二是少数领导干部作风上官僚主义、主观主义和形式主义严重,他们忘记了全心全意为人民服务的根本宗旨,颠倒了主仆关系,在思想上漠视群众,在感情上疏远群众,在作风上脱离群众,造成领导与群众的隔阂。一些地方形式主义严重,少数领导干部好做表面文章,搞花架子,甚至弄虚作假,欺上瞒下。这些理所当然要引起群众的严重不满。三是党和国家机关中少数工作人员存在着严重的腐败现象和不正之风。少数领导干部以权谋私,权钱交易,中饱私囊,甚至腐化堕落,引起广大人民群众的强烈反感和愤慨。后两个方面的矛盾,构成了领导与群众矛盾的主要方面。

(三)阶层之间,尤其是贫困阶层与先富阶层之间的矛盾凸显

改革开放三十多年来,随着以公有制为主体、多种所有制经济共同发展,在工人阶级、农民阶级和知识分子阶层之外,出现了民营科技企业的创业人员和技术人员、受聘于外资企业的管理技术人员、个体户、私营企业主、中介组织的从业人员、自由职业人员等新的社会阶层。这些新的社会阶层,主要由非公有制经济人士和自由择业的知识分子组成,集中分布在新经济组织和新社会组织中。社会阶层之间本来就是存在利益上的差别和利益矛盾的。新社会阶层是改革开放政策的最大受益者,他们中的大多数成员已经率先富裕起来。但是,目前我国还有相当庞大的贫困人口群体。因而,阶层之间的矛盾往往以另一种表现形式而存在,即富裕阶层与贫困阶层之间的矛盾,或者说先富阶层与后富阶层之间的矛盾。近些年来,在我国社会已经出现所谓"仇富"现象,"仇富"心理在一部分社会成员中蔓延,就是一个印证。

(四)民族和宗教问题中的矛盾有所抬头

我们是一个统一的多民族的社会主义国家,在民族平等的基础上加强民族团结和祖国统一,是各族人民根本利益之所在。如果国家不统一,民族不团结,就没有社会的稳定,就无法进行经济建设,各民族也就不可能实现共同发展。我国各民族之间在经济和社会发展上存在的差距,主要是历史上遗留下来的。在发展社会主义市场经济过程中,少数民族地区由于原有

基础薄弱,在一段时期内,同发达地区的发展差距还可能有拉大的趋势。由于发展水平、经济利益、宗教信仰、风俗习惯等方面的差异,各民族之间、各民族地区之间、民族地区与非民族地区之间出现一些矛盾和纠纷是难以避免的。我国又是一个多宗教的国家。尊重和保护宗教信仰自由,是我们党和国家的一项基本政策。改革开放以来,随着人们思想观念的变化,信教群众有所增加。一些不法分子煽动宗教情绪,制造信教与不信教、信这种教与信那种教、信这一教派与信那一教派的群众的矛盾,制造少数信教群众与党和政府的对立,甚至一些地方的宗教势力操纵和取代了基层政权组织。特别值得注意的是,国际敌对势力公开叫嚣要"复萌铁幕后面的民族情绪,煽起宗教狂热"。他们企图借民族和宗教问题搞乱我们,达到一箭双雕的目的,因而现阶段的民族和宗教问题呈现出异常的复杂性。其中一些矛盾甚至超出了人民内部矛盾的范围,成为敌我性质的矛盾。比如少数民族分裂分子进行分裂祖国的活动,就不再属于人民内部矛盾,而是敌我矛盾。

（五）群体矛盾增加,由此引发的群体性事件增多

改革开放以前,由于实行计划经济体制,所有制结构单一,尚未形成不同的利益群体。地区之间、民族之间、城乡之间虽然存在差别,但总的来说趋于缩小。因而,不同群体之间利益上的矛盾处于潜在的状态。改革开放以来,由于所有制结构的调整并发生了重大变化以及一部分地区、一部分人先富起来,特别是在发展社会主义市场经济以后,出现了不同利益群体,群体间的矛盾突出起来,利益上的摩擦和纠纷日益增加。这种矛盾既表现为不同群体富裕程度和收入上的差异,也表现为不同群体之间为争夺自然资源如矿山、水源、森林、土地等发生的纠纷,表现为不同利益群体同政府之间的矛盾,不同民族之间、不同宗教之间的矛盾。群体矛盾涉及面广,影响大,一旦爆发,处理起来相当棘手。需要高度重视的是,在当前深化改革中,随着各种利益关系的调整,人民内部矛盾大量发生,引发的群体性事件增多,规模扩大,行为激烈,处理难度大,严重影响社会稳定。

（六）思想文化领域的人民内部矛盾出现了错综复杂的新情况

在当前的社会大变革时期,由于各种矛盾相互交织,思想文化领域的矛盾也异常活跃。各种思想观念、生活方式相互撞击,传统文化、外来文化相互交织,不同学说流派、艺术风格相互论争,构成了一个异常复杂的矛盾局面。当前,人民内部矛盾在思想文化领域主要表现在这样几个方面:一是在改革开放过程中产生的革新与守旧、正确与错误、先进与落后等思想观念上

的矛盾和冲突,突出表现为爱国主义、集体主义、社会主义与拜金主义、享乐主义、极端个人主义之间的矛盾;二是不同阶级、阶层、群体之间,在思想意识、思维方式、道德观念、价值观念以及生活方式等方面存在着差异和矛盾;三是科学上不同学派、不同观点之间,艺术上不同形式、不同风格之间存在争论和矛盾。上述种种情况,形成了新时期思想文化领域前所未有的矛盾局面。

(七)不同性质的矛盾相互交织

一方面,在人民内部还存在着对抗性矛盾。比如从本质上说,私有经济和公有经济是差别很大的两种经济成分,剥削和被剥削也是对立的社会现象,但在社会主义初级阶段,还要鼓励和引导私有经济健康发展,允许一定的剥削现象存在。这是不同性质矛盾交织的典型体现。另一方面,人民内部还存在一部分带有阶级斗争性质的矛盾。比如人民内部反对资产阶级思想腐蚀、反对封建主义残余的斗争,人民群众同受剥削阶级思想影响或受坏人利用而犯有轻微罪行的一部分人的矛盾等。必须特别注意的是,这些矛盾带有阶级斗争性质,但仍然属于人民内部矛盾。

总之,随着改革开放和社会主义市场经济的发展,经济成分和经济利益越来越多样化,社会生活方式越来越多样化,社会组织形式越来越多样化,特别是随着改革的深入,经济和社会生活中出现了许多从来没有遇到而又绕不开的问题,这些新情况使得新时期的人民内部矛盾出现了前所未有的复杂局面。

我国当前的社会矛盾和问题纷繁复杂、种类繁多,比如干群矛盾、劳资矛盾、族群矛盾(外来流动人口与本地居民的矛盾、流动就业者与本地就业者的矛盾等)、阶层矛盾、群体矛盾(先富群体同后富群体的矛盾)等。如何把握我国社会矛盾和问题的性质和特点,对于我们正确处理和化解这些矛盾和问题至关重要。

在如何正确认识和看待我国社会当前存在的突出矛盾和问题方面,我们必须明确两点:

第一,当前我国社会存在的矛盾很多,但基本上都是人民内部矛盾而不是敌我矛盾,是非对抗性矛盾而不是对抗性矛盾。不论是干群矛盾,还是劳资矛盾、族群矛盾、阶层矛盾、群体矛盾都是人民内部矛盾。一些社会矛盾从表现形式看,可能很激烈,比如一些地方发生的群体性事件,参与者情绪激动,甚至出现了一些非理性的行为,但从性质上讲,仍然是人民内部矛盾。当前,我们必须高度警惕的是,一些敌对势力包括境外势力插手人民内部矛盾,极力把人民内部矛盾引向对抗性矛盾。我们绝不能在大是大非问题上犯糊涂、犯错误。

第二,当前的人民内部矛盾主要是物质利益矛盾。从哲学上讲,利益就是一定的利益主体对于客体价值的肯定,它所反映的是某种客体(物质的或精神的东西)能够满足主体(个人、社会群体或整个社会)的某种需要。需要是多种多样的,比如衣、食、住等生存需要,以及安全的需要、社会交往的需要、成就的需要、自我实现的需要等。正是这种人的需要,构成了产生社会利益的前提和基础。也就是说,一定的需要形成一定的利益。虽然利益在内容上是客观的,但在形式上却表现为人对需要的一种主观追求。离开了任何实际的需要对象,也就无所谓利益。在现实生活中,人的需要是永无止境的,但是,自然界和社会满足人的需要的能力总是有限的,这就造成了需要对象的匮乏。另外,因为人们之间在体力和智力上存在差别,因而形成了满足需要的不平等,进而产生了利益分配的不均等,也就是利益差别。这种利益分配的不平等,就产生了利益矛盾甚至利益冲突。在社会主义社会,人的需要和利益仍然存在,利益差别和利益矛盾仍然存在。

在当前空前的社会变革过程中,出现了社会结构的重大分化和重组,出现了利益关系的重大调整,在人民根本利益一致基础上出现了不同的社会利益群体和不同的利益诉求,不可避免地出现了不同地区之间、不同阶层之间、不同社会群体之间以及不同社会成员之间的利益矛盾。这种利益矛盾主要是物质利益矛盾。比如这些年越来越多的群体性事件,主要集中在农村土地征用、城镇房屋拆迁、涉法涉诉领域。劳资纠纷、医患纠纷、环境污染、非法集资、股市房市投资受损等引发的矛盾明显增多,但都是因利益问题而引发的。这同许多发展中国家不同,在一些发展中国家出现的社会矛盾,主要是围绕民主化问题,民众的政治诉求多于物质利益诉求。我国的社会矛盾主要是围绕物质利益问题,民众的物质利益诉求远远多于政治诉求。而且我们要看到,在我们国家,除少数极端民族主义和极端宗教势力合流外,以及个别地方曾经出现的暴力冲突外,大多数民众的物质利益诉求都是采取了一种比较温和的方式,激烈的利益诉求方式较为少见。

三、当前我国社会矛盾凸显的主要原因

进入新世纪新阶段,我国处于前所未有的社会矛盾凸显期。这一时期的社会矛盾无论是矛盾的内容还是矛盾的表现形式,都比以往错综复杂得

多,社会矛盾产生的原因也是错综复杂的。其中既有客观和主观的原因,也有历史和现实的原因,还有国内和国际的原因。不少矛盾是由多种原因引起的,是多种因素共同作用的结果,许多原因又相互交织在一起。

概括地说,当前我国社会矛盾产生的原因主要有以下几个方面:

(一)人民日益增长的物质文化需要同落后的社会生产之间的矛盾,仍然是产生人民内部矛盾以及其他社会矛盾的总根源

我国现阶段的社会矛盾,归根到底受社会主要矛盾即社会生产与需要之间的矛盾的制约。在社会主义初级阶段,之所以会产生和存在大量的有些甚至是很突出的人民内部矛盾以及其他社会矛盾,最根本的原因就是经济文化落后,社会生产还远远不能充分满足全体社会成员的需要。实际上,人民内部矛盾尤其是人民内部的物质利益矛盾,正是社会主义社会的主要矛盾,即人民日益增长的物质文化需要同落后的社会生产之间的矛盾的集中反映。在现阶段,人民内部的许多矛盾,比如工农之间、城乡之间、不同地区之间的矛盾,国家利益、集体利益和个人利益之间的矛盾,眼前利益与长远利益之间的矛盾,不同利益群体之间的矛盾,特别是当前一部分企业职工生活困难、贫困地区还有部分人口尚未解决温饱问题等,归根到底都是由于生产力落后造成的。

(二)所有制结构的调整和变化,带来了各种所有制之间以及各种经济成分之间的矛盾

自改革开放以来,在所有制方面,我们破除了所有制要"一大二公"的旧观念,逐步确立了以公有制为主体、多种经济成分并存的新的经济结构。经济体制改革打破了单一公有制格局以后,个体和私营经济发展很快。设立经济特区和沿海地区的普遍开放,出现了"三资"企业这一新的经济成分。公有制经济在改革的实践中,也出现了承包制、租赁制、股份制以及其他国有民营的经营形式。在社会主义初级阶段,多种所有制和经济成分并存,这是适合我国现实社会生产力发展水平的,有利于发展社会主义社会生产力、有利于增强社会主义国家综合国力、有利于提高人民生活水平。但是,这也带来了各种所有制之间以及各种经济成分之间的种种矛盾,决定了人民内部矛盾的复杂性。比如,在不同所有制企业之间存在着矛盾;在公有制内部,存在着国有企业与集体企业、这种实现形式的国有企业与另一种实现形式的国有企业的矛盾,甚至同一公有制企业内部还存在着这部分职工与那部分职工的矛盾;在私营经济内部,存在着雇工与雇主的矛盾,以及不同私

营企业之间的矛盾;等等。

（三）随着产业结构的调整和升级,出现了数以千万计的下岗失业人员,这是产生人民内部矛盾以及其他社会矛盾的一个重要原因

产业结构的调整是提高经济增长的质量和效益、使国民经济持续快速健康发展的重要保证。改革开放特别是 20 世纪 90 年代以来,我国产业结构尤其是工业结构调整和升级的步伐大大加快。在工业结构的战略性调整和升级中,那些产品质量低劣、技术陈旧落后、规模不合理、严重浪费资源和破坏生态环境的落后而过剩的生产能力被压缩和淘汰,不可避免地会出现一些企业被关、停、并、转,或者破产,从而出现了一大批下岗和失业人员。这样,在这些企业内部,下岗失业人员与在岗人员尤其是企业管理者就会出现这样或那样的矛盾;从整个社会来看,大量下岗失业人员的出现,也不可避免地会带来一系列矛盾和冲突,给社会的稳定增加隐忧。

（四）地区结构的调整,也必然产生和加剧某些人民内部矛盾和其他社会矛盾

我国是一个发展很不平衡的大国。由于历史的、地理的、区位的等多方面的原因,有些地区发展得相对快一些,有些地区发展得相对慢一些,有些地区甚至还非常落后。新中国成立以来,我们党和政府在缩小和消除地区发展差距、促进区域协调发展上做了大量工作,区域发展政策也经历了多次调整,党中央还作出了实施西部大开发的战略决策。但是,应该看到,主要是由于历史原因造成的地区发展不平衡的问题在短期内不可能得到根本解决,尤其是近二十年东西部差距进一步拉大,地区之间难免存在着这样那样的矛盾,有些矛盾如果处理不好甚至有加剧的可能。此外,每一项区域政策的调整,都会触及有关地区的利益,从而产生各种地区矛盾,相应地也会产生中央与地方的矛盾。特别值得注意的是,我国的少数民族大多集中于西部地区,特别是西部边远贫困地区,因而地区矛盾与民族问题又往往交织在一起,解决起来难度更大。

（五）城乡结构的调整,给城乡关系和城乡矛盾注入了许多新的因素

我国是一个典型的"二元"社会,相对发达的城市和城市经济与相对不发达的农村和农业经济长期并存,城乡差别一直是我国三大差别之一,城乡矛盾也一直是人民内部矛盾的一个重要方面。我们党早就提出,社会主义初级阶段要实现从农业人口占多数向非农业人口占多数的转变。实现这一

转变,城乡结构必须实现战略性调整,加速实施城市化战略。加快城市化进程,提高城市化水平,有利于启动市场、扩大内需;有利于调整农业和农村经济结构,解决富余劳动力的转移,提高农业劳动生产率和增加农民收入;有利于加快发展第三产业,扩大就业和再就业空间;有利于发挥规模经济的集聚效应,提高资源配置效率;有利于发展科技教育,提高人口素质。总之,城市化既是经济发展和现代化的必然产物,又是促进经济发展,加快现代化进程的重要条件。但是,在实现城乡结构战略性调整、实施城市化战略的过程中,必然会产生许多人民内部矛盾,比如城市人口与农村人口之间、新进城市人口与原有城市人口之间、新进城市人口与农村人口之间的矛盾等。近年来,部分城市的上述矛盾已呈明显化、扩大化趋势。

（六）利益格局或利益结构的调整,是产生新时期人民内部矛盾和其他社会矛盾的一个最基本的根源

改革是一场极其广泛而深刻的社会变革,是全民性的利益格局的大调整,势必引发各社会群体之间利益上的冲突、摩擦与矛盾。因而,利益矛盾成为新时期人民内部矛盾的主要表现形式。改革开放以前,由于实行单一的所有制结构和平均主义的分配方式,以及在理论和政策上不承认公民个人和社会群体存在着独立的利益,否定人们对自身正当利益的追求,因而掩盖了人民内部的利益差别和利益矛盾,同时也导致整个社会缺乏以物质利益为基础的动力机制,社会发展十分缓慢,最终到了非改革不可的地步。十一届三中全会以来实行的改革开放,就是要通过对经济、政治体制和其他方面体制的根本改革,尤其是在社会经济结构重大变化的基础上,对社会各种利益关系进行重大调整,从而打破过去那种不合理的利益格局和利益结构。但是,在这一调整过程中,必然会产生利益的分化,并引发各种利益矛盾。在深化改革、扩大开放和建立社会主义市场经济体制的过程中,许多经济关系、利益关系还需要调整,还会产生不少新的矛盾。因而,利益调整引发的利益矛盾,将成为今后一段时期人民内部矛盾的一个主要方面。

（七）新时期的人民内部矛盾以及其他社会矛盾的大量涌现与社会转型有着密切的联系

社会转型期是指从传统社会到现代社会、从传统的计划经济体制到现代市场经济体制的转变期,这也是社会矛盾和社会问题多发期。当前我国社会正处于转型期。一方面,由于市场经济的发展,改变了过去计划经济体制下的旧观念,形成了适应市场经济发展的竞争、效益、民主和平等等新观

念;另一方面,由于市场经济本身具有的自发性和盲目性,以及各市场主体追逐利益最大化,必然会在客观上模糊和动摇一些人对社会主义、爱国主义和集体主义的信念,弱化艰苦奋斗的精神,滋生和助长拜金主义、享乐主义和极端个人主义,结果造成思想意识形态领域的矛盾和冲突。由于新旧体制并存、交叉和相互碰撞,由于改革措施不配套和政策法规不完善,也不可避免地会产生各种各样的矛盾和问题。特别是由于存在着严重的社会分配不公、部门和行业不正之风,以及部分党政干部贪污腐败等问题,已引起广大人民群众的强烈和普遍不满,成为引发和加剧人民内部矛盾的一个重要诱因。

(八)改革开放促进了人们思想意识的深刻变化,也诱发了思想领域
　　　的许多矛盾和冲突

十一届三中全会以来,我们实行改革开放,发展社会主义市场经济,推进两个根本性转变,进一步解放和发展我国社会主义社会的生产力,这场深刻的社会变革,必然会引起人们精神世界的深刻变化。这一点,我们党在改革开放初期就估计到了。改革开放和现代化建设,带来了经济的快速发展和社会的巨大进步,增强了人们的竞争意识、效率意识、民主法制意识和开拓创新精神。与此同时,由于社会经济成分、组织形式、物质利益、就业方式日益多样化,人们思想活动的独立性、选择性、多变性、差异性明显增加;市场经济活动存在的弱点及其带来的消极影响,反映到人们的思想意识和人与人关系上来,容易诱发自由主义、分散主义和拜金主义、享乐主义、利己主义和极端个人主义;从而使人民内部矛盾的内容和表现形式出现了许多新情况。当今世界是开放的世界,我们实行对外开放,使人们开阔了眼界、增加了见识、活跃了思想,但国外资产阶级的腐朽思想文化也会乘虚而入。特别是在当今信息时代,由于互联网络充分发展,在给我们提供迅捷信息的同时,"垃圾信息"也随之而来。我国社会长期存在的封建主义残余思想包括封建迷信和愚昧落后的思想观念,在新的历史条件下也会沉渣泛起。这一切,必然使思想意识领域的人民内部矛盾更加突出和复杂化。

(九)敌对势力的煽动和破坏不容忽视

历史的经验反复告诉我们,敌对势力往往利用我们在处理人民内部矛盾方面的失误,兴风作浪。对此我们必须予以高度的关注。近年来,国内敌对势力在这方面的活动有所增长,他们往往利用社会主义发展中出现的暂时困难和挫折,利用我们工作中的某些失误,打着反腐败、争民主、要人权等

幌子,在人民内部制造矛盾,挑起事端。与此相呼应,国际敌对势力也始终在窥测时机,在民主、人权、民族和宗教等问题上大做文章,利用我们内部存在的某些矛盾和一些突发性事件,制造混乱,企图瓦解和颠覆我们的社会主义制度。敌对势力的煽动和破坏,已成为产生和激化人民内部矛盾的一个不容忽视的诱因。如果忽视了这一点,就有可能犯严重政治错误。

(十)随着经济的发展,原来处于潜在状态的社会矛盾显性化

改革开放三十多年来,我国社会生产力、综合国力显著提高。从 2003 年起,经济增长速度除 2008 年 9.6%、2009 年 8.7%外,均超过 10%,都超过了每年年初定的指标。2010 年,我国国内生产总值达到 39.8 万亿元,比 2005 年的 18.5 万亿翻了一番多,年均增长超过 11%。财政收入从 2005 年的 3.16 万亿元增加到 2010 年的 8.31 万亿元。从经济总量讲,2005 年我国超过英国,2007 年超过德国,2010 年超过日本,连超三个大国。随着经济的发展,我国解决各种社会矛盾和社会稳定问题已经具备较好的物质基础。但是,正如邓小平曾经指出的,发展起来以后的社会矛盾和问题并不会比不发展的时候少。在经济快速发展的同时,原来处于潜在状态的许多社会矛盾和问题显性化。比如收入差距扩大、基本公共服务的不均等、劳资矛盾、征地拆迁引发的矛盾等,这些矛盾和问题在经济不发达的时候往往被掩盖了,当经济发展到一定程度的时候它们就不约而同地暴露在人们面前,而且往往是在我们感到惊讶的时候问题已经相当严重了。此外,在经济发展的过程中本身也会产生各种各样的矛盾和问题。

(十一)随着国际化、信息化的发展,社会矛盾往往被放大

一方面,随着经济全球化的发展和国际交往的扩大,国际因素对我国社会矛盾的直接或间接影响增大。近年来,一些群体性事件的背后,我们总能看到"国际因素"的影子,个别事件甚至直接得到了某些境外势力和有关国际组织的支持,就是一个明证。另一方面,社会信息化步伐明显加快,社会矛盾极容易被放大。2010 年,我国网民人数达到 4.57 亿,博客用户 2.59 亿,手机用户 8.59 亿,互联网普及率达 34.9%,超过世界平均水平。互联网已经成为人们社会生活的重要工具。在国际化和网络化的推动下,一些社会矛盾往往被放大,其影响范围快速扩散,影响后果加深,对社会稳定造成严重伤害。

四、积极主动地努力减少和化解社会矛盾

正确处理新时期人民内部矛盾,是一个涉及改革、发展和稳定的全局性问题。做好这项工作,对深化改革和加快发展,密切干群和党群关系,巩固我们党的执政地位,维护社会政治稳定,意义重大。应该看到,人民内部矛盾是在人民根本利益一致基础上的矛盾,处理得好,可以化消极因素为积极因素,增强人民的团结,促进我们的事业兴旺发达;处理得不好,使矛盾激化,小事会变成大事,甚至酿成乱子,就会给我们的社会稳定和事业发展带来严重的损害。因而,对各种人民内部矛盾,必须高度重视并正确处理,以防矛盾激化,影响社会稳定。

(一)民主的方法,仍然是解决人民内部矛盾和其他社会矛盾的基本方法,也是解决人民内部矛盾的总的指导原则

解决敌我矛盾要用专政的方法,解决人民内部矛盾要用民主的方法。这两种方法的作用和范围是不同的,不能混淆。要坚决防止用处理敌我矛盾的方法来处理人民内部矛盾。民主的方法,就是讨论的方法,批评的方法,说服教育的方法。毛泽东把这一方法概括为一个公式,叫做"团结——批评——团结"。这个公式今天仍然适用,但是,要根据新的实践加以丰富和发展。我们是人民民主专政的国家,人民当家做主的制度是我们国家的一项根本的政治制度。社会主义民主从制度上保证了通过运用民主的方法来正确处理人民内部矛盾。因此,在新的历史条件下,要继续扩大民主尤其是基层民主,让群众自己管理自己,自己教育自己,同时加强民主监督,实行政务、厂务、村务、财务公开,让群众了解情况,有困难向群众讲清楚等这些卓有成效的做法。

(二)从根本上说,解决新时期人民内部矛盾和其他社会矛盾,要靠发展社会生产力,以满足人民群众日益增长的物质文化需要

发展是硬道理,解决中国所有问题的关键要靠自己的发展。邓小平说过:"真正要巩固安定团结,主要地当然还是要依靠积极的、根本的措施,还

是要依靠发展经济、发展教育,同时也要依靠完备法制。"①邓小平还说过,社会主义制度优于资本主义制度,这要表现在许多方面,但首先要表现在经济发展的速度和效果方面。没有这一条,再吹牛也没有用。当前,我们要解决好吃饭问题、住房问题、交通问题、就业问题、教育问题、地区发展不平衡问题等。总之,要解决由于种种原因引起的各种人民内部矛盾,哪一样也离不开经济的发展。只有集中力量搞好经济建设,大力发展社会生产力,才能为顺利解决各种人民内部矛盾奠定物质基础,从而也为以利益关系为主导的纷繁复杂的人民内部矛盾的解决提供了根本的条件。当然,发展经济并不能迎刃而解所有矛盾,也不是说在经济不发达时候解决人民内部矛盾就无能为力,或者说非要等到经济发展了才去解决人民内部矛盾,而是说经济发展了,综合国力增强了,我们在处理各种矛盾和问题时就能立于主动地位。经过改革开放三十多年的发展,一方面,我们解决各种社会矛盾和问题已经具备较好的物质基础;但是另一方面,我国仍处于并将长期处于社会主义初级阶段的基本国情没有变,人民日益增长的物质文化需要同落后的社会生产之间的矛盾这一社会主要矛盾没有变,发展中不平衡、不协调、不可持续问题依然突出,我们解决各种社会矛盾和问题的物质基础还比较薄弱。只有大力发展生产力,推动国民经济的持续健康较快增长,才能更好地满足人民日益增长的物质文化需要,才能有效地减少因蛋糕太小而引发的矛盾和问题。

要在经济发展的基础上,着力保障和改善民生。目前民生领域存在的许多问题,已经成为影响社会和谐稳定和诱发社会矛盾的重要因素。因此,着力解决"学有所教、劳有所得、病有所医、老有所养、住有所居"等方面存在的突出问题,切实保障和改善民生,对减少和化解社会矛盾、维护社会和谐稳定具有重要意义。在"学有所教"方面,要重点解决优质教育资源分布不合理,不同地区之间、不同社会群体之间以及不同社会成员之间教育不公的问题。在"劳有所得"方面,要重点解决部分劳动者特别是农民工劳动报酬长期偏低、劳动者报酬增长缓慢、劳动者报酬在初次分配中所占比重持续下降的问题,这就必须采取切实措施实现"两个同步",即努力实现居民收入增长和经济发展同步、劳动报酬增长和劳动生产率提高同步,逐步提高居民收入在国民收入分配中的比重,提高劳动报酬在初次分配中的比重,加快形成合理的收入分配格局。在"病有所医"和"老有所养"方面,要优先解决目前

---

① 《邓小平文选》第二卷,人民出版社1994年版,第254—255页。

还有部分人群没有基本保障的制度安排这一突出问题,因为相对于其他方面的种种问题来讲,一部分人群连基本保障的制度安排都没有,这是最大的不公平。在"住有所居"方面,既要解决目前人们普遍关注的住房价格过高、"买房难"问题,更要着力健全住房保障体系,解决好住房困难群体的住房问题。

(三)加大利益协调力度,注重社会矛盾的源头治理

当前我国社会矛盾很多,其中多数又是因为利益问题引发的。因此,要有效地化解社会矛盾,维护社会的和谐稳定,必须加强社会矛盾源头治理,加大利益协调力度,妥善处理人民内部矛盾,坚决纠正损害群众利益的不正之风,切实维护群众合法权益。首先,协调利益关系,维护群众合法权益必须在党的领导下进行,切实加强党的领导,发挥党在维护群众权益中总揽全局、协调各方的核心作用。在维护群众权益中,不仅要保证党的理论、路线、方针、政策的贯彻落实,发挥政治核心的作用,还要做好群众的思想政治工作,发挥党在国家与社会之间的桥梁作用,发挥党员的先锋模范作用,密切党和群众的联系,加强党的社会基础。其次,政府必须发挥其应有的作用。一方面,政府制定的经济、社会和文化政策必须统筹兼顾各方面群众的合法权益。另一方面,政府行政必须秉承照顾弱势群体的原则。对相对弱势的社会群体和社会成员,政府在制定政策、财政投入和其他社会资源的分配中必须给予适当的照顾和倾斜。在当前,尤其要强调的是政府不能与民争利。与民争利必然会损害甚至侵犯群众的合法权益。在这方面,重点解决在土地征用和开发、城市房屋拆迁、公共工程项目建设过程中的政府逐利行为,具有非常重要的现实意义和紧迫性。最后,维护群众权益必须在党和政府主导下健全制度、体制和机制,形成科学有效的利益协调机制、诉求表达机制、矛盾调处机制、权益保障机制,统筹协调各方面利益关系。用健全的制度、体制和机制维护、保障和实现人民群众的合法权益。

(四)要强化制度建设,以健全的制度、体制和机制维护、保障和实现
人民群众的合法权益,从而有效地减少社会矛盾

要完善民主权利保障制度,巩固人民当家做主的政治地位。要完善法律制度,夯实社会和谐的法治基础,切实做到在法律面前人人平等。要完善司法体制机制,加强社会和谐的司法保障,切实解决司法不公这一人民群众反映强烈的问题。要完善公共财政制度,逐步实现基本公共服务均等化,使城乡居民、不同地区居民、不同社会群体和不同社会成员享有比较均等的就

业、住房、医疗、教育、基本公共文化的机会，以及大致均等的基本公共服务水平和良好生活环境。要完善收入分配制度，规范收入分配秩序，努力缩小当前过大的收入差距，化解当前收入分配领域的矛盾和问题。要完善社会保障制度，保障群众基本生活。

（五）解决新时期人民内部矛盾和其他社会矛盾，要靠深化改革

改革是正确处理人们利益关系的治本之举。改革是一场深刻的社会变革，是对社会利益关系的全面调整，不可避免地带来一系列人民内部矛盾。解决这些矛盾，也只能靠深化改革，舍此别无他途。改革是发展的动力，是我们走向现代化的必由之路。实际上，用老办法去解决新矛盾和新问题是解决不了的，退回去也是没有出路的，只能依靠有效的改革措施来解决。比如，解决人民内部的物质利益矛盾问题，一方面需要必要的调节措施，这本身就是改革；另一方面需要通过改革为经济发展开辟道路，从而使人民的实际利益得到保证，而绝不能回到吃"大锅饭"、共同贫穷的老路上去。因而，必须把处理新时期人民内部矛盾同深化改革结合起来。通过改革，从制度上和体制上理顺人们的利益关系，化解由于改革不配套、不完善带来的各种矛盾。实践证明，我们党确定的抓住机遇、深化改革、扩大开放、促进发展、保持稳定的基本方针是完全正确的。要始终遵循这个方针，根据不同时期的具体情况，统观全局，精心谋划，把改革的力度、发展的速度和社会可承受的程度协调统一起来，在社会稳定中推进改革、发展，在改革、发展中保持社会的稳定和国家的长治久安。

（六）要切实加强和改进党的群众工作

各级党委和政府必须认真负责、满腔热情地解决人民群众生活和工作中的实际问题。要始终注意维护人民群众的利益，要把实现和维护广大人民群众的利益作为我们一切工作的出发点和落脚点，以最广大人民群众满意不满意为根本准则。要着重解决好改革中群众关心的突出问题，防止局部问题扩大为全局问题，防止矛盾激化。对群众反映的实际问题，特别是下岗职工和离退休职工、少数民族地区贫困人口等实际问题，要认认真真地解决，决不允许推诿塞责，敷衍了事。现在，一些地方的基层群众工作削弱了，许多与群众利益密切相关的事没有人管，这种状况必须改变。各级领导干部要深入农村基层、街道社区、车间班组，倾听群众的呼声，了解群众的要求，体察群众的情绪。对涉及群众利益的事，要一件一件地去落实。一时解决不了的，也要认真做好说服解释工作。对中央确定的有关国有企业下岗

职工基本生活保障、离退休人员的生活保障、城市居民最低生活保障和减轻农民负担等方面的政策措施,要坚决贯彻落实。总之,领导干部不要回避问题,要敢于并善于解决和处理问题。

在做好群众工作的同时,要重视培育健康的国民心态,为化解社会矛盾、维护社会稳定创造良好的社会心理环境。健康的国民心态,是国民素质的一个重要构成要素,也是社会发展进步的重要标志。改革开放以来,我国国民心态发生了很大变化。近年来大量涌现的"新词新语"尤其是网络词语,就折射出了社会心态变化的方方面面。比如,"哥吃的不是面,是寂寞"折射出"寂寞党"心灵的空虚和对友谊、爱情的希冀;"嫁人就嫁灰太狼,做人要做懒羊羊"折射出在择偶和为人处世方面年轻白领的现实主义心态;"鲁嫁嫁"、"张编编"、"易逃逃"、"杨不管"折射出对不道德行为的普遍反感心理;"拍砖"、"养眼"、"晕"等则折射出"时髦群体"追求时髦的群体心态。当前,从总体上讲我国的国民心态是健康的,但也出现了这样那样的问题,比如普遍化的不满心理或社会怨恨、遇事时的非理性化、社会焦虑心理的蔓延等。社会的持久和谐稳定必须建立在健康的国民心态基础上。健康的国民心态包括很多方面,从当前来讲,要着力培育三个方面的健康心态:一是表达利益诉求和处理矛盾纠纷时的理性化心理。非理性化地表达利益诉求和处理矛盾纠纷,不但解决不了任何问题,反而会使矛盾更加尖锐化和扩大化。二是自尊自信、宽容、包容、多元、顾全大局的观念和心理。三是待人处事要秉持公平公正原则的观念和心理。

(七)运用法律手段调处矛盾纠纷,把人民内部矛盾和其他社会矛盾的处理工作逐步纳入法制的轨道

社会主义法制是人民意志和利益的体现。我们不仅要运用法律对敌人实行专政,同样也要运用法律处理人民内部矛盾。这是社会主义民主政治建设的题中应有之义,正如邓小平指出的:"为了保障人民民主,必须加强法制。必须使民主制度化、法律化。"①党的十五大确立了依法治国的方略。大力加强社会主义法制建设,用法制手段来解决新时期人民内部矛盾,这是依法治国的迫切要求。首先,要抓好立法,进一步完善处理人民内部矛盾的法律体系,填补这方面的法律空白,使处理人民内部矛盾的工作逐步做到有法可依。其次,进一步强化公正执法,认真执行国家的各项法律、法规和条例,

---

① 《邓小平文选》第二卷,人民出版社 1994 年版,第 146 页。

保证现有法律、法规和条例的统一有效实施,坚决克服有法不依、执法不严、违法不究的现象。在处理人民内部矛盾时,要自觉运用法律手段,把处理人民内部矛盾的工作逐步纳入法制化的轨道。再次,要抓好普法。要在这几次全国普法教育的基础上,进一步加强法制宣传教育,重点放在增强全民的法律意识和权利义务观念上,学会运用法律手段解决各种人民内部矛盾。

(八)积极运用经济的手段,及时妥善地处理人民内部矛盾和其他社会矛盾

新时期人民内部的物质利益矛盾,已上升为主导性人民内部矛盾。对人民内部的物质利益矛盾,需要运用经济手段,通过调整人民内部的物质利益关系来解决。要根据统筹国家、集体和个人利益与"效率优先、兼顾公平"的原则,协调和处理好人民内部的各种利益矛盾。在社会主义市场经济条件下,特别要兼顾好个人利益、集体利益和国家利益,整体利益和局部利益,长远利益和眼前利益,兼顾好不同经济成分利益主体的利益。为此,要在多种所有制并存的基础上建立多种形式的分配体制,建立和完善国家宏观调控体制和社会保障体制,充分利用市场机制来分配和调节各方面的利益。要采取有力的经济措施,使物质利益分配得到相对合理的调节。

(九)要进一步加强思想政治工作,及时化解人民内部矛盾和其他社会矛盾

思想政治工作是我们党的一大优势。各级干部都要学会并善于做群众的思想政治工作,努力掌握在复杂情况下解决思想问题和化解矛盾的本领。从根本上说,思想政治工作就是做人的工作,要解决的是人们的世界观、人生观和价值观问题,引导人们树立远大的理想、高尚的道德情操、坚定的社会主义信念,发扬无私奉献精神,把国家和集体利益放在第一位。新时期的思想政治工作,要善于抓住社会生活中的热点和难点问题。抓住热点难点做好工作,这对于缓解现阶段人民内部矛盾具有重要意义。对改革开放和发展社会主义市场经济过程中出现的热点难点问题,要实事求是地向群众讲明情况,讲清道理,消除误解,增进共识。对已经出现和可能出现的新矛盾,要深入调查研究,有针对性地加强和改进思想政治工作,做好宣传教育工作,这也是有效预防群体性事件发生的重要办法。

(十)要深入开展人民内部矛盾的排查调处工作,积极预防突发性事件

处理人民内部矛盾,确保社会稳定,必须紧紧把握主动权,不能被动应

付。因而,必须认真总结经验,健全机制,变被动为主动,变滞后为超前。要经常分析本地区、本部门、本单位的形势,及时发现苗头和倾向性的问题,有针对性地制定工作预案,把问题解决在萌芽状态。各地要在党委、政府的统一领导下,定期组织开展矛盾纠纷排查调处活动。要突出排查重点,特别要及时掌握国有企业改革和发展中出现的不安定因素,以及涉及农民负担、地界纠纷、各种基金会和非法集资遗留的问题。要把排查出现的各种矛盾纠纷分类排队,把化解的责任落实到部门、单位和个人。

(十一)党要加强自身建设,坚决反对形形色色的官僚主义、以权谋私、贪污受贿等腐败现象

党和国家机关中少数工作人员的官僚主义、以权谋私和贪污受贿等腐败现象,往往会激化社会矛盾,甚至被一些别有用心的人所利用,制造事端。党风廉政建设和反腐败斗争,这些年我们是抓得紧的,也取得了比较明显的阶段性成果。但是,消极腐败现象还没有得到全面遏制,有的还在滋长蔓延。反腐败斗争的形势依然严峻,任务仍很艰巨,不能有丝毫松懈。各级党委要坚持"治国必先治党,治党务必从严"的方针,坚决维护党的纪律的严肃性,认真实行党风廉政建设责任制,坚决查处各种违反党的纪律的案件。"在整个改革开放过程中都要反对腐败。对干部和共产党员来说,廉政建设要作为大事来抓。"①就当前状况而言,搞好党风廉政建设,对于正确处理新时期人民内部矛盾具有举足轻重的作用。

社会生活是错综复杂的,新时期人民内部矛盾的内容、特点、表现形式以及产生原因也是复杂多样、不断变化的,新时期处理人民内部矛盾的方式方法和对策措施也应该是多种多样的。因此,必须坚持具体矛盾具体分析具体解决,对症下药;必须坚持综合治理,标本兼治。我们要充分认识到稳定是改革、发展的前提,要认真研究当前和今后一个时期社会稳定面临的新情况新问题,学会正确处理新时期人民内部矛盾,为中国特色社会主义现代化建设在 21 世纪的新发展夯实社会基础,创造有利条件。

(本题作者:青连斌)

---

① 《邓小平文选》第三卷,人民出版社 1993 年版,第 379 页。

第十一题

中国共产党党内民主若干问题研究

发展党内民主,以党内民主带动人民民主,推进政治体制改革,是改革开放以来中国共产党坚守的原则,事关中国特色社会主义政治发展的道路和方向。

一、党内民主的精神实质是什么

无论是理论界还是党建实务界,对党内民主的精神实质都有不同看法。在很多文献、学术论文中,都把党内民主的实质或本质定义为保障党员权利。中国共产党是自愿结合而成的组织,党员的基本权利平等是其性质所决定的。但是,党员权利保障更多的是制度建设问题。而为什么要保障党员的基本权利,则是价值取向所决定的。党员权利保障的根源在于加入党组织的人员基本权利平等。这就涉及党内民主的精神实质了。

中国共产党作为马克思主义政党,所秉持的民主观,就是列宁所说的,"民主意味着平等"①。刘少奇做了一个高度概括:民主的精神就是"平等的精神"。这里所说的平等,一方面指价值追求,另一方面指法律上、政治上的权利平等。需要特别指出的是:这仅仅是一种形式上的平等,或者说法权意

---

① 《列宁专题文集·论马克思主义》,人民出版社 2009 年版,第 270 页。

义上的平等,并不代表事实上平等。比如,权力属于人民,但实际上由于社会分工的缘故,权力事实上只能由少数人行使,不可能由大多数人直接行使。于是便衍生出选举制度,人民把自己的权利让渡给一部分人——权力委托。一旦少数人被选举出来执掌权力,又易于产生滥用权力等现象,于是又衍生出公开、监督等一系列民主制度。正是基于民主制度发端于这样的悖论,列宁甚至预言,民主实现了,民主制度本身就不存在了。

可以说,"民主"作为一个概念是从西方传入中国的,但是,从对民主的精神实质——平等的权利追求来说,民主是人类在不断进步中逐渐共享的价值追求。

但是,价值追求的普适性,并不代表制度、体制上的一致。即使同一价值观,其国家制度也是因国家、民族、文化等因素而表现形态各异,这是需要澄清的重要问题。至于民主制度的哪种形式更好,是因时、因地、因国情的不同而不同的。最好的民主制度体系就是最适宜于当时当地的制度,所以,卢梭曾说:尽管这种制度体系本身或许不是最好的,然而,对于推行这一体制的国家来说,它却应该是最合适、因而是最好的。①

当我们把民主运用于国家统治形式时,就是指"多数人的统治",这里同样不是说多数人直接行使权力,只是说反映多数人的利益和意志。作为国家统治形式的民主,是最高层次的民主。

党内民主不同于国家民主。政党是生存于社会之中的组织,需要保持自己对外的整合形象和独特目标。这决定了政党内部的民主是有底线的:一是以基本的政治理念认同(党性)为基础;二是以不分裂党组织、有利于在社会中生存为底线。由此,笔者认为,作为组织内部的民主,党内民主是保持一定政治权威的参与式民主。参与的内容包括决策、选举、监督等。党内民主最突出的、反映其本质的特征,就是党员对党内权力的分享,是党员对党内事务的参与。

二、党内民主、社会民主、经济民主的不同点

既然党内民主是保持一定政治权威的参与式民主,那么,这里所说的政治权威,主要是指具有合法性的影响力。这种影响力的外在表现包含两个

① [法]卢梭:《社会契约论》第二卷第十一章,不同版本翻译语言有所不同。

层面:一是党内有一个经党员认同并按照合法程序产生的有足够影响力的领导集体;二是党的政策和制度的有效性。如果党的政策或制度有效性低,说明党的权威性不足。这种政治权威与专制、与领导者个人专断格格不入。这种民主形态在组织上的反映就是民主集中制。

党内民主是政治生活中的民主,与行政民主、社会民主、经济民主有重要不同。

行政民主。所谓行政民主是指在行政权力行使中尊重民众的权利,行政决策听取民众意见,行政过程接受社会监督。行政民主绝不意味着不执行上级决议,下级服从上级是行政关系的基本要求,是保证行政效力的基本条件。

社会民主。社会民主是一种社会状态的民主。在学理上和实践中分清社会民主与政治民主的不同,有利于我们探讨党内政治民主与社会生活民主的关系。此外,在提到社会民主时,也可以使我们反思对社会的管理。社会管理的传统方式是行政管理。现代社会讲究"善治"。"善治"与传统行政管理的最大不同,就是传统的行政管理主体单一,管理向度单一,即自上而下的管理,而"善治"主张社会公众参与到治理过程中来,治理主体多元,社会治理的向度是双向的——自下而上与自上而下同时存在。换句话说,也可以理解为对社会的管理增添了民主的元素。

经济民主。这是一个更为复杂的概念。就马克思主义民主观而言是指生产资料人人所有。刘少奇多年前曾以精炼而通俗的语言概括了马克思主义的这一观点:人们在经济上不平等,于是形成其他一切方面的不平等。"无产阶级民主与资产阶级民主完全不同,不仅要求法律上、政治权利义务上的平等,而且——这是最要紧的——要求经济上的平等,要求资本的取消,私有财产的消灭。……有了经济上的平等,于是在政治上、社会地位上、法律上、教育上及其他各方面都有了平等"①。西方也有学者从学术的视角来分析经济民主,认为经济民主是一个多义的概念。"不过导致这一概念建构的逻辑是十分清楚的,它如下所示:既然政治民主主要局限于政治和法律上的平等,社会民主强调的是地位平等,那么经济民主所关心或反映的便是财富的平等。因此经济民主的第一个定义可以是:该名称指这样的民主,它的政策目标是重新分配财富并使经济机会与条件平等化。这样理解的经济民主可以是政治民主的一个补充,也可以是政治民主的简单扩大。经济民主也从工业民主的意义上使用。这时它较少指财富的平等或接近平等的分

---

① 《刘少奇论党的建设》,中央文献出版社1991年版,第312页。

配,而是更多地指劳动者对经济的控制。在这方面可以说经济民主是由经济生产过程控制权的平等构成的。"①实际上,中国在改革开放前的所谓经济民主,包含了两个层面的民主:一是生产资料公有制,包括国有、集体所有两种形式,二是在企业的生产管理中实行民主管理,如"两参一改三结合"②。改革开放以后,特别是市场经济体制的建立,多种所有制成分并存,分配政策以按劳分配为主,因此,现阶段讲经济民主,大多指分配方式、机会、条件的平等、公正。在企业中讲民主,大多指工人参与企业管理,发挥职工代表大会的作用等。

政党是生存于社会的组织,但与一般社会组织不同。中国共产党本身不是群众自治组织,也不是经济组织,党可以通过社会政策、大政方针影响社会组织,影响经济发展,但党内民主毕竟是政治生活中的民主,与村民自治、企业中的法人治理结构不同,各个组织均有自己的独特之处。对于中国共产党这样长期执政的党来说,如果套用萨托利的话语,就是党内民主属于政治统治(因其长期执政,且在政治体制中起核心作用),而其他方面则是次级形态的民主,有的是微观形态的民主,因此在运作上也具有不同特点。比如,对于经济组织的负责人,用民主的方式选举产生,与产权结构、法人治理等就有矛盾,选举也就不能滥用。其实,1986年《中共中央关于社会主义精神文明建设指导方针的决议》,就明确提出了三个民主化问题,把党和国家政治生活的民主化、经济管理的民主化、整个社会生活的民主化联系在一起,既看到了三者的联系,又看到了三者的不同,并强调:进一步扩大社会主义民主,健全社会主义法制,"是一项非常复杂的工作,中央将经过充分调查研究,作出部署,有领导有步骤地进行"③。从那时到现在,党内民主、社会民主、经济民主逐步推进,但具体方式、进度都有所不同。

三、党内民主与人民民主的关系

人民民主的含义广泛,既指国家层面的政治民主,也指基层社会民主。

---

① [美]乔·萨托利:《民主新论》,冯克利、阎克文译,东方出版社1998年版,第10—11页。

② 两参:指企业干部参加生产劳动、工人参加企业管理;一改指技术革命技术改造;三结合指干部、技术人员与工人的结合。

③ 《十二大以来重要文献选编》,人民出版社1988年版,第1183页。

党内民主与人民民主关系,是一种互动的关系。这种互动体现在两个方面:

（一）党内民主的发育程度取决于人民民主的发展程度

党内民主不可能游离于整个国家的民主环境而独立发展。理由有三:

一是因为党内民主的实现程度不可能超越社会发展阶段,超越人民民主的发展程度。

理论上人民所应享有的基本权利,在现实中受到各种各样的社会历史条件的制约,所以,"从严格意义上讲,真正的民主制就从来不曾存在,而且今后也不可能出现。多数人进行统治,少数人被统治,这是违反自然秩序的"①。列宁则认为,民主真正实现的时候,就是国家消亡、也就是民主消亡的时候。② 卢梭和列宁的话从不同的视角说明了一个问题:至少在一定时期内,民主是不可能彻底实现的。那么,科学研究的任务就是探讨现阶段民主能够实现到什么程度。中国正处于社会转型期,经济、政治、文化、社会建设,都不能说已经完善了,还有许多问题需要解决和改进。与这种社会状况相适应的人民民主,也不可能达到完善的地步。在这种历史背景下,党内民主的实现程度固然与组织内部的状况有关,但从根本上讲,是整个国家政治生活、政治面貌的反映,与人民民主的发展程度可以略有不同,但不可能有太大差别。如前所述,民主意味着权利平等,但马克思曾说,"权利决不能超出社会的经济结构以及由经济结构制约的社会的文化发展"③,对于党内民主来说,这是最根本的制约因素。在整个社会处于特定民主状态之时,某一个组织内部能够在短时间内达到一个较高的民主程度,但不可能长期超越社会历史条件,长期维系高水平的民主制度运作。

二是因为党内民主的发展程度与国家政治体制紧密相关。

有一种观点认为党内民主的发展可以替代政治体制改革。笔者认为,在中国国情之下,党内民主与国家政治体制紧密相连,党内民主能够发展到什么程度,受到国家政治体制极大影响,甚至可以说是国家政治体制决定党内民主能够发展到什么程度,但是,党内民主的发展并不能替代政治体制改革。

一般情况下,在一个民主、法治的国家内,政党组织的运作往往受到政

---

① ［法］卢梭:《社会契约论》第三卷第四章,《西方四大政治名著》,天津人民出版社 1998 年版,第 518 页。

② 《列宁专题文集·论马克思主义》第 3 卷,人民出版社 2009 年版,第 253 页。

③ 《马克思恩格斯文集》第 3 卷,人民出版社 2009 年版,第 435 页。

治体制的制约,无论哪一个政党执政,其运作方式必须符合国家法律,政党内部民主发展程度的高低,并不必然影响国家的政治生活,如英国保守党过去经常被人诟病为不民主,但即使保守党执政,其政策也不可能改变法律对于人民权利的规定,因为其政体决定了它必须如此。在曾经出现过法西斯专制的德国,国家以法律的形式规定各政党内部必须实行民主制,这依然是国家的民主决定着党内民主而不是反之。中国共产党在执政前是体制外政党,在当时的环境下,其内部的民主制度建设不得不受到很大限制,这同样是当时的国家政体所决定的。国家政治体制对于党内民主来说,是一种强大的制度环境,既可以约束党内民主,也可以为党内民主提供强大的支持。没有这种制度环境,党内民主就是不稳定的。

当然,对于中国共产党这样一个执政党来说,党内民主的发展,必将给整个政治体制带来新的活力,使政治体制的整体状况发生重大变化。同时,在社会转型期,还存在许多不稳定因素,把重点放在发展党内民主上也是可以理解的。然而,党内民主解决的毕竟是党内问题,而政治体制的涉及面远远超出于党内民主的范围,如公务员制度,政府与人大的关系,司法体制,等等,都不是单靠党内民主发展就能够解决的。在一定意义上讲,发展党内民主与改革政治体制可以形成互动的局面。党内民主发展到一定程度,民主机制运作规范、科学,可以对人民民主形成示范作用,对未来的政治体制改革有参照、导向作用,有利于政治体制改革的顺利运作。

三是因为党内民主从人民民主中汲取力量与经验。

改革开放以来,党内民主的全部历程,都证明了一个十分简朴的道理:党内民主的动力,源于人民的利益需要和推动。中国共产党是广大人民群众根本利益的代表者,以全心全意为人民服务为宗旨,以执政为民为最根本的执政理念。中国共产党之所以发展党内民主,是为了更好地代表人民群众的利益和意志。没有这一出发点,就没有动力去推进党内民主。

党内民主制度建设在基层的突破,部分原因是由于人民民主的发展。改革开放后,在农村出现了村民自治这一社会主义民主政治的新形式。由于村委会直选,引发了对农村基层党组织选举制度的改革,基层党组织负责人由事实上的任命制改变为选举制,并且首先由村民半数以上通过才能成为候选人,然后再由党员进行正式选举,这就是所谓的"两票制"。这是在中国共产党长期执政条件下党内民主制度建设的重大改革,是对党执政合法性考验的回应。没有人民民主的推动,就没有这样的改革。在公开制度方面,也是由于基层村务公开、厂务公开的广泛发展,导致政务公开、党务公开。事实一再表明,党内民主可以、并且已经从人民民主中吸取了力量和经验而不断发展。

(二)党内民主对人民民主有示范带动作用

在党的历史上,中国共产党在执政前,曾以民主的精神和民主的行为团结了广大人民群众,激励千百万群众为民主而斗争,建立了人民民主政权。在执政后,党内民主搞得好的时期,往往是人民民主较为发展的时期,当党内民主遭到破坏时,人民民主就会受到较大的影响。这里的原因,就在于中国共产党是执政党,党可以自身的民主建设起示范和带动作用。因此,党内民主对人民民主的影响不能不是巨大的。

党内民主对于人民民主的示范带动作用表现为以下几个方面:一是对广大党员民主权利的有效保护,可以带动政府对人民权利的尊重与保护,更好地体现执政为民的理念;二是对党员意志、意见的如实表达与整合,可以更好地反映其所在社会阶层、群体的群众利益和意志,不仅有利于党内决策,更有利于国家政策的制定;三是由于党是执政党,因此党内民主不仅可以改善党的领袖与党组织、领袖与党员的关系,还可以改善党组织与其他社会组织、党的领袖与人民群众的关系;四是在长期执政的条件下,党内民主可以为整个国家的民主生活带来活力。

也有学者指出,在某些国家,主要是西方发达国家,执政党内部的民主状况不至于对国家政治生活产生如此大的影响。中国共产党内部民主状况何以能够对人民民主产生这样大的影响?这是由中国的特殊国情所决定的。在西方国家,多党制和分权的政治体制使执政党受到多方面的制约,中国则有所不同。由于中国共产党在执政前是体制外政党,必须彻底推翻旧的社会制度和旧的国家政权才能执政,因此,中国社会主义制度的合法性与中国共产党执政的合法性是紧密相连的。如果中国共产党执政的合法性不存在了,那么,人民民主的政权及其制度的合法性本身也就不存在了。反过来说,现有人民民主政权及其制度的合法性不存在了,中国共产党执政的合法性也就不存在了。由于这种历史情境,由于两个合法性紧密相连,中国共产党的内部民主状况,就不仅对内部的事宜产生重大意义,还对国家的权力运作、人民民主产生重要影响。

四、党内民主与依法治国的关联

中国社会主义民主政治是党的领导、人民当家做主与依法治国的有机统一。党的领导与依法治国是不可分的:第一,中国共产党长期执政,能否依法治国,首先取决于执政主体——中国共产党。执政党在宪法和法律的范围内活动,是社会主义民主政治的重要内容,是依法治国的重要体现。在市场经济条件下,党对于社会的领导,并不等同于对内部的领导,需要更多地使用非权力的方式进行引导,而法制的规范与导向,就是主要方式之一。科学执政、民主执政、依法执政,对于执政党来说是新的形势下不可缺少的执政方式。

第二,党的领导对于社会主义法治国家的建设起着引领政治方向的作用。谈到党的领导时,事实上隐含着一个前提,就是党的领导正确。只有在正确的领导之下,才能把握依法治国的政治方向。这里所说的"正确"是指符合社会发展规律,符合最大多数人的利益和意志。党的领导是否正确,关键在于党的建设,在于党的政策的科学性。而科学的政策,只有在民主的环境中才有可能脱颖而出。民主的意识、民主的制度、民主的权力运行机制,虽然不是确保党的领导正确的唯一条件,但却是保证党的领导不偏离最大多数人民、向人民负责的重要条件。

第三,党内民主的价值理念与依法治国的基本理念有一定程度的相通之处。党内民主强调党员的权利主体地位,强调党章面前党员权利平等并承担相应的责任。依法治国的理念源于人民基本权利平等,任何人、任何组织在宪法和法律面前地位平等。尽管这仅仅是法权意义上的平等,但这种价值取向、价值理念一旦深入人心,就成为党内民主思想观念的基础,同时又是依法治国、依法执政的思想观念基础。在这一问题上,二者是互动的,相互影响、相互作用。

第四,党内民主决定法制建设的发展道路。中国共产党执政六十多年来特别是改革开放以来,领导国家法制建设,使法制建设逐步走上正轨。但是,在这方面也有过历史的教训。党的十一届三中全会前,"以言代法"不是个别现象,甚至在改革开放后,"党大还是法大"的争议一度成为关注的焦点,典型地反映了这种历史状况。实践证明,在中国,党内民主氛围不浓,党内民主制度不健全,法制建设就难以得到重视,依法治国就无法落在实处。只有党内民主氛围较浓,党内民主观念深入人心,法制建设才能发展顺利,依法治国才不会成为空话。

当然,在说到党内民主制度化法制化的时候,还需要说清楚,党的制度建设与国家法制建设不是一回事,需要理顺二者之间的关系。

首先,党的制度建设与国家法制建设有着密切的联系,表现为:一是党的制度建设与国家法律具有相容性。中国共产党长期执政,宪法和法律都是在党的领导下制定和实施的,因此,党的制度与国家宪法和法律在政治层面上是相容的,政治方向是一致的。二是党内制度建设可以对法制建设起推动作用。中国共产党作为执政党,是领导法制建设的党,这种特殊地位使党在法制建设中负有义不容辞的责任,党的制度规定可以保障党组织在宪法和法律范围内活动,使全党各级组织成为带头遵守法律的模范,通过党员干部的身体力行带动全社会遵纪守法。如果执政党内部制度建设就不科学,或者处于人治的状态,那么,是不可能营造出健全的法制环境来的。

其次,党的制度建设与国家法制建设的区别也是非常明显的。一是共产党作为一个建立于政治信仰一致基础上的政治组织,它对于党员权利、义务和党内权力运作的制度规定,不同于国家对公民和国家权力机构的规定,党内的制度规定应比国家法律更为严格。比如,对共产党员滥用权力的惩戒,对共产党员的道德行为要求,都是如此。道理十分简单:一个守法的公民不一定是优秀党员,但优秀党员绝不能不是守法公民。如果党内的制度规定还不如国家法律的规定更为严格,那么,党组织的先锋队性质就会受到质疑。二是党内制度与法律的实施条件、范围及效力都不一样。比如,同样是民主制度,党内民主的范围仅限于党内,但因其政治信仰一致,并且人数远远少于国家人口,所以实施的程度应当高于国家民主。而国家民主或社会民主,因牵涉到的人数多,且包含了诸多不同利益群体,其复杂程度远甚于党内,因此在现阶段的实施范围、实施程度都与党内不同。此外,从国家层面看,如果有人违法,可以通过法律来解决,但在党内只能以纪律的手段来制裁。三是党的制度建设更多地反映的是党的建设规律,而法律反映的是治理国家、社会管理的某些规律性现象,二者不能混淆。

五、党内民主的现状——成就与问题并存

对党内民主现状的评估是探讨问题的基础。这里牵涉到评价标准问题。

党内民主的评价标准可以有多种选择。从宏观上讲,发展党内民主应以"三个有利于"和"三个代表"作为判断标准。从直接标准、现实操作层面上讲,对于以马克思列宁主义为指导思想的共产党来说,不妨参照列宁的论述。列宁关于党内民主的论述很多,其核心内容:一是党的一切领导机关和领导人员由选举产生;二是党内一切事务由全体党员在一律平等的条件下,通过直接或间接选举出来的代表来处理。从这样的标准出发,改革开放以

来的党内民主可以说是发展与问题同时存在。

一方面,党内民主有了很大的发展,表现在:一是党内民主的理念深入人心,民主氛围较之党的十一届三中全会前有了重大进步,很多过去不能探讨的问题,如权力制约、党和国家领导制度改革等,都可以在公众舆论中广泛讨论了,这是政治生活民主化的重要标志。二是党内民主制度建设有了很大进步,如制定了《中国共产党党员权利保障条例》、《中国共产党地方组织选举条例》、《中国共产党党内监督条例》等。尽管这些制度还有许多需要完善之处,但毕竟已经有了开端。三是废除了干部职务终身制,在用人问题上引入了一系列民主的元素,如民主推荐、民意测验、全委会票决制、任前公示制等;在农村确立了有党外群众参与的直选基层党组织负责人的"两票制";在某些地方探索乡镇党政领导干部公推直选方式;探索党代表大会常任制;等等。

另一方面,党内民主依然存在人所共知的问题:

——相对于经济体制改革而言,党内民主的发展目标甚至阶段性目标和思路都不是很清晰的。虽然改革并不能事先完全确定模式,可以一边探索一边创新,形成真正反映党员意志的民主模式,但党内民主毕竟是敏感而又牵涉大局的事情,如果没有清晰的目标,易于引起思想上和宣传中的混乱。

——邓小平所说的"权力过分集中"的现象依然存在。近些年来,各地加强集体领导,推行常委会或全委会票决制,但在领导体制不变的情况下,"党的一元化领导,往往因此而变成了个人领导。全国各级都不同程度地存在这个问题。权力过分集中于个人或少数人手里,多数办事的人无权决定,少数有权的人负担过重,必然造成官僚主义,必然要犯各种错误,必然要损害各级党和政府的民主生活、集体领导、民主集中制、个人分工负责制等等"①。

——制度不健全。党章规定了共产党员的基本权利,但这些权利的实现需要通过一系列制度来保障,如选举权需要通过选举制度的改革来实现,参与决策权的落实需要有相应的决策机制、党务公开制度和机制等。如果没有相应的制度设计和制度规定,党员权利保障就会虚化。

——行政化趋向与党内民主产生矛盾。党执政多年,党组织本身国家化、行政化色彩日益严重,上下级关系易于导致邓小平所说的人身依附关

---

① 《邓小平文选》第二卷,人民出版社1994年版,第329页。

系,因此党内民主的政治平等趋向与党组织的国家化、行政化不可避免地出现矛盾,影响到形成不同意见的平等讨论氛围,并使干部人事制度改革不可避免地受到影响。

——封建主义遗毒依然存在,如"官本位"、特权现象等,干扰着党内的制度建设,影响到党内民主的发展。

上述问题的存在,削弱了党的凝聚力,影响了党的代表性,既不利于党内民主的发展,也不利于整个社会民主的发展。

六、发展党内民主的基本原则

发展党内民主的路径,可以有多种选择,但最基本的原则需要考虑:

(一)阻力(风险)最小化原则

有人提出,党内民主的发展已经不是某一个方面、某一个环节的问题,需要有整体进展,需要有制度的整体设计。无疑,各种制度改革与创新能够齐头并进当然很好,但从现实的可行性看,还是应从核心问题改起,比如,选举制度改革,一旦实现了从上到下的真正的选举,至少可以使权力运作有利于多数党员的参与,使决策机构的决策受到多数党员的制约,遏制只对上负责不对下负责的作风,等等。选举改革事关重大,特别是在社会转型时期,选举会受到各种因素的干扰,从基层选举开始改革风险较小,从高层选举开始改革恰恰阻力最大,风险也最大。因此,从风险较小的地方入手,能够随着改革的发展和社会的进步,使阻力最大的问题逐渐变小,改革的风险也会逐渐降低,便于下一步改革。如果从风险最大的地方开始改革,没有等到改革的第二步,就有可能造成失控局面。

(二)自下而上的渐进原则

这是选择阻力最小原则的必然结果。

中国发展民主政治的路径是自下而上的、渐进式改革。以农村基层选举改革为例。到2008年止,全国61.6万个村委会95%由直接选举产生,在很多地方,农村党支部选举要经过村民半数以上同意才能成为党内候选人,有的要先参加村委会选举,在村民选举中获胜者才能成为候选人。随着经济、社会的发展,党内外的民主意识、法制意识都将大大增强,将为进一步推动改革提供良好条件。这种发展路径对于社会稳定有重要作用。

当然,对于自下而上发展民主的道路,学术界有争议。部分学者认为农村基层民主的产生具有偶然性。笔者以为,扩大基层民主是历史发展的必然。理由如下:一是注重基层民主是中国共产党的一贯方针。在建立中华人民共和国初期,这一精神就体现在全国政治协商会议通过的共同纲领中,体现在 1954 年制定的宪法中。在改革开放前,中央就强调探寻基层民主形式,只是 1957 年之后,由于阶级斗争扩大化,特别是经过"文化大革命"这样的曲折,基层群众的基本权利受到一定限制。在党的十一届三中全会上,中央总结了历史经验与教训,提出对基层群众要"在经济上充分关心他们的物质利益,在政治上切实保障他们的民主权利"①。邓小平在十一届三中全会上的讲话中也说:"要切实保障工人农民个人的民主权利,包括民主选举、民主管理和民主监督。"②在这一大的历史背景下,中国社会开始探寻实现民众权利的途径、形式。至于基层民主以什么样的形式出现,在农村是以村委会的形式还是以村民小组或者其他形式出现,带有一定的偶然性,但对于基层民主的探索是一以贯之的。二是基层自治是改革开放的产物,是人民公社体制解体的产物。20 世纪 80 年代初期,随着农村改革的兴起,人民公社这一政社合一的组织解体,于是,农民自发地管理村里的事务,在一些地方出现了村委会这样的形式。尽管成立之初仅仅是为了维护农村社会治安,但是很快演变为村民自治组织,在全国人大的推动下,成为大规模的村民自治形式。固然,没有全国人大的推动,没有党中央的认可与推动,就不可能出现基层自治,但这不意味着是由偶然因素决定的。其实,大量的偶然性反映着历史的必然性,偶然性为历史的必然性开辟道路。

毋庸讳言,在村民自治中也出现了一些不良现象。比如,有的村干部贿选,有的地方选出了素质不高的人,有的地方有黑恶势力干扰,等等。如何看待村民选举中的问题? 一是要看发展趋势。经过多年的探索,上述现象在村民选举中越来越少了,大趋势是逐渐进步,不是越来越糟。二是要看村民的民主素质是否提高了。通过二十多年的实践,村民民主素质总体上逐渐提高,呈上升趋势,而不是下降趋势。最重要的是,尽管有这样那样的问题,但要想退回到过去时代已不可能了。因此,对于基层选举、村民自治,不是要不要搞的问题,而是如何引导其继续健康发展的问题。

---

① 《三中全会以来重要文献选编》上,中央文献出版社 1982 年版,第 7 页。

② 《邓小平文选》第二卷,人民出版社 1994 年版,第 146 页。

（三）党员主体地位原则

这一原则是我们党的既定方针。党的十七大提出尊重党员主体地位，保障党员民主权利，就是对这一原则的充分肯定。

尊重党员主体地位，一是从根本上讲，党员本来就是党内权利的主体。由于所有党员不可能都直接参与党内的各种事务，于是就有了党员权利的委托——选举——把处理党内事务的权力让渡、委托给特定权力机构。而权力机构产生之后，党员依然有了解党内事务、监督党内权力运作的权利。党员从入党之日起，就依据党章享有党员的基本权利——选举权与被选举权，党内事务的知情权、参与权和监督权。在某种情况下，党内一切事务让所有的党员都参与是不可能的，但这不意味着党员不是权利主体。二是党员拥有权利主体地位，有利于调动党员积极性。中国共产党是一个大党，党的工作需要依赖广大党员去做，党的奋斗目标需要通过广大党员的模范行为带动全国人民去实现。但是，如果党员只有责任而无权利，那么这种积极性是无法长期持续下去的。三是党员拥有主体地位，有利于形成党内的凝聚力。在党员社会身份日益复杂化的今天，尊重党员的主体地位，通过民主的沟通、决策机制，反映党内不同意见，调节党内关系，可以使党的内部在民主的基础上达到新的整合。

（四）有序发展、有利于团结的原则

在民主环境中，鼓励发表不同意见，内部争论必然常态化。但是，这些因素应当有利于各种意见的整合，有利于党内团结。如果因党内思想认识的不同而产生内耗、分裂，那么这种民主环境就不是健康的民主环境。而对这些问题的防止，需要在党内政治生活中有合理的制度设计，需要党内民主的改革与创新的有序发展，同时需要全体党员具有较强的党性与一致的政治理念，在政治理念一致的基础上增强党内团结，以党内团结和党内民主的发展带动社会民主的发展。

七、现行党内选举制度之分析

选举在党内民主中是党员授权的体现，是党内权力运作的起点。分析党内选举制度是一项艰巨任务，但无法回避。

（一）党内选举制度的进步与问题

改革开放以来，党内选举制度有了明显进步：

第一，从 20 世纪 80 年代开始，就已确立了差额选举制度。尽管这一制度的实行还有不尽如人意之处，但毕竟在前进。在某些国资委系统对企业基层党支部进行的选举中，有的企业初选差额比率达 140%，报党委审批后差额比率达 120%。

第二，部分地引入了竞争机制，如一些基层的直选中，往往伴有相应的竞争。如南京基层大规模公推直选、深圳 2010 年光明区党代表直选和市直工委组织的市属几十家机关党委的公推直选中，都有较强的竞争性。

第三，初步建立了有党外群众参与的党内初选制度。如农村的"两票制"，某些地方的乡镇直选，在提名环节均有部分党外群众介入，核心是把候选人提名权交给普通党员和党外群众，在实践中形成了党外群众参与的党内初选制度。

第四，在选拔干部工作中增加了群众提名、民意测评、干部公示等以扩大群众参与为导向的环节。这是当前党内民主乃至国家民主制度建设中引人注目的改革。

党的十六大之后，中央进一步强调要改革和完善党内选举制度。2004 年党的十六届四中全会强调，在完善党内选举制度过程中，要改进候选人提名方式，适当扩大差额推荐和差额选举的范围和比例，逐步扩大基层党组织领导班子成员直接选举的范围。2009 年党的十七届四中全会再次强调，要改革和完善党内选举制度，扩大基层公推直选试点，改进选举程序和投票方式，等等。

但是，从总体情况看，党内选举制度还存在不少问题，主要问题是"民主不足"与"滥用民主"的情况同时存在。

所谓"民主不足"，主要是指对确实需要选举产生的岗位没有实行真正的选举，如书记、常委、政务类干部的"一把手"，往往事先由上级组织确定。而"滥用民主"，则主要是指某些需要任命或聘任的职能部门和专业性技术性较强岗位的负责人也实行选举。选举的适用范围是有边界的，并不是所有的岗位都适宜于选举。需要任命或聘任的职能部门负责人的选举，通常属于"内部人选举"。在特定体制下，这种"内部人选举"的效果又取决于单位风气和"一把手"素质。因为"一把手"在这些选举中有引导之责。"一把手"素质高，引导出来的投票结果既符合民意又是比较优秀的人选，但如果"一把手"素质不高，引导出来的结果往往是把领导者个人意愿以合法的程序表现出来。这种现象已经引起党内外部分群众的不满。

（二）党内选举制度改革的思考

对于党内选举制度甚至包括国家干部人事制度的整体改革，需要重视如下几个问题：

第一，党管干部的内容应与时俱进。所谓党管干部，主要表现在三个方面：一是选人用人的政策引导。如干部队伍建设的"革命化、年轻化、知识化、专业化"方针的提出就是一种引导。二是制定规则，确保选人用人的规则科学、公开、公正。三是对干部实行监管。随着社会主义市场经济和民主政治的发展，党管干部的内容和形式都需要有新思维。一是要正确理解民主选举中党的引导作用。这种作用应该以党内提名过程公开化民主化为基础，而不能用权力或上级的意志干预。二是要科学确定各级领导班子的权限、责任，按照权力与责任相对应的原则，实行真正的责任制。三是要科学配备各级领导班子成员，防止单纯以票取人。

第二，应按照选举与任命的不同类型进行分类改革。党政领导干部选拔任用制度有多种多样的形式，但从大的类型来说，最主要的是选举制和任命制。这两种方式各有利弊。任命制有利于上级组织根据干部的能力、特长和工作需要进行及时调配，缺点是容易导致对上负责对下不负责的风气。选举制可以迫使干部更多地向人民群众负责，但也有缺陷，因为群众的选举是以利益为导向的，有劣迹的人固然选不上，但有时并不一定能够选举出最优秀的干部。中国的党政干部选拔任用机制需要吸收这两种方式的优势，摒弃两种方式的缺陷，但两种制度体系的融合并非易事，中国党政干部制度改革的过程就是两种方式磨合的过程。

第三，应科学确定民主选举的边界。民主选举的适用范围是有边界的，并不是所有的岗位都适宜于选举。如果不界定清楚哪些职位需要选举、哪些不需要选举，把该选举产生的职位拿出来任命或把不该选举产生的职位反而拿出来选举，将会导致实践中的矛盾和错位。

（三）党内选举制度改革中的争议

目前，对于党内选举制度改革问题，存在一些争议，主要有：

一是如何看待选举中的"拉票"现象？

民主选举以竞争为特点，无竞争的选举不是真正的选举。从对基层选举的调研看，竞争是客观存在的，只是形式不同、程度不同而已。在不允许公开竞争的情况下，竞争往往在背后运作（即所谓"做工作"），从而造成无规则的竞争,产生不公正、扭曲民意的结果。但竞争能不能引入共产党内?对此有几种不同看法,有的认为竞争会引起派别斗争,导致组织分裂;有的认为选举竞争会使党管干部失控;也有的认为应当允许而且鼓励竞争,没有竞争就没有活力。

笔者认为:首先,如果不允许竞争而事实上又禁止不住,倒不如建立有引导的、有限度的竞争机制。其次,竞争是可以规范的,即通过规则的制定,既体现出竞争精神,又有利于党内意志的整合。决策问题上也是如此,党员参与决策的过程事实上是各种不同意见甚至不同利益协调的过程,可通过科学的规则进行整合。因此,建立规范的竞争与整合的科学操作规则就成为重要的事情。

这里,问题的焦点在于能否使某种程度上的竞争公开化并制度化。因为,只要建立竞争机制,就势必导致竞争公开化。其实,即便不搞选举,同样有竞争,如跑官要官,本身就是一种竞争,只不过是一种不正当的竞争而已。在某些地方选举中,"拉票"就是一种背后的变相竞争。背后的变相的竞争,最大的问题是带来不公正因素,使原本正当的竞争变为没有规则的竞争。既然背后的竞争不能制止,不妨使之公开化从而纳入有序的范围之内。当然公开并不能完全防止背后的"工作",但至少可以使竞争更多地处在组织和群众的监督之下。至于公开竞争容易出现拉帮结派现象,导致党内分裂,这确实是一个值得警惕的问题。解决这一问题的关键在于制定科学有效的竞争规则,使选举竞争制度化。在选举竞争公开化、制度化的情况下,竞选者提出自己的工作思路并希望大家投自己一票,这也是一种"拉票",只不过是在同一个平台上公开、合法地表达自己的意愿。没有选举竞争的公开化和制度化,就难免出现私下拉票、干扰选举进程的不良现象。

二是基层选举中某些党员落选是否削弱了党的领导地位?

鉴于有些地方出现了组织推荐的干部落选情况,有人认为这是削弱了党的领导地位。这涉及什么是党的领导、怎样实现党的领导的问题。

党的领导作用主要体现在利益整合、引导选举、政治录用等方面。党的作用充分体现出来,党的政治主张能够得到实现,就是实现了党的领导。从这个意义上讲,基层直接选举对党所带来的影响和考验,是要求实现党的领导方式转换,这种转换必须以服务的姿态、以民主与法制的形式出现,才能得到群众的拥护和支持,才能在选举中获胜。从更直接的意义上讲,只要是共产党员当选,无论是上级推荐的,还是群众提名的,或是自我推荐的,都是共产党执政的体现,不存在削弱党的领导问题。确有某些地方的选举中,组织推荐的共产党员没有能够当选,这里的原因是复杂的。但是,无论情况有多么复杂,首先应该反思的是为什么没有得到群众的拥护?如果是由于外在的不良因素干扰造成的,那么,这些不良因素为什么能够起作用?最终还是党的工作是否到位的问题。俗话说"有为才能有位",有所作为,才能得到群众的拥护。如果基层选举中能够体现出党的各级组织服务于群众的精神,能够促使各级党组织以及党领导下的政府转变领导方式和执政方式,那么,党的领导不仅不会因此削弱反而会更加巩固。

三是农村家族势力对于选举的影响,是否意味着基层不适宜搞选举?

到目前为止,农村基层党组织的竞争性选举大多数是在村级、乡镇一级发生的。毫无疑问,在农村,家族势力至今仍有较大影响。只要中国还存在着人们以血缘关系为纽带而聚居的状况,就存在着家族势力影响的土壤。消除这种影响,只能随着现代化的发展,逐步改变以血缘关系为纽带的聚居状况。但是,在这一步没有到来之前,以民主选举的方式产生村委会、党支部负责人的做法,事实上早在很多年前就已经开始。这本身就是一种民主的训练。所以,只要农村"两委"在政治上贯彻执行党的路线、方针、政策,在行为上为村民所认可,其决策民主、合法,就对社会主义民主政治的发展有正面意义,就应该把基层民主选举坚持下去。相反,即便没有家族势力的影响,如果基层党组织、政权、自治组织的产生方式和决策行为均不为群众所认可,那也不可能有真正意义上的民主。

八、党内民主决策之分析

在社会利益群体多元化、党员社会身份复杂化的年代,研究党内民主决策问题,对于发展党内民主、实现党内和谐并促进社会和谐,具有极其重要的意义。

党内的民主决策可分为两类:一是党员直接或间接地(通过代表)参与党组织的决策,二是党委内部的民主决策。就目前党内政治生活而言,这两种类型的决策都存在一定的不足。

(一)党员直接参与党内重大问题的决策讨论

党员参与党内事务决策,在一般情况下可以通过代表间接参与,但在重大问题和与群众利益直接相关的问题上,则需要党员直接参与。这是列宁的一个重要思想。

所谓"重大问题"就是列宁所说的重要的战略策略,列宁甚至以彼得堡的工人要不要全体总罢工为例,说明此事关系重大,不仅关系全党的命运,还关系全体工人的命运,所以需要全体党员直接讨论而不是间接讨论。当然,"一切政治问题都用征询全体党员意见的方式来决定是不可能的;这将是永无休止的、劳神费力的、毫无成效的表决。但是,为了贯彻民主制,极重要的问题以及那些同群众本身的一定行动有直接关系的问题,不仅必须用选派代表的方式,而且必须用向全体党员征求意见的方式来决定"①。包括党的重大发展目标、重大策略、党章修改以及与群众利益直接相关的问题等,都需要党员直接参与讨论而不仅仅是间接讨论。

需要说明的是,党员直接参与讨论不等于全体党员公决。主张党员直接讨论党内重大问题,主要基于以下理由:

第一,这是党章赋予党员的基本权利。中国共产党党章明确规定,党员享有"在党的会议上和党报党刊上,参加关于党的政策问题的讨论"的权利。参与政策讨论最重要的就是决策前的讨论。如果党员只有执行政策的义务而无参与决策的权利,那么党员就不可能有真正的主体感。因此,广大党员在决策前的讨论,是实现参与权的主要内容之一。

第二,有利于听取社会各阶层的不同利益诉求。在社会利益群体多元化的情况下,党员来自各种不同的社会阶层,使党员社会身份日益复杂已是不争事实。一方面,作为执政党,成员社会身份具有广泛性,恰恰是党能够生存、发展的基础。另一方面,来自多元群体的党员介入到党内政治生活中来,必然会带来不同群体的各种意见和诉求。在这种情况下,广泛听取党员各方面意见,可以更准确地把握社会脉搏,了解社会需求。近些年来,某些地方由于某项工程上马而引起周边居住群众的不满,产生各种大大小小的群体性事件,反映出决策过程中民主程度不足。在决策中增加党员群众的参与环节,已不仅是理论上的要求而且是实践中的现实需要。

第三,有利于拓宽视野、开拓思路。由于人的主观认识的有限性和客观事物的复杂性,决定了任何个人和组织都不可能永远决策正确。因此,让更多的党员介入政策制定过程,可以为决策提供更多的选项。决策部门可以接受党员群众的合理意见和建议,也可以向党员解释哪些意见是不合理的,哪些建议暂时不能接受,等等。这一过程也是进一步理顺思路,从更多的视角反思决策,使决策更符合实际的过程。

第四,有利于构建新型的政治沟通关系。伴随着时代的发展变化,党员

---

① 《列宁全集》第14卷,人民出版社1988年版,第250页。

的思想观念、民主法制意识都发生了变化,党内政治沟通方式也应当有所变化。以往上下级之间的政治沟通,常常是开调研会、征求意见的方式,基本上属于自上而下、单向度的沟通模式。这一方式在决策中依然需要,不能没有。但是,随着互联网等新媒体的出现,自下而上、主动参与已经成为发展潮流。党的决策机构需要与全体党员沟通,了解党员意愿,密切联系群众,而重大决策之前的广泛讨论,可以使各种意见直接表达出来,能够听到很多调研会、座谈会上听不到的声音。党员参与讨论,上级组织予以回应,这是一种积极的党内上下互动机制,也是最好的一种政治沟通机制,其意义是党代表在党代会上的讨论、有关部门听证咨询意见所无法替代的。

党员直接参与重大问题讨论在技术层面上也是完全可行的。在高科技时代,众多人数参与讨论不存在任何技术上的障碍,如互联网、手机等,都可以使身处任何一个地方的党员介入到决策过程中来,并不增加行政成本。此类决策已有许多先例:全国人大物权法、劳动法的制定,教育、医疗改革方案的讨论等,都有人民群众的广泛参与;个税起征点挂在网上仅半月就收到20万条意见,事实证明并没有出现什么技术上的障碍。因此,党员直接参与党内决策的讨论并非天方夜谭。

党的十七届四中全会提出建立党内事务听证咨询制度,这无疑是一重大进步,在某些基层实践中收到了良好的效果。但是,听证咨询仅仅是民主决策、科学决策的机制之一。一方面,听证咨询的关键取决于参与听证人员的"代表性",只有参与人员具有真实而广泛的代表性,才能保证听证会发挥真实作用。另一方面,从大范围来看,听证咨询依然替代不了列宁所说的全体党员参与讨论"极重要问题"。如果仅仅为了征求意见,一般的社会中介组织就可以提出很多有价值的意见来。而党员参与讨论过程中形成的上下互动、沟通的效果,是听证咨询等手段难以达到的。

(二)党委内部决策与民主集中制

按照党章规定,党委内部决策需遵循集体领导、民主集中、个别酝酿、会议决定的原则。党的十六大以来,党内注重发挥全委会对重大问题的决策作用,完善常委会议事规则和决策程序,推行和完善地方党委讨论决定重大问题和任用重要干部的票决制等制度。这些制度涉及的主要是领导班子内部民主问题。这里有两个层面的问题需要注意:

一是进一步理顺常委会内部关系,特别是"一把手"与其他常委之间的关系。中国共产党向来主张实行党委集体领导制度,重大问题决策集体讨论决定。党的各级领导班子的主要负责人只是领导集体中的一员。但是,长期以来,由于历史形成的党内领导体制的缘故,权力往往集中于少数人手中,即邓小平指出的:"不适当地、不加分析地把一切权力集中于党委,党委的权力又往往集中于几个书记,特别是集中于第一书记","党的一元化领导,往往因此而变成了个人领导"。① 这种权力的过分集中,"妨碍社会主义民主制度和党的民主集中制的实行,妨碍社会主义建设的发展,妨碍集体智慧的发挥,容易造成个人专断,破坏集体领导,也是在新的条件下产生官僚主义的一个重要原因。"②当然,这些年来,随着市场经济和民主政治的发展,党内民主制度建设有了很大进步,民主集中制的内涵也有了新发展,尤其是票决制的推广,"一把手"权力过于集中的现象得到了一定遏制。但是,在现实生活中,民主集中制的实行,在很大程度上依然取决于"一把手"的素质和作风。在这种情况下,需要以权力结构的调整来保证民主集中制能够不依赖个人素质而依靠制度来贯彻。没有权力结构的调整,具体制度的执行和具体机制的运行,就可能被人的主观意志所干扰。

二是进一步理顺常委会与全委会的关系。从理论上讲,党代表大会、全委会、常委会,是一个层层委托、层层受托的关系,因此全委会应该向代表大会负责并接受监督,常委会应该向全委会负责并接受监督。但由于代表大会不是常设机构,全委会无法向代表大会负责,代表大会也无法对其进行监督。在这种情况下,需要扩大全委会的权力。近些年来党中央特别强调发挥全委会作用,这样做一方面可以更好地形成对常委会的支持,另一方面又可形成对常委会的监督制约。由此来看,进一步扩大全委会权力,对于发展党内民主、坚持民主集中制、完善民主决策机制无疑是一种推动。

(三)关于决策的纠错机制和责任追究制度

党的十七届四中全会提出了健全决策失误纠错改正机制和责任追究制度,这是对党委决策的必要制约,也是完善党内决策机制的重要体现。为了更好地贯彻这一精神,需要依据权责对应原则,认真研究相关的几个问题。

一是确定党的决策边界,重视合法性审查。这里所说的合法性审查,是指把党内的决策转化为国家政策时,需要经过特定的国家层面的合法性程序。从目前的党委决策看,依然存在不经人大审查、决议,直接把党委的决定拿来由政府或有关部门执行的现象。在这种情况下,如果决策出现失误,

① 《邓小平文选》第二卷,人民出版社1994年版,第329页。
② 《邓小平文选》第二卷,人民出版社1994年版,第321页。

又往往由执行机构的行政首长承担责任,使有的责任追究结果公布后导致社会议论纷纷。所以,党委、人大、政府的各自决策边界、相应的程序审查,都需要进一步规范。

二是对于集体决策失误如何追究责任。党章对集体决策失误并无规定,只有对严重违反党的纪律而又无法纠正的党组织给予改组或解散的处罚。而决策是一个复杂事情,有的短时间内能够看出正确与否,有的需要相当长的时间才能看出成败与否。况且,决策失误本身也不等同于严重违反纪律。在这一问题上,一是要严格界定决策失误的判断标准,二是对于"集体"决策失误如何处罚,也需要对此作出符合党章精神的规定。

三是集体责任与个人责任的边界。集体决策、个人分工负责制是我们党的一贯原则。如果在执行过程中出现失误,根据个人分工负责制一般易于追究个人责任。但如果重大失误发生在决策环节,反而难以追究责任。解决这一问题的前提条件是对需要集体决策的事项和个人决策的事项有明确的界定,需要科学与民主并行。笔者认为:科学性、专业性较强的决策,在科学论证、听证咨询的基础上,集体讨论,进行记名投票表决。对于用人问题的决策,鉴于用人问题的复杂性及人际关系的复杂性,为了维系党内和谐,需要集体讨论,进行无记名投票表决。

最后需要强调的是,无论党员参与党内重大问题讨论,还是党委内部的民主决策,都需要有两大前提:一是党务、政务公开。只有公开议题、公开讨论,人们才有可能参与讨论;二是宽松的舆论氛围。只有在容许人们发表不同意见的氛围中,党员、领导班子成员才有可能说真话,所谓民主决策才有实际意义。归根结底,民主决策与党内民主的整体发展是分不开的。

(本题作者:高新民)

第十二题

中国特色社会主义与民主社会主义比较研究

中国特色社会主义是科学社会主义中国化的最新理论和实践成果,是当代中国共产党人所高举的旗帜,所开创的现代化道路,所奉行的中国化的马克思主义理论体系。

民主社会主义是世界上社会民主党(包括社会党和工党)的思想体系的总称,是当今有世界性影响的政治思潮。近年来这一思潮在我国也有较大影响,而且人们对民主社会主义的认识有很大的分歧,甚至存在截然不同的观点。有的观点认为,民主社会主义是对科学社会主义的严重挑战,是对马克思主义的背叛,是对我党的最大威胁;也有的观点认为,民主社会主义才是真正的社会主义,是"马克思主义的精髓",中国应该走民主社会主义道路;还有的观点认为,虽然无须美化民主社会主义,但它毕竟是社会主义的一个流派。面对这些不同观点,人们有不少困惑和疑虑。

从渊源上看,科学社会主义与民主社会主义有着复杂的历史联系,但在发展过程中两者又具有根本区别。党的十七大鲜明地提出中国特色社会主义既坚持了科学社会主义的基本原则,又根据我国实际和时代特征赋予其鲜明的中国特色,要坚持不懈地用中国特色社会主义理论体系武装全党。基于中国特色社会主义是科学社会主义中国化的成果,了解科学社会主义与民主社会主义的历史联系,分清两者的根本区别,对于我们坚持马克思主义,坚定地走中国特色社会主义道路具有十分重要的意义。

一、科学社会主义与民主社会主义的历史联系

科学社会主义与民主社会主义以及奉行这两种主义的两类政党(共产党和社会民主党)复杂的历史联系大致经历了四个阶段:

(一)最初的社会民主主义是小资产阶级的社会主义,马克思恩格斯主张使用共产主义名称,以区别科学社会主义与其他社会主义

当代民主社会主义是从历史上的"社会民主主义"演变而来的。19 世纪30—40 年代,1848 年革命时期的欧洲出现了各种思潮。在社会主义思潮中,有封建社会主义、小资产阶级社会主义、资产阶级社会主义,还有空想共产主义,等等。1840 年春天,在法国出现了第一个以社会民主党命名的组织。这个党不是工人阶级的政党,它是由小资产阶级民主派和社会主义者联合建立的,主张社会民主主义。

这时的社会民主主义属于小资产阶级的社会主义。在《共产党宣言》中,马克思、恩格斯对当时形形色色的社会主义进行了批判。而马克思、恩格斯当时主张的是共产主义。他们领导建立了世界历史上第一个工人阶级组织,将这个组织命名为"共产主义者同盟",并把为同盟起草的纲领定名为《共产党宣言》。《共产党宣言》是马克思主义第一个纲领性的文件,标志着科学社会主义的产生。

此时,马克思、恩格斯对社会民主主义者的态度是,认为在资产阶级统治下的国家,民主主义的社会主义者是共产主义的同路人,两者有暂时的共同的利益。"只要民主主义的社会主义者不为占统治地位的资产阶级效劳和不攻击共产主义者,就应当和这些社会主义者达成协议,同时尽可能和他们采取共同的政策。当然,共同行动并不排除讨论存在于他们和共产主义者之间的分歧意见。"①然而,为了与其他社会主义划清界限,这个时期,马克思、恩格斯通常自称为共产主义者。1848 年欧洲革命很快就失败了,国际工人运动转入低潮,共产主义者同盟也于 1852 年 11 月宣布解散。

19 世纪 60 年代,国际工人运动重新高涨,为了加强国际范围内工人阶级的团结和合作,在"共产主义者同盟"解散 12 年之后,1864 年 9 月英、法、

---

① 《马克思恩格斯文集》第 1 卷,人民出版社 2009 年版,第 691—692 页。

德等国工人阶级联合成立了国际工人阶级的组织——国际工人协会,即第一国际。马克思直接参与了第一国际的创立,并为它起草了《成立宣言》和《共同章程》。这时马克思主义在工人运动中还不占统治地位,只是当时众多社会主义思潮和派别中的一支。考虑到工人运动的实际状况,马克思在这两个文件中既贯彻了《共产党宣言》的基本思想,又避免使用一些尖锐的提法。在第一国际内部,马克思主义与其他社会主义思潮的斗争贯穿了整个过程。在第一国际时期,一方面,社会民主主义的影响在工人运动中进一步扩大,特别是在巴黎公社失败的形势下,社会民主主义为多数工人派别所接受;另一方面,由于马克思、恩格斯的卓有成效的努力,共产主义即科学社会主义的影响在工人运动中也迅速扩大,许多社会民主主义者接受了共产主义的基本理论。在这种情况下,马克思、恩格斯对社会民主主义保持了一种"容忍"的态度,两者的关系是"同路人"。

19 世纪 60 年代国际工人运动的高潮到 1872 年巴黎公社革命达到了顶点,但巴黎公社只存在了 72 天就被资产阶级政府镇压了。由于巴黎公社失败,国际工人运动的处境恶化;同时各国工人阶级的独立斗争逐渐发展,第一国际完成了历史使命于 1876 年宣布解散。

(二)科学社会主义与社会民主主义曾经是实际上的同义语

19 世纪 70—80 年代,国际工人运动的发展进入一个新时期,以德国社会民主党的诞生为开端,各国独立的工人阶级政党和团体纷纷建立。

德国社会民主工党成立于 1869 年(1890 年改名为德国社会民主党),它是世界上第一个在民族国家范围内建立的、以社会民主党命名的工人阶级政党,它的党纲明确提出工人阶级的主要目标是消灭资本主义制度,马克思、恩格斯曾骄傲地称其为"我们党"。① 此后,在 19 世纪 70—80 年代欧美各国创立的独立的工人阶级政党大都取名为社会民主党,或社会民主工人党。这些党联合起来在 1889 年成立了国际社会主义者的组织——第二国际。

第二国际所属的各国社会民主党,都在党纲党章中阐明自己的社会主义性质,把通过阶级斗争打碎旧的国家机器、消灭资本主义私有制、建立生产资料公有制、以社会主义代替资本主义作为目标。在第二国际成立大会上,悬挂着的横幅标语上写着"从政治上和经济上剥夺资本家阶级的所有

---

① 《马克思恩格斯全集》第 19 卷,人民出版社 1963 年版,第 3 页。

权,实行生产资料社会化"。

德国社会民主党的成立标志着国际工人运动向科学社会主义方向迈进,社会民主主义在思想内容上开始与马克思主义交叉重叠,社会民主主义与科学社会主义成为实际上的同义语。当时马克思和恩格斯的战友、德国社会民主党领导人威廉·李卜克内西认为,科学社会主义和民主社会主义是一回事,并把民主社会主义或社会民主主义当做科学社会主义的同义语。他曾说过:我们是社会民主党,"未来将属于以民主为基础的社会主义和以社会主义为基础的民主。"①

(三)社会民主主义成为社会改良主义,科学社会主义与社会民主主义分道扬镳

第二国际活动的时期,是资本主义相对和平发展的时期,资本主义经济表现出暂时的稳定和繁荣。资产阶级的统治策略也发生了新变化,从较多地使用暴力转向使用和平手段,社会阶级矛盾有所缓和。这一时期,无产阶级反对资产阶级的合法斗争也取得了很大成绩,德国社会民主党在1890年议会选举中取得了巨大胜利。资本主义的新发展和统治策略的变化,使马克思主义面临新的挑战。恩格斯晚年对资本主义发展中的一些新现象和新趋势进行了认真研究,对无产阶级革命的形势和策略作了深入的思考,提出了许多新的观点。

首先,恩格斯纠正了对资本主义发展程度和危机程度的认识,认为过去他和马克思过度估计了资本主义的危机程度,对无产阶级革命进程的看法也有些失误。1895年恩格斯在为马克思的《1848年至1850年的法兰西阶级斗争》一书写的导言中说:"历史表明,我们以及所有和我们有同样想法的人,都是不对的。历史清楚地表明,当时欧洲大陆经济发展的状况还远没有成熟到可以铲除资本主义生产的程度。"②其次,恩格斯认为应该改变过去把普选权看做是对工人阶级欺骗工具的看法,肯定了普选权和议会斗争是工人获得解放的新的斗争形式和手段之一。最后,恩格斯提出,资产阶级民主"共和国是无产阶级将来进行统治的现成的政治形式"③,也就是说,无产阶级取得政权以后,可以经过改造利用现有的国家形式建设新社会。恩格斯

---

① [德]李卜克内西:《不要任何妥协》,姜其煌等译,三联书店1964年版,第19—21页。

② 《马克思恩格斯文集》第4卷,人民出版社2009年版,第540页。

③ 《马克思恩格斯选集》第4卷,人民出版社2009年版,第734页。

的这些新观点,是对与时俱进地发展马克思主义做出的重大贡献。

1895 年恩格斯逝世以后,在德国社会民主党内和第二国际内部出现了修正主义思潮,代表人物是伯恩施坦。伯恩施坦曾经是一个马克思主义者,为传播马克思主义做过重要贡献。恩格斯生前指定他为自己的遗嘱执行人之一。恩格斯逝世后,伯恩施坦认为资本主义已经进入了一个新阶段,他发表了一系列文章全面修正马克思主义。1899 年,他在《社会主义的前提和社会民主党的任务》中对社会民主主义进行了系统的论述,否定以公有制为基础的社会主义代替以私有制为基础的资本主义的历史必然性;反对无产阶级革命和无产阶级专政,主张通过合法、改良、阶级合作的途径实现资本主义和平长入社会主义;否定无产阶级政党的革命性、阶级性,主张把党变为改良的党、民主的党;并提出了"运动就是一切,最终目的是微不足道的"的口号。

围绕着伯恩施坦主义(以及米勒兰入阁),各国工人阶级政党和第二国际内部对革命的道路、目标等重大问题展开了激烈的争论。在这场争论中,第二国际形成左、中、右三派。以伯恩施坦为代表的右派主张改良路线;以卢森堡、列宁为代表的左派坚持革命路线,对伯恩施坦修正主义进行了批判;以考茨基为首的中派,力图调和左右两派,后来与右派合流。重大的意见分歧带来组织上的分野,加之第一次世界大战爆发后,由于对战争的态度不同,各国工人阶级政党分裂,第二国际宣告破产。

第二国际破产后,工人运动发生了历史性的大分化。在列宁的领导下,各国左派与右派实行决裂,重新组建新的革命政党。列宁认为,无论是从科学社会主义理论出发,还是从革命的现实形势出发,都应该抛弃"社会民主党"这个名称。因为这个名称"已成为遮住革命人民眼睛的眼罩"①,阻碍无产阶级革命的进程。为此,列宁发出"丢掉脏衬衫、穿上整洁的衣服"的号召②。十月革命胜利后,1918 年 3 月俄国布尔什维克党召开第七次代表大会,根据列宁的建议,正式将俄国社会民主工党(布)改名为俄国共产党(布)。其他各国左派新组建的党也都以俄国布尔什维克党为榜样取名为共产党。1919 年 3 月,这些新建立的共产党和共产主义团体联合组成新的国际组织——共产国际,又称第三国际。

第二国际的右派于 1919 年 2 月在瑞士首都伯尔尼成立了伯尔尼国际,

---

① 《列宁选集》第 3 卷,人民出版社 1995 年版,第 66 页。

② 《列宁选集》第 3 卷,人民出版社 1995 年版,第 68 页。

自称是第二国际的继承者。中派于 1921 年 2 月也在奥地利的维也纳成立了自己的国际组织——维也纳国际。1922 年右派和中派两个国际合并成立了社会主义工人国际。

至此,社会民主党成为社会改良主义政党;社会民主主义则成为社会改良主义的同义语。共产主义(科学社会主义)与社会民主主义分道扬镳,二者成为国际工人运动中两大对立的意识形态和思想体系。

在第二次世界大战中,社会主义工人国际在 1940 年停止了活动;共产国际于 1943 年解散。

(四)第二次世界大战后社会民主主义发展为民主社会主义

第二次世界大战结束后,欧洲各国的社会党相继得到恢复或重建,1951 年社会党国际重建。重建的社会党国际自称是第二国际和社会主义工人国际的继承者,是全世界社会党、社会民主党和工党的国际联合组织。在法兰克福的成立大会上,社会党国际通过了一个题为《民主社会主义的目标与任务》的原则宣言,即著名的《法兰克福声明》。在民主社会主义的发展演变过程中,《法兰克福声明》的意义非同一般,这个《声明》是第一次以民主社会主义的理论形式概括社会党主张的纲领性文件。正是通过这个文件,社会党人把自己的理论观点正式冠之以民主社会主义的名称,并对民主社会主义的内容进行了全面阐述。可以说,《声明》是社会民主主义发展到民主社会主义的一块界碑。社会党国际前书记汉斯·雅尼切克在评价这个《声明》时说:"法兰克福宣言是体现民主社会主义运动基本原则的历史性文献。"①从此,社会民主主义开始称为民主社会主义。主要是为了突出与苏联为首的共产党强调无产阶级专政的区别。在当代社会主义运动的文献里,"社会民主主义"一词逐渐被民主社会主义所取代。

社会党国际重建至今世界形势发生了很大变化,社会党国际根据形势的变化,又先后通过了一些纲领性文件,如 1962 年《奥斯陆声明》,1989 年的《斯德哥尔摩原则声明》。但是,在一些主要的和基本的问题上,历次纲领都继续坚持了《法兰克福声明》的原则立场,民主社会主义理论并无根本性的变化。

(五)苏东剧变后民主社会主义又向社会民主主义复归

苏东剧变后,世界社会主义运动遭遇重大挫折,不仅共产党和共产主义

---

① 《社会党事务》1976 年第 4—5 期,社会党国际出版。

名声受到损害,社会主义和社会党的声誉也受损。剧变中,东欧一些国家的共产党陆续更名为民主社会主义党。在这种形势下,1992 年 9 月,社会党国际在柏林举行第十九次代表大会,大会的主题是"当代世界变化中的社会民主主义"。2007 年德国社会民主党提出的新纲领草案,标题是"21 世纪的社会民主主义"(Soziale Demokratiein 21 Jahrhundert),纲领全文中全部使用"社会民主主义"的概念。社会民主主义的称呼又重新替代民主社会主义。

二、民主社会主义的基本主张及在当今世界的影响

(一)民主社会主义的基本主张

当代社会民主党所奉行的民主社会主义,是第二国际和社会主义工人国际时期社会民主主义思潮的延续和发展。民主社会主义是一个庞杂的思想体系,缺乏严密、准确和科学的界定,其基本主张大致有:

1. 认为社会主义是一种道义上的必然性,是自由、平等、公正、互助、团结等基本价值的体现

民主社会主义把社会主义看成是一种道德价值。如《法兰克福声明》中说,"社会主义起源于反抗",社会主义最初就是伦理的感召,是道德行为发展的结果。"社会主义的实现不是必然的。它要求所有信仰者做出个人的贡献",强调"个人的能动性和社会责任";它批评资本主义主要是因为资本主义"违背了社会党人的正义感";它攻击共产主义在于认为共产主义"侵犯了人的尊严";它宣称"凡是有助于解放和发展人的个性的经济与社会进步,都具有相应的道德价值",因而社会主义具有道德价值的意义。民主社会主义强调"宗教原则"和"人道主义原则"对社会党人的启示,指责马克思主义强调的社会主义历史必然性具有反伦理倾向,否认资本主义不可克服的内在矛盾是社会主义必然性的根本依据。

民主社会主义一直把自由、平等、公正、互助、团结当做其基本价值,认为社会主义就是这些深深植根于欧洲基督教传统的基本价值的实现。其中,尤其强调平等和公正,强调团结和互助是其标识性的价值;它崇尚自由,但反对自由至上的自由主义传统。

2. 强调人类的普遍权利

民主社会主义认为,上述基本价值只有体现为基本的人权,即普遍的人类基本权利,才能真正实现。因此,要保护人类的普遍权利,主要是 1966 年联合国通过的公民的基本权利,即公民的政治基本权利、社会基本权利、经济基本权利和文化基本权利。与自由主义等相比,民主社会主义更加强调公民的积极权利,强调公民的社会经济权利。

3. 既反对资本主义,也反对共产主义,主张走介于两者之间的"第三条道路"

民主社会主义对资本主义持批评态度,认为资本主义就是资本的统治,生产仅仅是为了追逐利润而不是为了满足人类的基本需要,批评资本主义造成社会不安定、大规模失业、贫富悬殊、阶级对立以及帝国主义和殖民主义。

民主社会主义在对资本主义批判的同时,对现实的社会主义国家和共产主义亦持否定态度,认为共产党人建立的现实社会主义歪曲了社会主义传统,破坏自由。按照社会民主党人的解释,民主社会主义既有别于资本主义,也不同于现实社会主义,是一条能够避免两者弊端的"第三条道路"。

20 世纪 90 年代以后英国工党领袖布莱尔提出的"第三条道路"具有不同的内涵,布莱尔主张的"第三条道路"指的是在传统的民主社会主义与自由资本主义之间的中间道路。

4. 强调民主是社会主义的本质要求,是民主社会主义的核心原则

民主社会主义将民主置于一切问题的首要地位加以强调。《法兰克福声明》将民主社会主义所追求的民主目标确立为"政治民主、经济民主、社会民主、国际民主"四个方面,这四个方面的民主目标概括了社会党人所追求的民主社会主义的基本蓝图,即人民群众对社会生活的广泛参与,多党自由活动的议会民主,混合经济,人人公平享有的分配,全面的社会保障以及在世界范围内实现自由和平等。

5. 主张通过渐进的、改良的道路变革资本主义社会

民主社会主义反对激烈的阶级斗争、暴力革命和无产阶级专政,提出"社会党人为通过民主手段建立一个自由的新社会而奋斗"。所谓民主手段就是指在现行资产阶级民主制允许的范围内,通过争取选举中的胜利,获得议会多数席位,利用议会和现有国家来推行某些改良措施,达到对现有资本

主义社会加以改造的目的。

6. 主张民主社会主义的政党是群众性政党不是阶级政党

民主社会主义认为,社会民主党是以赢得多数人支持为目的的群众性政党,党不应该是一个阶级的党,而应该是"人民党"或"全民党"。因此,民主社会主义的政党不强调党的成分中的阶级色彩,党内允许反对派存在,实行充分的民主和自治,反对实行民主集中制。从主张政治多元化出发,民主社会主义赞同实行多党制。

(二)民主社会主义思潮在当今世界的流行及其原因

第二次世界大战结束以来,社会党的力量和影响在不断增强,民主社会主义思潮在当今世界广为流行。1951年社会党国际建立之初,有34个成员党,978万党员。到2008年社会党国际二十三大时,它已在100多个国家和地区拥有各类成员党和组织170个,成为世界上最大的国际性政党组织,其成员党中大约有1/3执政或参政。

社会党的主要势力在欧洲,欧洲是民主社会主义的发源地。战后至今,大多数西欧社会党都曾上台执政或参政,其中有的执政和参政在30年以上;有些党虽然退居为在野党,但也是国内地位数一数二的大党。社会党在欧洲各国工会中的势力和影响也很大。在英国、瑞典、德国、奥地利等许多国家,社会党与工会融为一体。

20世纪70年代以后,社会党国际逐步摆脱"欧洲中心主义",开始向亚非拉第三世界国家扩展。90年代苏东剧变后,社会党及其民主社会主义思潮在东欧和中亚地区得到迅速发展。社会党已经从以西欧社会党为主要成员的区域性组织发展为具有世界规模的国际性组织;民主社会主义思潮也从主要在欧洲发达资本主义国家中流行,扩展到在亚非拉第三世界国家和东欧国家广为流行,成为一种国际性的思潮。

民主社会主义之所以能够流行与战后以来的社会历史条件有密切的关系。

首先,战后以来资本主义经济的发展和长期的和平环境为民主社会主义的扩展提供了适宜的社会经济条件。

第二次世界大战结束以来的半个多世纪,是资本主义经济发展最快的时期。经济的快速发展,一方面使社会财富大量积累,资产阶级获取了巨额利润;另一方面,随着经济的发展,工人的物质文化生活状况有较大提高,工资水平有较快增长,消费支出的比重显著增加,住房和医疗条件有所改善,社会保险和福利措施越来越多,劳动时间也进一步缩短。

这种情况为民主社会主义思潮的发展造成了非常适宜的土壤,使对资本主义制度的改良得以实现。从垄断资产阶级方面讲,资本家有可能采取一些让步政策,拿出其巨额利润中的极少部分用于提高工资或社会福利,以缓和劳资对立,保证资本主义能够平稳地发展,从而为资本家创造出更多的超额利润。从工人群众方面讲,据估计,当今在西方资本主义国家的职工中,生活水平属于上层的约有10%,属于中层的约有70%—80%,属于比较贫困的下层的约有10%,处于没有正常工资收入的最底层的只占极少数。由于大多数工人群众不再忧患温饱问题,甚至生活已经比较富裕,因而他们害怕剧烈的社会变革,对资本主义社会现存的弊端希望通过和平的、渐进的改良来逐步加以解决,这种心理自然而然地使他们比较容易接受和支持社会改良主义。从社会党人方面讲,社会党的改良主义政策和主张,本身就受着经济发展状况的制约,只有在经济发展的情况下才能行得通,当经济处于衰退时,改良主义政策和措施往往难以实行。因此,正是资本主义经济的迅速发展为民主社会主义的生存和发展创造了物质基础,提供了适宜的社会经济条件。

其次,战后以来资本主义国家社会阶级结构的变化为民主社会主义的流行提供了社会阶级基础。

第二次世界大战结束以来,随着科学技术的巨大进步和社会生产力的迅速增长,西方各国的产业结构发生巨大变化。主要表现为:第一,国民经济第一、二、三产业所占比重发生变化。从20世纪五六十年代开始,西方发达国家第一产业和第二产业在国民生产总值中所占的比重在不断下降,而第三产业,即服务业的比重不断上升,目前一般都占到70%以上。第二,高新技术产业,特别是信息产业迅猛发展,成为国民经济的主导产业。产业结构的变化直接导致社会阶级结构的变化。传统的第一、第二产业的从业人员大量转移到第三产业和新兴技术产业。在工人阶级队伍中,从事体力性劳动的"蓝领"工人在逐渐减少,从事脑力劳动和技术管理等非体力性劳动的"白领"工人显著增加,还出现了所谓的"金领"、"粉领"等新阶层。"蓝领"阶层和"白领"阶层虽然都属于工人阶级,但他们的社会经济状况却有很大不同。"白领"等阶层工人的劳动报酬较高,生活状况自然较好。此外,在工作条件、就业机会、升迁的可能性等许多方面,"白领"等阶层工人也都优于"蓝领"工人。由于有较高的经济收入和社会地位,"白领"等阶层与"蓝领"阶层相比,思想上更倾向于社会改良主义,政治态度上更接近于社会党。

上述第三产业就业人员的急剧增加和工人阶级队伍中"白领"等阶层的

扩大,其结果是在西方国家中形成了一个庞大的新的中间阶层。这个阶层由职员、大中学教师、中高级技术人员、公司和企业的行管人员、国家行政部门的中下层官员和自由职业者等组成。他们的政治态度表现为,既对大垄断资产阶级不满,期望社会变革,以利于自己的发展和升迁;又不希望革命和剧烈的社会变革,以免引起社会动荡,危及自己现有的较优越的经济收入、社会地位和工作条件。社会党推行的改良主义,正好符合他们的心态和愿望,因而得到他们的广泛支持。正是他们构成了民主社会主义生存和发展的主要社会阶级基础。

最后,战后以来共产党的某些政策失误和社会主义国家未能充分发挥出优越性,削弱了科学社会主义的吸引力,客观上有利于民主社会主义影响的扩大。

战后以来的几十年里,在大多数西欧国家,共产党相对于社会党在力量对比上一直处于劣势。除去一些客观原因,从共产党自身来看,主要是因为:(1)共产党没有根据社会经济、政治形势的变化及时调整和修改战略策略;(2)在对付资本主义现行制度产生的矛盾上,共产党缺乏解决实际问题的措施、办法;(3)党内的派别斗争削弱了党的战斗力和竞争力,损害了党在群众中的威信。除此之外,战后走上社会主义道路的国家,在社会主义建设中普遍出现失误,致使经济发展缓慢,人民生活提高不快,社会主义制度的优越性未能充分发挥,最终发生苏东剧变。这一切都影响了共产党和科学社会主义对人民群众的吸引力,客观上给社会党扩展其势力造成更多的机会。苏东剧变后,东欧和中亚一些国家的共产党改旗易帜转变为社会民主党,一些发达国家的共产党也出现分裂重组为社会党的现象。

除了这些原因之外,我们应该看到,社会民主党人所主张的民主社会主义的纲领政策,对资本主义采取批评态度,在一定程度上也反映了工人阶级和一般劳动群众的利益和要求。最为突出的是,民主社会主义是福利国家的积极倡导者和重要实践者,诸如"服务国家"、"福利国家"等,最初都是来自于社会民主党或工党的政策。民主社会主义对其理论主张的论证和解释,与西方历史文化传统相结合,也比较适应和迎合了西欧多数人的思想水平;同时社会民主党人通过其执政参政的地位,使民主社会主义的主张可以部分地得到实现,由此也赢得一定的支持和信誉;社会民主党人在国际政策方面的积极主张,如倡导和平、反对战争、主张南北对话、南南合作、推动可持续发展和保护生态环境等,对促进民主社会主义在世界范围内的影响起了重要作用。

民主社会主义在当今世界能够流行和扩展的根本原因还在于资本主义

制度本身仍具有调整和改良的空间,或者说是资本主义制度本身还有一定的生命力。战后资本主义经济的高度发展,主要得益于新科技革命对生产力的巨大推动和国家垄断资本主义对生产关系的调整。这说明,资本主义仍然具有较强的自我调节能力,在资本主义制度的框架内,经过适当的调节,资本主义社会的基本矛盾虽不能得到根本解决,但是可以得到缓解。资本主义制度具有的这种可调节性,是民主社会主义能够流行和扩展的最根本原因。

三、历史客观地认识民主社会主义,毫不动摇地坚持中国特色社会主义

(一)历史地分析和看待民主社会主义与科学社会主义的关系

从上述民主社会主义的发展过程和它与科学社会主义的历史联系中可以看到,民主社会主义与科学社会主义都是国际工人运动的产物,它们分属的社会党和共产党在政治谱系中都属于左翼政党,它们都对资本主义持批判态度,主张社会主义,在理论来源上都把马克思主义作为自己的老祖宗。当然,随着两者的分道扬镳以及后来的发展,两者之间也存在着根本性的分歧。

如果我们回到马克思主义那里,不难发现,其实马克思主义既讲阶级斗争和无产阶级革命,也讲人道主义和伦理道德价值;既主张暴力革命,也不排斥议会斗争;既强调无产阶级专政,也强调人民民主。马克思主义本来是一个辩证的、严密的科学体系。民主社会主义和科学社会主义从马克思主义那里走向了不同的发展方向,前者发挥和更加强调了人道主义和民主因素;后者则发挥了阶级斗争、暴力革命、无产阶级专政的内容。然而,两者在一些基本原则上仍然是一致的,如对资本主义的否定,对社会化大生产的肯定,对社会平等和公正的追求,等等。

最初统一的工人阶级政党,分裂后走向了不同的发展方向,在很大程度上与欧洲各国的历史传统有关。西欧是社会主义的发源地。在西欧,社会主义思想和运动产生时,经济上资本主义已经有了比较大的发展;政治上有古希腊城邦制民主、18世纪启蒙运动等传统,议会民主制也已经比较成熟;文化上有基督教、新教伦理等深远的西方文化背景。民主社会主义的基本主张和所走的道路与这种历史条件是分不开的。

而列宁所在的俄国是沙皇专制封建帝国主义国家,这里资本主义有所发展,又很不发展,传统上是农村村社制度,民主也不发展。在整个资本主义体系中是所谓的"薄弱环节"。正好赶上第一次世界大战的特殊历史背景,战争进一步削弱了国内统治阶级力量。俄国恰恰又有一个以列宁为首的无产阶级政党。所以,当时革命的客观条件和主观条件在俄国都具备了。列宁正确地分析了国内国际阶级力量对比的情况,审时度势,把握时机,变帝国主义战争为国内战争,一举取得了十月革命的胜利。在当时的形势下,无产阶级政党当然应该高举革命大旗,不能搞改良,改良就将葬送革命时机,因此,当时以列宁为首的共产党强调暴力革命是有背景的,与当时的历史条件也分不开。

一百多年来,从不同的国情、不同的历史条件出发,社会主义运动大体上在两个路径上分别进行:一个是激进的、革命的道路:首先以强力剥夺私有者,消灭私有制,建立公有制,然后按国家计划配置社会资源和组织社会生产、交换、分配和消费。这是俄国、中国等走过的道路,另一个是温和的、改良的道路:在现存的资本主义私有制的框架内,利用议会民主制,通过国家立法,对社会经济和社会再分配进行调节,实行社会福利和社会保障的社会政策。这是欧洲社会民主党人主张的道路。应该说,两条道路各有其特定的历史文化背景,在实践中都取得了成就,也都存在着仍待解决的问题。不能简单地以谁正确、谁错误论之。

(二)民主社会主义并不适合现阶段中国的国情

随着中国改革开放的深入发展,党内外曾围绕民主社会主义问题发生了激烈论争,争论由对民主社会主义如何认识和评价,发展到对中国改革方向的评价和选择。有一种观点认为,中国特色社会主义道路实际上是在走民主社会主义道路,是走偏了方向,借此否定中国的改革开放道路;另一种观点认为中国的改革开放吸收民主社会主义成分还不够彻底,应该彻底走民主社会主义道路,甚至提出只有民主社会主义能够救中国。这两种观点,或左或右,都不符合中国当前的实际情况。

中国改革开放以来,在很多方面吸收和借鉴了世界其他国家的文明成果和先进经验,当然也包括民主社会主义的成果和经验。但我们不能据此就认为中国是在走民主社会主义的道路。中国特色社会主义能取得今天的成功一方面得益于我们紧跟时代潮流,吸收和借鉴了世界先进的文明成果,这些成果是属于人类文明的共同财富,超越了社会主义与资本主义的制度框架,也超越了民主社会主义与科学社会主义的历史恩怨和意识形态的差异。不能简单狭隘地给挂上某个主义的标签。另一方面,我们的成功更重要的是得益于我们能够从本国国情出发,坚持中国特色,探索出了适合自己的中国特色社会主义现代化道路。我们应该清醒地看到,民主社会主义虽然有一些值得吸收和借鉴的成果和经验,但是在现阶段的中国,照抄照搬地搞民主社会主义,显然是行不通的。

首先,所根植的国情不同,从历史文化传统来看,民主社会主义有深厚的西方基督教文明传统,而中国是有悠久历史的东方儒家文明国度。从经济、政治的发展水平看,西欧社会民主党面对的是比较成熟的市场经济,民主、自由的议会政治,完善、独立的司法体系,西欧还有着非常强大的工会力量,等等。而中国面对的是由计划经济向市场经济的转型,经济文化相对比较落后,市场经济体制和民主政治体制有待于进一步完善。不同国情决定了民主社会主义能够在欧洲主要是西欧发展并取得一定的成功。而现阶段的中国显然没有适宜的土壤搞民主社会主义。

历史地考察民主社会主义在中国历史上的传播和影响,也可以看到民主社会主义在历史上就缺乏在中国扎根发展的条件和土壤。20世纪初,在十月革命一声炮响,给中国送来马克思主义的同时,社会民主主义也传入了中国,不仅一大批中国知识分子表现了对社会民主主义的热情,政治家们如孙中山等也或多或少地受到过社会民主主义的影响。但在各种主义(包括社会民主主义)的比较中,早期的中国共产党人最终选择了共产主义(科学社会主义)作为党的旗帜。

在中国新民主主义革命时期,社会民主主义在中国思想界曾占有一席之地,并有相应的党派存在和活动。然而在内忧外患的旧中国,社会民主主义的思想和运动由于缺少生存和实践的基本空间,最终被淹没在浩荡的革命洪流中。中国近现代历史证明只有以科学社会主义为指导的中国共产党才能拯救中国于危难之中。

其次,所要解决的任务不同。社会民主党人是在资本主义发展成熟,工业化任务已经完成后上台执政的。它所要解决的任务不是建立工业化的国家,而是管理这个国家,并对其进行改革。它主要是在资本主义制度的框架内,对资本主义进行改良,达到消除资本主义弊病的目的;而中国共产党人执政后所面对的是经济文化还比较落后的农业国,它的任务是完成国家工业化建设,也就是说要在共产党的领导下,完成在欧洲通常是由资产阶级完成的任务。中国是还处于社会主义初级阶段的发展中大国,中国特色社会主义的任务首先是发展生产力,提高人民群众的物质文化生活水平,一切问题的解决要通过发展,通过发展使现在"不合格"的社会主义转变成合格的社会主义。

（三）中国特色社会主义与民主社会主义的主要区别

中国特色社会主义与民主社会主义是两种根本不同的思想体系。民主社会主义发源于西欧，是欧洲主要是西欧特定的社会历史文化的产物。中国特色社会主义是中国共产党从中国国情出发，把马克思主义基本原理与中国实际相结合，在长期的社会主义建设和改革开放过程中，与时俱进地把马克思主义中国化的成果。中国特色社会主义与民主社会主义的区别主要表现在五个方面：

1. 思想理论基础不同

中国特色社会主义以马克思主义为指导，民主社会主义信奉思想文化方面的多元主义。

中国特色社会主义把马克思主义作为自己的指导思想，依据马克思主义的基本原理，结合中国改革开放的实际和新的时代特征，继承和发展了马克思主义。

而民主社会主义的一个突出特征，是它在思想意识方面的多元化，不要求有统一的世界观，它向各种思潮开放，既继承了工人运动历史上改良主义、修正主义的许多观点，如普鲁东主义、工联主义、拉萨尔主义、伯恩施坦主义、考茨基主义等思想观点；也吸取了当代资产阶级经济学家的理论，如凯恩斯主义、福利经济学、综合经济学、自由市场经济思想等；还包括资产阶级政治学的一些观点，如费边主义等。此外，基督教人道主义、批判的纯理性主义、存在主义、康德伦理学、黑格尔历史哲学等构成它的主要哲学基础。马克思主义也是民主社会主义理论来源的一部分，但民主社会主义反对把马克思主义作为指导思想。

2. 对社会主义必然性的认识不同

中国特色社会主义坚持科学社会主义基本原理，以历史唯物主义和剩余价值学说作为自己的理论基石，从资本主义社会基本矛盾的发展中论述实现社会主义的客观必然性，科学地揭示出社会主义代替资本主义是不依任何人的意志为转移的历史发展的必然规律。

民主社会主义多元化思想的理论基础和核心是人道主义、伦理主义，这就决定了它的社会主义不是建立在对历史发展客观规律的揭示上，而是建立在伦理价值观念上，它把社会主义的实现归结为人们伦理道德观念的发展,是一种道义的必然性。

3. 对待生产资料私有制的态度不同

中国特色社会主义坚持科学社会主义的基本观点,认为社会主义的实现必须彻底变革资本主义的生产关系,在生产力不断发展的基础上,逐步消灭生产资料私有制,生产资料公有制是社会主义社会的本质特征之一。在坚持科学社会主义基本原则的前提下,中国特色社会主义认为在社会主义初级阶段,还不具备彻底消灭私有制的条件,要通过包括私有经济在内的多种经济形式的共同发展,为最终实现生产资料的全社会占有创造条件。

早期的民主社会主义者把消灭私有制建立公有制作为实现社会主义的基本前提之一,认为国家应当控制经济命脉,生产资料应当为全社会所有。但从 20 世纪后半叶开始,特别是 20 世纪 80 年代后,逐渐不再坚持社会所有制。英国工党在 1995 年修改了党章中的"公有制"条款,认为生产资料所有制的形式不再是衡量社会性质的标准,社会主义并不以生产资料公有制为先决条件,因此,实现社会主义不需要彻底变革资本主义生产关系,不需要废除生产资料私有制,主张在存在私有制的条件下,实行混合经济、福利国家、改善分配等政策就可以实现社会主义。

4. 对待资本主义国家的态度和执政方式不同

中国特色社会主义坚持科学社会主义基本观点,认为国家是阶级斗争的产物和阶级压迫的工具,资产阶级国家代表的是资产阶级的利益;实现社会主义,必须经过无产阶级革命,打碎资产阶级国家机器,建立无产阶级专政,因此,在实现社会主义的道路上必然充满激烈的阶级斗争。即使在一定的社会历史条件下,不排除和平夺取政权的可能性,但也必须对资产阶级的国家机器进行彻底的改造,使无产阶级真正上升为社会的统治阶级。中国特色社会主义坚持科学社会主义的基本观点,从中国国情出发不搞三权分立和多党制,坚持无产阶级专政和共产党的领导地位。

民主社会主义认为,现代资产阶级国家是民主法治国家,在资产阶级民主制度下,通过争取选举胜利,在议会中获得多数,利用议会和现行国家体制推行社会和经济的改革计划,就能实现社会主义。因此,民主社会主义反对打碎资产阶级国家机器,反对无产阶级革命和无产阶级专政,反对一党领导,主张多党竞争和代议制民主。但与保守主义和自由主义主张自由至上、市场至上不同,民主社会主义主张国家对经济生活不能消极无为,而要积极作用,尤其要对收入分配进行干预。民主社会主义既要强国家,又要基本的个人自由。所以,它对公民社会极为推崇,认为民主政治的基础是公民社会,只有强大而健康的公民社会,才是制约政府权力、保护公民自由的最大保障。

5. 政党的性质和作用不同

中国特色社会主义坚持马克思主义的无产阶级政党理论,认为无产阶级政党的先进性和组织纪律性是党的建设的重要原则,党必须由无产阶级先进分子所组成,必须忠实代表无产阶级和劳动人民的利益,必须实行民主集中制,必须成为无产阶级实现推翻资本主义,建设社会主义、共产主义历史使命的领导力量,党的领导是社会主义事业胜利的根本保证。改革开放后,中国共产党根据社会利益和社会阶层多元化的新情况,发展了马克思主义建党理论,提出中国共产党不仅是中国工人阶级的先锋队,同时也是中国人民和中华民族的先锋队的新观点。

民主社会主义的政党组织是社会民主党或工党,不强调党的成分中的阶级色彩,也不强调党的先进性,认为党不是阶级的党,而是"人民党"或"全民党"。党内允许反对派的存在,实行充分的民主和自由。民主社会主义把其政党看做是多元化政治竞争中的一支力量,而不是带领无产阶级推翻资本主义、建设社会主义的领导者和先锋队。

(四)研究和借鉴民主社会主义,毫不动摇地坚持中国特色社会主义

从历史上考察,中国共产党是在共产国际的帮助下建立的,曾是共产国际的一个支部。过去我们对科学社会主义的认识和理解,也主要受苏联共产党的影响。所以历史上,我们党对民主社会主义的立场和态度与苏共保持一致,站在世界共产党阵营一边对民主社会主义进行批判和斗争。

新中国建立以后,当时在国际上东方和西方处于冷战状态。在国内,1957年后"左"的错误思想不断发展,尤其在"文化大革命"中达到极端。这个时期,我们对民主社会主义持全盘否定的态度,甚至视其为帝国主义的走狗和资产阶级的代理人。即使在苏联共产党对民主社会主义观点有所调整和改变后,我们在中苏大论战中,批判的主要靶子之一仍是民主社会主义,认为"修正主义"和"机会主义"是民主社会主义的同义语,由于来自内部因而是"最危险的敌人"。

党的十一届三中全会以后,我们党冲破"左"的思维模式,不再以意识形态论亲疏,不因社会制度划敌友。1981年我们党开始了同社会党的正式交

往。党的十二大提出了"独立自主、完全平等、互相尊重、互不干涉内部事务"的党际关系四项原则,以后又提出要超越意识形态差异,谋求相互理解的主张。苏东剧变后,我们党与社会党的关系又经历了一段曲折,因为当时曾认为民主社会主义在苏东剧变中起了桥梁作用,有观点更认为民主社会主义是资本主义用以和平演变苏东社会主义国家的罪魁祸首,所以与社会党的关系又一度紧张起来。随着对苏东剧变教训的更深刻认识,从苏东共产党的内部去总结剧变根本原因的观点得到普遍认同,我们党与社会党的关系逐步地重新得到改善。2004 年 2 月,社会党国际代表团应我党邀请访问了我国,胡锦涛总书记会见了社会党国际主席古特雷斯及代表团一行,这标志着我们党与社会党关系发展到新的阶段。从相互关系的角度看,科学社会主义与民主社会主义,中国共产党与世界上的社会党已经从过去的相互对立,转变为相互交流与合作。

中国特色社会主义的建设和发展,需要吸收和借鉴人类文明的一切优秀成果,包括民主社会主义的成果。民主社会主义在很多方面,如社会保障、社会公平、民主监督、社会协商等,对建设中国特色社会主义都有积极的借鉴意义。它坚持对资本主义经济剥削与压迫的批判,但肯定代议民主制。与强调精英民主和政治民主的保守主义和自由主义相比,它的特点是更加强调社会民主,即社会所有领域的民主和中下层人民的民主。相比民主社会主义,我们党过去在发展民主方面有很多沉痛的教训,面临着非常艰巨的任务。毛泽东在 1945 年曾说过:"还在一九三七年我就提出只有民主才能救中国。"[①]党的十七大报告更把民主提到"人民民主是社会主义的生命"的高度! 所以,在发展民主方面,我们确实应该认真地向民主社会主义学习和借鉴。

但是学习和借鉴民主社会主义,绝不意味着我们所走的道路就是民主社会主义道路。这种学习和借鉴,必须结合我国国情,决不能照抄照搬。我们要坚定不移地走中国特色社会主义道路,在思想上坚持马克思主义的指导地位,不搞指导思想多元化,结合新的实际不断推进马克思主义中国化,用发展着的马克思主义指导新的实践;政治上坚持中国特色社会主义的政治发展道路,加强和改善中国共产党的领导,不搞西方的三权分立和多党制;经济上坚持社会主义市场经济体制,完善公有制为主体、多种所有制经济共同发展的基本经济制度和按劳分配为主体、多种分配方式并存的分配

---

① 《毛泽东文集》第三卷,人民出版社 1996 年版,第 272 页。

制度;文化上坚持社会主义先进文化的前进方向,建设社会主义核心价值体系。只有这样,只有坚持走中国特色社会主义道路,中国的现代化、中华民族的伟大复兴才能实现。

（本题作者:常欣欣）

第十三题

论中国特色社会主义与当代世界社会主义

"中国特色社会主义与当代世界社会主义的关系",是研究中国特色社会主义理论过程中广大干部群众提出的深层思想理论问题。研究和回答这个问题,有很强的理论性、现实性、复杂性和挑战性,对于坚定中国特色社会主义信念,深化对中国特色社会主义理论体系的认识,自觉走中国特色社会主义发展道路,有重要的价值和意义。

一、世界社会主义历史逻辑的发展与中国特色社会主义的由来

首先要实事求是地对中国特色社会主义与当代世界社会主义关系进行"大写意"式的历史与逻辑的描述。所谓历史与逻辑的描述,就是先从世界社会主义的历史演进中说明中国特色社会主义的由来,再从当代世界社会主义的整体研究中说明中国特色社会主义的具体方位。

人类社会发展既是一个自然历史过程,又是一个社会实践过程。自从人类社会产生以后,人们就开始寻求社会的进步和人的解放。"主义"即关于社会改造和建设的观点和主张的体系。

近代以来,"主义"首先是由新兴资产阶级提出的不同于宗教"神意"的社会主张,如人文主义、自由主义、民族主义等。资产阶级的"主义"以个人为本位,强调个人价值,要求在此基础上建立相应的社会制度,并用了近300

年,经过"三大革命"(文化、政治与产业革命),终于把以雇佣劳动为基础的制度在欧美先进国家确立起来,使世界进入资本主义时代。

这种"制度"是资产阶级的理想制度,对广大人民群众则是"一幅令人极度失望的讽刺画"(恩格斯语)。因此,与这种制度产生发展相伴随,在现实地考察和批判资本主义矛盾、弊端的基础上,与个人即以资本为本位的主义相对立,一种以社会为本位,强调社会价值,并旨在实现高于资本主义社会形态的理论和主张,便应运而生了,这就是社会主义。

社会主义的最初形态是空想社会主义。空想社会主义经历了从文学描述、直接的理论批判到预测未来社会的发展,在 19 世纪 30 - 40 年代达到顶峰。他们对资本主义的批判,对未来社会积极的主张和天才的预测,启发了工人的觉悟,为社会主义变革提供了思想材料。但由于其历史的局限("不成熟的社会状况和阶级状况")与自身的限制(非科学的世界观),这种社会主义不能客观地揭示人类社会发展规律,不了解阶级社会发展的动力,找不到变革资本主义社会的依靠力量和现实道路,因此,具有"空想"的性质。

19 世纪初,在工业革命的基础上,资本主义社会逐渐成熟,内在矛盾日益发展。1925 年英国爆发了第一次周期性的经济危机,接着发生欧洲"三大工人运动",并以此为标志,西欧无产阶级作为一支独立的政治力量登上历史舞台。在这样的历史背景下,马克思、恩格斯实现"两个转变"(从革命民主主义到共产主义;从唯心主义到辩证唯物主义),通过"两大发现"(唯物史观和剩余价值学说),揭示了人类社会和资本主义社会的发展规律,把社会主义建立在现实的基础之上,使社会主义从空想变为科学。马克思、恩格斯写的《共产党宣言》的发表,是科学社会主义产生的标志。科学社会主义一经产生便与工人运动相结合,兴起了国际共产主义运动。从 19 世纪下半叶开始,国际共产主义运动经历了"两次革命",建立了三个国际组织,科学社会主义也在实践中受到检验、不断发展。

但历史的发展却不是逻辑的直线运动。一方面,资本主义经历了从自由资本主义到垄断资本主义,从私人垄断资本主义到国家垄断资本主义,再到国际(或全球)垄断资本主义的发展,以自由主义为代表的各种西方社会思潮适应社会变迁也经历了新的发展变化,如自由主义从古典自由主义、新自由主义(主张国家干预的凯恩斯主义等)发展到新古典自由主义(哈·耶克、弗里德曼等自由原教旨主义)。另一方面,社会主义运动在 19 世纪末新时代的历史背景下,先出现了布尔什维主义与社会民主主义的历史"分野",尔后东西方的社会主义或由社会党主张的现代社会民主主义与共产党主导的科学社会主义,又面临新的挑战。

在西方主要是社会民主主义理论与实践的发展,经历了从革命到改良,从体制外到体制内的转变。理论上,出现了狭义的"伦理社会主义"(19 世纪末德国新康德主义者海·柯亨、纳托尔卜和阿·朗格等),而社会民主主义从本质上就是一种主张从道德原则论证社会主义的伦理社会主义。实践上,社会民主主义成为一种本质上改良的社会运动,在此基础上形成一整套系统的改良主义理论,从市政社会主义、国家社会主义到"职能社会主义"等等,强调西方民主的价值,并把西方的民主视为普世的模式、原则,主张经过特定的民主来"实现"社会主义。

而在东方(俄国、中国等)则是无产阶级社会主义革命的理论与实践。20 世纪初,资本主义进入垄断阶段,作为封建、军事帝国主义的俄国成为帝国主义各种矛盾的集合点。第一次世界大战前后,俄国经历了三次革命,建立了第一个社会主义国家,东欧东亚也随之出现革命风暴。在这一背景下,列宁把马克思主义与 19 世纪末 20 世纪初的俄国工人运动相结合,与帝国主义时代初期新现象及国际工人运动实际相结合,形成了列宁主义,发展了科学社会主义。其中最突出的贡献:一是创立了科学的帝国主义论,建立了新型的无产阶级政党,提出了"社会主义一国首先胜利"的理论,领导俄国人民取得了"十月革命"的胜利。二是巩固新生政权,实行"新经济政策",从理论与实践上探讨经济文化落后国家巩固和发展社会主义之路,而列宁晚年社会主义思想有特殊重要的意义。

第二次世界大战结束后,科学社会主义与各国实践相结合,社会主义制度从一国实践发展为多国实践,世界社会主义体系形成。时间从 1945 年第二次世界大战结束到 20 世纪 50 年代末。其中新中国的建立是这一进程中的最重大事件。而与之相适应,中国共产党形成了新民主主义革命的理论,成功解决了半封建半殖民地国家如何通过革命夺取政权建立社会主义制度的一系列问题,发展了科学社会主义。

第二次世界大战后,西方资本主义被迫进行全方位的自我调整,出现某些起色,社会主义经历"凯歌行进"之后,却由于照搬过于集中的苏联模式而出现停滞,面临挑战。因此,自 20 世纪 50 年代起,社会主义国家便掀起了一股改革浪潮,试图通过改革实现社会主义从传统到现代模式的转换。

社会主义国家的改革实践大大丰富人们对社会主义的认识,但在复杂的历史背景下,改革出现了两种不同结果:苏东一些国家在改革的道路上,逐步偏离正确方向,最终断送了社会主义。另一些社会主义国家,以改革开放的中国为代表,则在共产党领导下,既坚持科学社会主义的基本原则,又赋予其鲜明的时代特色和民族特点,开辟了中国特色社会主义道路,形成了中国特色社会主义理论,取得了实践的成功。中国特色社会主义初步回答了经济文化较落后的国家如何建设社会主义、如何巩固和发展社会主义的一系列重大问题,从而为破解世界社会主义的历史性难题做出了贡献。

总之,历史的发展表明:中国的革命(新民主主义革命)随俄国革命产生,与世界无产阶级革命时代相连;新中国的建立,是世界社会主义"一国到多国实践"进程中"最重大的事件";中国特色社会主义,以社会主义改革浪潮为背景,是总结世界社会主义发展的历史经验的逻辑结果,是科学社会主义新一次历史性飞跃的最大的"亮点"。结论是:中国特色社会主义,不仅是中国党和人民长期艰难探索的结果,也是世界社会主义历史逻辑发展的结果;当代世界社会主义存在着多种派别和不同模式,①中国特色社会主义是科学社会主义在中国的新发展。

二、中国特色社会主义既坚持了基本原则,
又体现了鲜明特色

马克思主义一方面主张坚持科学社会主义的基本原理、原则,另一方面又主张"原理、原则的实际运用要随时随地以当时的历史条件为转移"。列宁、毛泽东都是把马克思主义与本国实际相结合的典范。邓小平也多次强调,马克思主义必须是同中国实际相结合的马克思主义,社会主义必须是切合中国实际的、有中国特色的社会主义。党的十七大报告明确地指出:"中国特色社会主义道路之所以完全正确、之所以能够引领中国发展进步,关键在于我们既坚持了科学社会主义的基本原则,又根据我国实际和时代特征赋予其鲜明的中国特色。"这是对中国特色社会主义的精辟概括,也是对中国特色社会主义内涵、特点的科学定位。

如何理解科学社会主义的基本原则,如何认识中国特色社会主义既坚持了科学社会主义基本原则,又赋予了其鲜明的中国特色呢?

(一)科学社会主义基本原则

科学社会主义是与空想社会主义相对应的一个概念。在社会主义的发

---

① 当代世界上最有影响的社会主义派别有:共产党领导的科学社会主义,社会党主张的民主社会主义或社会民主主义,民族政党领导的民族社会主义,还有绿党领导的生态社会主义,等等,学术界更有"三大、三中、三小派之说"。

展史上,科学社会主义由空想社会主义发展而来。这个历史性飞跃,是19世纪40年代,在资本主义比较充分发展、工人阶级走上欧洲的政治舞台的背景下,由马克思、恩格斯经过"两大发现"最终实现的。科学社会主义之"科学",不是一种标明自己学科分类的专业用语,也不是为了自诩自己是什么绝对科学的真理体系,而是要说明这种社会主义不同于空想社会主义。恩格斯在《社会主义从空想到科学的发展》一文中曾深刻地指出,"要使社会主义从空想变为科学就必须首先把它置于现实的基础之上"。"两大发现"的意义就在于把社会主义建立在了现实基础之上。一方面,唯物史观是关于人类社会发展一般规律的科学,它的创立把社会主义建立在了人类社会发展的现实基础之上;另一方面,剩余价值学说揭示了资本主义社会形态的内在矛盾和发展趋势,它的发现又进一步把社会主义建立在对当时社会现实(即资本主义)的认识基础之上,使社会主义不再是人们头脑中的一种主观愿望,而是现实社会矛盾运动的必然结果;改造社会的方案和力量也不再需要人们从其头脑中去发现,而是需要从现实的物质基础和社会关系、阶级基础中去寻找。不仅如此,马克思、恩格斯还在这"两大基石"的基础上不断探索,提出了科学社会主义的一系列基本理论,阐明了无产阶级解放的一般性质、目的和条件,揭示了推翻资本主义旧世界、建设社会主义新世界、最终实现共产主义的一般规律,总之,是马克思、恩格斯在"两大发现"的基础上把社会主义从空想变为科学,创立了科学社会主义理论。由此可见,狭义的科学社会主义是马克思、恩格斯的社会主义思想的观点体系,而广义的科学社会主义则是由马克思、恩格斯创立并为后来的马克思主义者不断发展的社会主义理论。

作为一种理论,科学社会主义有一系列基本原理和原则。所谓"基本原理",是指基本、基础、最初和本原的一些规律、道理或理论;所谓"基本原则",是指在理论和实践上必然遵守的一些基本的、内在的标准、规范和要求。基本原理和原则有紧密关系和明显区别:二者一般都具有普遍性、稳定性和基础性,离开它们或失去它们便会影响到理论的性质、实践的方向。此外,原理与原则之间虽有某种内在的联系,但又是两个不同的范畴,"原理"属于理论、理由、道理,"原则"属于标准、结论、要求。原则往往由原理导出、由原理说明,但原则并不就是原理,而是在原理基础上得出的结论、要求,前者有很强的理论特点,后者与实践有着更紧密的联系。

科学社会主义基本原理是科学社会主义的最基本的、根本的理论观点,一般包括科学社会主义的理论基石(唯物史观、剩余价值学说)、理论核心(社会主义历史必然性)和基本理论(如无产阶级历史使命、无产阶级革命和无产阶级专政、无产阶级政党理论等社会主义实现规律的原理;社会主义发展阶段、社会主义基本任务、基本动力、基本制度等社会主义建设和发展的原理;以及社会主义本质要求和人的自由全面发展等社会主义、共产主义社会的基本原理)等等。

科学社会主义基本原则是科学社会主义理论与实践必须遵循的最基本的、根本的理论要求和实践要求。在全面把握科学社会主义理论与实践,历史与现实的基础上,科学社会主义的基本原则可以概括为如下几个方面。

第一,科学社会主义是以历史唯物主义为理论基石、以社会现实为基础的社会主义,因此科学社会主义的原则之一就是在理论上反对历史唯心主义和抽象的人道主义,坚持把社会主义理论与实践"置于现实的基础之上",而不是建立在主观设想和愿望之上。

第二,科学社会主义是适应社会化大生产需要,并能促进社会化大生产发展的社会主义,而不是在小生产基础上形成的农业社会主义。因此,科学社会主义原则之一就是从生产的社会化去认识社会主义未来发展,用推动生产的社会化为基础的整个社会和人的社会化去思考和促进社会主义社会的建设和发展。

第三,科学社会主义是以工人阶级为物质实现力量、以工人阶级政党为领导核心,通过无产阶级革命和无产阶级专政建立起来的、实行公有制和按劳分配的社会主义,而不是资产阶级或小资产阶级的改良主义。因此,科学社会主义的原则要求:坚持依靠工人阶级、坚持党的领导、坚持社会主义民主和法治、坚持完善社会主义的公有制和按劳分配制度等。

第四,科学社会主义强调社会主义本质是解放生产力、发展生产力,消灭剥削、消除两极分化,最终达到共同富裕,而不是贫穷、平均主义或两极分化。因此,科学社会主义的基本原则之一,是社会主义既要发展经济,又要实现社会公平、公正。

第五,科学社会主义的理想是实现共产主义,形成以每个人的自由发展为一切人的自由发展创造条件的"自由人联合体"。因此,科学社会主义基本原则要求我们坚持以人为本,努力从实际出发,促进人的全面发展。

第六,科学社会主义认为社会主义是遵循经济发展规律分阶段实现的一个发展过程,而不是离开生产力发展一蹴而就或一劳永逸地就能实现的理想社会;是一个在不断变革中不断完善的社会,而不是一成不变的僵化的社会。因此,科学社会主义基本原则要求之一是,正确认识社会主义的发展阶段,不断促进社会主义的改革开放,使社会主义充满生机和活力。

（二）中国特色社会主义坚持了科学社会主义基本原则

中国特色社会主义无论是在理论还是在实践中,都坚持了科学社会主义的基本原则,具体表现在:

第一,中国特色社会主义坚持一切从实际出发、理论联系实际、在实践中检验真理和发展真理的思想路线,不断研究新情况、总结新经验、解决新问题,在实践中推进马克思主义的中国化;坚持解放思想,实事求是,既从现阶段的实际出发,又把握时代主题及发展机遇,大胆借鉴和利用人类文明有益成果。

第二,中国特色社会主义坚持以经济建设为中心,贯彻全面、协调、可持续发展的科学发展观,走新型工业化道路,建设创新型国家和资源节约型、环境友好型社会,分步骤实现社会主义现代化;坚持改革开放,建立社会主义市场经济体制,参与世界市场的平等互利竞争。

第三,中国特色社会主义坚持以公有制为主体、多种所有制经济共同发展,实行按劳分配与多种分配方式相结合的分配制度;坚持党的领导、人民当家做主与依法治国相统一的政治制度,完善社会主义民主,健全社会主义法制,建设社会主义政治文明。

第四,中国特色社会主义把发展生产力作为根本任务,坚持"发展是硬道理"、是"执政兴国的第一要务",同时坚持公平正义,健全社会保障制度,完善社会主义福利和慈善事业,搞好社会治理,构建社会主义和谐社会。

第五,中国特色社会主义坚持以人为本,始终把实现好、维护好、发展好最广大人民的根本利益作为党和国家一切工作的出发点和落脚点;坚持以培育"四有"新人为目标,建设社会主义核心价值体系,发展社会主义先进文化,繁荣社会主义文化事业,推进社会主义精神文明建设。

第六,中国特色社会主义坚持改革开放,不断促进社会主义制度和体制的自我完善,赋予社会主义生机和活力。

此外,中国特色社会主义坚持科学社会主义基本原则还可以从社会主义社会的生产力,社会主义社会的所有制,社会主义社会的分配原则,社会主义的经济体制和经济运行机制,社会主义的国家政权,社会主义的领导力量,社会主义社会的意识形态,党的最低纲领和最高纲领等方面进行更详细的研究说明。

需要指出的是,中国共产党坚持科学社会主义的基本原理和原则也是本着开放的科学态度和实事求是的科学方法的,例如在理论上,我们就如邓小平讲的,既"不丢老祖宗",又要讲新话。所谓"不丢老祖宗",就是坚持科学社会主义的基本立场、基本观点和基本方法;而"讲新话"就是在总体上坚持科学社会主义原则的基础上,对其个别思想、观点、结论和做法从实际出发,重新认识。错误的加以纠正,过时的勇于放弃,有新的要求就努力创新,在实践中勇于大胆地试、大胆地闯,广泛吸收人民群众的智慧,接受实践的检验。这是对科学社会主义基本原则真正的坚持,而不是机械地适应科学社会主义某些原则提法。

(三)中国特色社会主义体现了鲜明的本国特色

中国特色社会主义的"突出特点"和"鲜明特色",集中体现在它的实践性、时代性和民族性。

首先,从实践过程看,中国特色社会主义是在当代中国国情基础上,由中国人民自己建设的社会主义,必然是具有鲜明的"中国特色"的社会主义。

中国特色社会主义理论体系,是几代中国共产党人带领人民不懈探索的智慧结晶。新中国成立后,以毛泽东为核心的第一代中央领导集体,在社会主义改造基本完成之后,探索适合中国国情的社会主义建设道路,并取得了一系列重要理论成果。毛泽东关于社会主义建设的一系列重要思想和探索的经验教训,为后来中国特色社会主义理论体系的形成提供了宝贵的经验借鉴和现实启迪。党的十一届三中全会以后,以邓小平为核心的第二代中央领导集体,经过探索、改革和发展,较为系统地初步回答了中国这样一个经济文化较落后的国家如何建设社会主义、如何巩固和发展社会主义的一系列基本问题,创立了中国特色社会主义理论,开辟了中国特色社会主义道路。党的十三届四中全会之后,以江泽民为核心的第三代中央领导集体,紧紧围绕中国特色社会主义这个主题,集中全党智慧,明确提出了"三个代表"重要思想,丰富和发展中国特色社会主义。党的十六大以来,以胡锦涛为总书记的党中央继承和发展党的三代中央领导集体关于发展的重要思想,提出了科学发展观等一系列思想。科学发展观是马克思主义关于发展的世界观和方法论的集中体现,是马克思主义中国化的最新成果,是我国经济社会发展的重要指导方针,是发展中国特色社会主义必须坚持和贯彻的重大战略思想。

可见,中国特色社会主义是典型的"中国创造",它产生于在中国进行的丰富实践中,是中国共产党、中国人民集体智慧的结晶。

其次,从内容上看,中国特色社会主义无论是道路、理论还是制度,都具有鲜明的民族特色与时代特点。比如,基本经济制度,基本分配制度和分配方式;新型的工业化道路、农业现代化道路和政治发展道路等。又比如,小康社会、和谐社会、以人为本、五个统筹等概念和用语,都体现了中国特色社会主义的民族性和实践性。相信随着中国特色社会主义的不断发展,它不仅更加放射出科学社会主义的光辉,而且将更加表现出丰富的"中国特色",从而为世界社会主义姹紫嫣红的百花园增添异彩。

总而言之,中国特色社会主义既坚持了科学社会主义基本原则,又体现出鲜明的中国特色。中国特色社会主义是经过中国人民艰难曲折的实践探索和理论创新,是终于建立在当代中国现实基础之上的社会主义。由于它反映客观规律、时代要求和人民利益,符合中国国情,因此它是扎根当代中国的科学社会主义。坚持中国特色社会主义就是真正的坚持科学社会主义,真正坚持马克思主义。

三、中国特色社会主义与当代世界社会主义的关系

中国特色社会主义,不是封闭地产生,也不是孤立地存在和发展,它与其他社会主义的思潮和运动有着密切的关系。是什么样的关系? 有什么区别和联系呢? 我们认为:中国特色社会主义与其他社会主义思想和运动,绝不是对立的,也不是简单的同一(或趋同),而是对立的统一,是一种超越。

(一)在理论内容上,中国特色社会主义吸收、借鉴了其他社会主义的
　　　积极成果

中国特色社会主义是一个系统的观点体系,有着内在的逻辑。它是中国社会主义发展的产物,但它不排除世界其他社会主义。中国共产党人正是在批判继承、吸收借鉴其他社会主义理论成果的基础上,形成和发展中国特色社会主义理论的。

第一,中国特色社会主义是对传统社会主义的改革和创新。它否定了教条地对待马克思主义、对待传统社会主义模式的做法。传统的社会主义抽象地坚持社会主义的一些基本原则,不改革、不开放,僵化保守,使国家不能发展,人民的利益不能实现。中国特色社会主义则坚持解放思想、实事求是、与时俱进。它围绕一个主题,抓住一个线索,形成了一系列理论,把社会主义建立在中国现阶段的现实基础之上,是科学社会主义在中国的新发展,是马克思主义中国化的新阶段,初步解决了经济文化较落后的国家取得革命胜利后,巩固和发展社会主义的难题。

第二,中国特色社会主义吸收、借鉴、扬弃了民主社会主义的某些基本

观点和理念。民主社会主义是与苏联传统社会主义不同的西方改良社会主义。它曾作为一些人思考社会主义改革的参考,在苏东剧变后受到批判,但随着中国社会发展和体制改革的不断深化,人们开始重新审视民主社会主义的理论和观点。民主社会主义对资本主义持批判态度,强调在尊重个人权利的基础上实现社会的价值,强调民主在社会主义发展中的作用,主张社会保障、社会公正、民主监督、社会协商等,对建设和发展中国特色社会主义有借鉴意义。

第三,中国特色社会主义吸收借鉴了民族社会主义的内涵和价值。民族社会主义思潮是对"西方模式"的反思和对全球化挑战的回应。民族社会主义反对全面开放,主张适度开放;反对强权政治,抵制西方霸权,矫正崇洋媚外心理,建构民族新文化。中国特色社会主义提升了民族社会主义的内涵和价值,强调爱国主义与民族精神,但不搞狭隘的民族主义和霸权主义,以开放的精神、世界的眼光和尊重多样性的境界,促进世界的和平与发展。

(二)在政治实践上,中国特色社会主义对其他社会主义的吸收借鉴,以本国国情为前提,不照抄照搬别国的经验和模式

中国特色社会主义在主张吸收、借鉴其他社会主义合理成分的同时,强调要根据本国国情,从本国的实际出发。尊重个人民主权利,但不主张个人主义;肯定人的价值,但不搞伦理社会主义;认同理性主义,但主张按规律办事;借鉴混合经济,但强调公有制的主体地位,不同于职能社会主义;承认市场的作用和自发的机制,但把社会主义(基本经济制度、国家宏观调控、党的领导)与市场相结合,不搞自由市场经济;主张推进民主建设,但强调要从中国实际出发,不搞"三权分立"、"多党制";提出"两个先锋队"(党是工人阶级先锋队和中华民族先锋队)理论,但不搞"全民国家"和"全民党";等等。

由此可见,中国特色社会主义不仅是一种理论的建构,还是一种现实的政治实践。如果说中国特色社会主义在理论内容上,能够吸收借鉴各种社会主义的话,那么在政治实践上,中国特色社会主义道路则是中国人民在中国共产党领导下的一种政治选择,一种代表中国最广大人民根本利益的政治选择。

为什么说中国特色社会主义道路是中国人民在中国共产党领导下经过长期探索,做出的一种代表中国最广大人民根本利益的政治选择呢?

第一,只有坚持中国共产党的领导才能实现广大人民的利益。中国共产党是中国工人阶级的先锋队,也是中华民族和中国人民的先锋队。它代表先进生产力的发展要求,代表先进文化的前进方向,因而也最能代表和实

现最广大人民群众的根本利益。

第二,只有坚持社会主义的基本制度和发展方向,才能从根本上保障、维护和发展最广大人民群众的利益,以工人、农民和知识分子组成的广大劳动人民才能是生产的主人,国家的主人,才能共同建设、共同享有经济社会发展的成果。

第三,只有坚持中国特色的社会主义发展道路,即从国情出发,以经济建设为中心,坚持四项基本原则,坚持改革开放,自力更生,艰苦奋斗,建设富强、民主、文明、和谐的社会主义现代化国家,才是最广大人民群众的现实的根本的利益。

总之,历史和现实都表明,中国特色社会主义道路是实现人民群众根本利益的道路。中国特色社会主义是历史的选择,人民的选择,是人民群众的最大利益。

(三)在理论与实践上,中国特色社会主义是对其他社会主义的超越

中国特色社会主义理论与实践从规律上和中国与世界的现实有着内在的统一。就是说,中国特色社会主义,在理论上、在政治实践上的选择,不是一个人、一个政党的主观愿望,而是有其客观基础,有当代世界其他社会主义发展的深刻背景。所以,一方面我们不能对当代世界其他社会主义一否了之,这样既不符合原则,也不符合实际,更是"否"定不了,因为它们有人类文明成果的"基因"(或因素),有符合社会化规律的内容。另一方面,我们又要注意到其他社会主义的局限性。中国特色社会主义在中国改革开放中酝酿、形成、发展,是科学社会主义在中国的新发展,是建立在中国现实基础之上的社会主义,它在与当代世界其他社会主义的比较中产生,同时又是对其他社会主义,即传统的与现代的其他社会主义的超越。

这种超越,首先表现在它正确地反映了当代中国社会发展的内在要求和客观规律。

第一,近代以来,中华民族面对着两大历史性主题,即民族独立和国家富强。中国是世界文明古国,有灿烂的中华文化,历史上处于先进的地位,但当世界以资产阶级革命和工业革命宣告了近代文明时代开始的时候,中国封建文明却落伍了,这不仅反映在国家的积贫、积弱,还表现在主权的丧失和民族生存的危机。以鸦片战争为标志,中国一步一步地沦为殖民地半殖民地,帝国主义与中华民族的矛盾和封建主义与人民大众的矛盾日益成为中国社会的主要矛盾,影响着中国历史进程,而近代以来中华民族和中国人民追求的就是民族独立、人民解放与国家富强、人民富裕。

第二,由于特殊的世情国情,只有社会主义才能救中国。为解决上述两个历史性课题,无数先进的中国人进行了不懈的探索,有统治者改革的努力,农民的起义和斗争,资产阶级的改良与革命,等等,但都没有找到中国独立发展的正确道路,国家却一天天坏下去。"十月革命"一声炮响给我们送来了马克思列宁主义,马克思列宁主义与中国实际相结合,中国革命的面貌焕然一新。在中国共产党领导下,中国人民经过28年的浴血奋战,终于取得了新民主主义革命的胜利,建立了新中国,实现了民族独立和人民的解放。

第三,中国处于民族复兴迫切要求发展的关键时期,而"只有中国特色社会主义能够发展中国"。新中国建立,社会主义改造基本完成后中国建立了社会主义基本制度,已经是社会主义了,但是中国是一个经济文化落后的国家,处于社会主义初级阶段。改革开放以后,中国共产党重新认识自己的国情,提出了建设中国特色社会主义的命题,经过艰难探索、理论创新、实践发展,取得了改革开放的巨大成功。事实证明,中国特色社会主义反映了时代的要求和中国的国情,只有坚定不移地走中国特色社会主义道路,中国才能富强、民主、文明与和谐。而改革开放三十多年的历史也证明:中国特色社会主义的选择是成功的选择,是唯一正确的选择。它"超越"了其他社会主义,理论与实际符合,主观符合客观。

应该指出的是,中国特色社会主义作为一种"超越",不仅是一种选择,更是一个目标、一种实践、一个相当长的历史过程。今天中国还很落后,落后不仅表现在经济发展上,还反映在政治、社会、文化的发展上,因此,我们要真正实现"超越"的目标,在世界上真正强大起来,还需要长期自觉的奋斗。但关键是坚冰已被打破,道路已经开辟,只要我们不懈努力,中国的现代化一定会实现,我们的民族一定能够复兴,中国特色社会主义一定会成功。

四、中国特色社会主义的历史地位与世界意义

中国特色社会主义是马克思主义中国化的最新成果,是当代中国的马克思主义,是中华民族伟大复兴的理论指南,是全国人民团结奋斗的共同思想基础。同时,中国特色社会主义也是世界范围社会主义实践的重要成果,反映人类历史规律、社会主义发展规律和无产阶级执政党的执政规律,也因此具有重要的历史地位与世界意义。

（一）中国特色社会主义是中国现代化的必由之路，也是世界发展道路的"另一种选择"

19世纪中期，中国在西方列强的炮舰和世界现代化潮流的冲击下，启动了中国的现代化。追求现代化是中国近现代历史的主旋律，但中国的现代化运动充满了艰难险阻。社会主义是在中国现代化进程陷入深刻矛盾和危机的情况下的选择。选择了社会主义，才真正开辟了中国的现代化道路。

中国现代化历史地选择了社会主义，但社会主义与中国现代化的结合绝非易事。在新中国的社会主义建设实践中，社会主义与现代化相连并进，在实现二者结合的过程中，成败得失、经验教训交织。从毛泽东开始，便努力探索一条适合中国国情的社会主义现代化道路。但由于还没有真正搞清楚什么是社会主义、怎样建设社会主义的问题，毛泽东的探索没有能继续下去。十一届三中全会后，以邓小平为核心的中央领导集体总结了前三十年社会主义现代化建设正反两方面经验，既坚持社会主义现代化的方向和道路，又对什么是社会主义现代化、如何实现社会主义现代化等问题进行了再认识，提出了社会主义初级阶段论、社会主义改革开放论、社会主义本质论和社会主义市场经济论等，创造性地解决了经济文化较落后的中国，如何在坚持社会主义制度下建设现代化以及在现代化进程中如何巩固社会主义的问题，为巩固和发展社会主义、推进社会主义现代化建设提供了理论依据。同时，把党和国家的工作重心及时地转到社会主义现代化建设上，强调一心一意地坚定不移地抓住社会主义现代化建设这个中心，坚持反对否定社会主义的右的和偏离现代化建设中心的"左"的干扰；强调走中国式的现代化道路，并确定了全面现代化的思路，提出了"三步走"战略，开辟了一条中国现代化建设的新路，使中国社会主义现代化建设取得了巨大成就。历史和逻辑都证明，中国特色社会主义是中国现代化的必由之路，只要我们坚持这条社会主义与现代化并进的道路，竭尽全力推进社会主义现代化事业，我们就一定能够实现民族振兴、国家富强、人民幸福的目标。实践还将证明，在中国共产党领导下，中国人民一定能在中国特色社会主义的道路上不断推进中国现代化的伟大进程。

中国特色社会主义是中国现代化的必由之路，也是世界发展中不同于资本主义道路的"另一种选择"。东欧剧变苏联解体标志着世界社会主义运动跌入谷底，西方媒体和"学者"政客曾宣布社会主义崩溃了，共产主义消亡了，预言冷战之后将是资本主义的世界，21世纪将没有社会主义的一席之地。与之相适应，世界范围内以美国为首的西方右翼借新科技革命和经济全球化的发展,强力推崇新自由主义思潮,推行自由主义政策与国际战略,一时间似乎只有美国和新自由主义才能发展世界。然而,20 年后,面对当今世界的种种挑战,比较新自由主义与中国特色社会主义的不同结果,人们从当代世界的发展中可以看出,历史没有终结,社会主义仍有美好的前途。邓小平在苏东剧变后曾深刻指出:"一些国家出现严重曲折,社会主义好象被削弱了,但人民经受了锻炼,从中吸取了教训,将使社会主义向着更加健康的方向发展。"

历史已经表明:中国特色社会主义不仅是我国走向现代化的必由之路,也是世界发展道路中不同于资本主义的另一条发展道路和另一种选择,一条正确的发展道路,一种正确的历史选择。

(二)中国特色社会主义是当代中国的马克思主义,是科学社会主义的新发展

党的十七大报告指出,中国特色社会主义是马克思主义中国化的最新成果,是当代中国的马克思主义。这是对中国特色社会主义一个科学的历史的定位。

从历史上看,我们党在革命、建设和改革的不同阶段都有马克思主义中国化的成果,中国特色社会主义是最新成果。我们党提出马克思主义中国化由来已久,在民主革命时期,马克思主义中国化的成果,集中起来就是新民主主义理论。在新中国成立之后,直到十一届三中全会以前,马克思主义中国化继续推进,曾经出现过偏差,也取得了一系列重要的成果,归纳起来就是作为被证明正确的社会主义革命和建设的原则和经验总结的毛泽东思想。十一届三中全会以来这一时期,马克思主义中国化则实现新的飞跃,取得了更大的成果。相对于民主革命时期,相对于1978 年以前的阶段来说,改革开放以来这一历史时期马克思主义中国化的成果,就是最新成果,包括邓小平理论、三个代表重要思想和科学发展观等重大战略思想,综合起来,就是中国特色社会主义理论。

从内容上说,中国特色社会主义产生于中国社会主义的伟大实践,回答了当代中国马克思主义面对的基本问题。十一届三中全会后,中国共产党在改革开放和现代化建设的实践中,领导人民开辟了中国特色社会主义道路,形成了中国特色社会主义理论体系。中国特色社会主义理论体系作为马克思主义中国化的最新成果,在社会主义建设问题上的重要贡献,主要体现在对社会主义基本问题的科学认识和对三大规律(人类社会发展规律、社会主义建设规律和党的执政规律)的正确把握之上,而这些是与我党在理论

与实践中对相互联系的三个问题的回答、解决相联系的。中国特色社会主义回答了什么是社会主义、怎样建设社会主义,回答了在社会主义发展中建设一个什么样的党、怎样建设党,在建设社会主义中实现什么样的发展、怎样发展等重大理论和实践问题,这是马克思主义中国化最新成果的主要内容。党的十七大报告指出:"我们党坚持马克思主义的思想路线,不断探索和回答什么是社会主义、怎样建设社会主义,建设什么样的党、怎样建设党,实现什么样的发展、怎样发展等重大理论和实际问题,不断推进马克思主义中国化,坚持并丰富党的基本理论、基本路线、基本纲领、基本经验。社会主义和马克思主义在中国大地上焕发出勃勃生机,给人民带来更多福祉,使中华民族大踏步赶上时代前进潮流、迎来伟大复兴的光明前景。"

从本质上讲,中国特色社会主义一方面坚持了科学社会主义基本原则,另一方面又赋予其鲜明的中国特色。因为中国特色社会主义是在当代中国国情基础上,由中国人自己建设的社会主义,它必然具有鲜明的"中国特色"。而且,中国特色社会主义无论是从道路、理论,还是从制度上看,都具有时代特点,已经形成许多民族特色。中国特色社会主义是"特点突出"、"特色明显"、中国"味道十足"的社会主义。而随着中国特色社会主义实践的不断发展,中国的社会主义还将具有更加丰富的"中国特色"。

(三)中国特色社会主义是全国人民团结奋斗的共同思想基础,中国
　　　特色社会主义道路将越走越宽广,中国一定能对世界做出更大
　　　的贡献

党的十七大报告指出:中国特色社会主义理论体系,是全国各族人民团结奋斗的共同思想基础。这一重要论断,反映了改革开放以来党和人民的艰难探索和成功经验,指出了中国特色社会主义理论体系在党和国家政治生活中的指导地位,为全党、全国人民的理论教育和建设明确了方向和目标。

共同思想是历史形成的,经验证明只有中国特色社会主义这一理论能够成为全党全国人民团结奋斗的共同思想基础。共同理想要有科学根据。首先,中国特色社会主义理论体系是建立在现实基础上的科学体系,它立足于我国仍处于并将长期处于社会主义初级阶段的基本国情,是从我国实行改革开放的实际出发提出来的。改革开放以来,我们党积极适应世界形势的发展变化,始终坚持以宽广的眼光观察世界、以科学的思维审视时代,不断推进理论创新和实践创新,全面展开社会主义经济建设、政治建设、文化建设、社会建设,使中国特色社会主义始终保持了蓬勃生机和旺盛活力。其

次,中国特色社会主义理论体系是与人民群众共命运的思想价值体系。全心全意为人民服务是我们党的根本宗旨,也是贯穿中国特色社会主义理论体系的价值取向。中国特色社会主义理论之所以能够成为全国各族人民团结奋斗的共同思想基础,就在于它正确反映了人民群众的共同利益和意愿,始终把实现好、维护好、发展好最广大人民的根本利益作为党和国家一切工作的出发点和落脚点,尊重人民主体地位,发挥人民首创精神,保障人民各项权益,坚持走共同富裕道路,促进人的全面发展,做到发展为了人民、发展依靠人民、发展成果由人民共享。

中国特色社会主义是当代中国发展进步的旗帜,也是全党全国各族人民团结奋斗的旗帜,我们必须毫不动摇地以邓小平理论、"三个代表"重要思想为指导,深入贯彻落实科学发展观,坚持和发展中国特色社会主义,进一步巩固我们共同的思想基础。中国特色社会主义是世界社会主义的希望,我们要继续推动理论创新和实践发展。只要不断开创中国特色社会主义新局面,使中国特色社会主义道路越走越宽广,中国就一定能对世界做出更大的贡献。

(本题作者:胡振良)

主题索引

马克思主义中国化:24、25、27、30、31、33、34、36、59、63、89、92、104、114、262、265、274、275、278、280、281。

毛泽东思想:17、24、25、26、27、28、29、30、31、32、33、34、35、36、37、56、62、83、84、89、90、280。

民主社会主义:91、248、249、251、253、254、255、256、257、258、259、260、261、262、263、264、265、270、275、276。

全面建设小康社会:16、20、22、23、83、87、119、129、167、170、178、187、201、202。

人民民主:13、20、31、108、111、143、147、148、151、155、156、160、161、162、164、186、220、224、227、230、231、232、233、259、265。

人民内部矛盾:29、78、79、162、171、173、200、206、209、210、212、213、214、215、216、217、218、219、220、221、222、223、224、225、226。

人民主体:54、55、66、67、75、282。

社会变革:16、90、143、206、207、214、217、218、223、257、258。

社会发展的动力:204、268。

社会建设:8、22、23、35、37、65、69、70、74、83、86、87、92、105、109、148、164、187、190、191、192、193、194、195、197、198、199、200、201、202、203、204、231、281。

社会矛盾:22、23、58、70、78、79、149、171、186、188、192、199、200、201、206、207、209、213、214、215、216、217、219、220、221、222、223、224、226、271。

社会民主:154、228、229、230、235、237、239、248、249、250、251、252、253、254、255、256、258、260、261、264、265、268、269、270。

中国特色社会主义政治制度：101、112、147。

资本主义：2、3、6、7、9、10、11、12、13、17、18、19、37、38、39、40、42、45、46、47、48、49、52、53、55、62、68、69、80、81、85、86、90、97、101、105、108、114、115、117、119、121、127、141、147、156、161、166、168、179、180、181、182、183、185、190、191、193、196、197、198、199、200、205、221、250、251、252、254、255、256、257、258、259、260、261、262、263、264、265、268、269、271、276、279、280。

责任编辑:崔继新
封面设计:肖　辉
版式设计:姚　雪

图书在版编目(CIP)数据

中国特色社会主义理论前沿问题研究/叶庆丰　主编.
　－北京:人民出版社,2012.11
ISBN 978－7－01－011379－1

Ⅰ.①中…　Ⅱ.①叶…　Ⅲ.①中国特色社会主义-理论研究　Ⅳ.①D616

中国版本图书馆 CIP 数据核字(2012)第 254672 号

中国特色社会主义理论前沿问题研究
ZHONGGUO TESE SHEHUIZHUYI LILUN QIANYAN WENTI YANJIU

叶庆丰　主编

人民出版社 出版发行
(100706　北京市东城区隆福寺街 99 号)

北京龙之冉印务有限公司印刷　新华书店经销

2012 年 11 月第 1 版　2012 年 11 月北京第 1 次印刷
开本:710 毫米×1000 毫米 1/16　印张:18.5
字数:309 千字　印数:0,001-3,000 册

ISBN 978－7－01－011379－1　定价:48.00 元

邮购地址 100706　北京市东城区隆福寺街 99 号
人民东方图书销售中心　电话 (010)65250042　65289539